위단의 **장자심득**

위단의 장자심득

위단 지음 ― 이성희 옮김

시그마북스
Sigma Books

위단의 장자 심득

발행일 2018년 12월 1일 초판 1쇄 발행
지은이 위단
옮긴이 이성희
발행인 강학경
발행처 시그마북스
마케팅 정제용
에디터 최윤정, 김경림, 장민정
디자인 김문배, 최희민

등록번호 제10-965호
주소 서울특별시 영등포구 양평로 22길 21 선유도코오롱디지털타워 A404호
전자우편 sigmabooks@spress.co.kr
홈페이지 http://www.sigmabooks.co.kr
전화 (02) 2062-5288~9
팩시밀리 (02) 323-4197
ISBN 979-11-89199-57-9(03150)

이 도서의 국립중앙도서관 출판예정도서목록(CIP)은 서지정보유통지원시스템 홈페이지(http://seoji.nl.go.kr)와
국가자료공동목록시스템(http://www.nl.go.kr/kolisnet)에서 이용하실 수 있습니다. (CIP제어번호: CIP2018035288)

* **시그마북스**는 (주)**시그마프레스**의 자매회사로 일반 단행본 전문 출판사입니다.

나는 천지와 더불어 태어났기에,
만물과 더불어 하나가 되어야 할 존재다.

『장자』「제물론」

초심을 잊지 말자

나는 2006년 국경절 장기연휴에 백가강단에서 '『논어』 심득^{心得}'을 강의했다. 2007년 설에도 '『장자』 심득'을, 2008년 국경절에는 '『논어』 감오^{感悟}'를 강의했다.

빠르게 흘러가 버린 세월을 뒤돌아보니 이 세상도 달라졌고 사람들의 생각도 많이 달라졌다. 하지만 언제나 그렇듯, 변치 않는 것들도 많다.

우리 집 역시 여전히 변함이 없다. 찬란한 햇빛이 쏟아지는 어느 주말 아침이었다. 우리 모녀는 소파에 앉아 『논어』를 읽고 있었고 친정어머니는 식탁 옆에서 신문을 뒤적이며 조손 3대가 함께 맑은 찻잔을 기울이고 있었다. 여러 번 세탁해 탈색이 된 오리 인형을 품에 안은 딸은 오리 인형의 목에 책을 걸치고 여린 목소리로 낭랑하게 책을 읽어갔다. 그 순간 나는 맨 처음 『논어』 강의를 준비하던 광경이 선명하게 떠올랐다. 당시만 해도 최신 유행제품이던 오리 인형은 그때도 소파 위에 놓여 있었다. 오리 인형과 몸집이 비슷한, 돌이 채 안 된 어린 딸은 발그레한 볼을 하고 장난감들 사이에 앉아 놀았다. 나는 그걸 보면서 손님들에게 농담조로 말하기도 했다. "거기서 움직이는 인형이 바로 제 딸이에요."

"엄마, 제가 중요한 질문 하나 해도 돼요?"

나는 당황한 기색을 숨기며 되물었다. "무슨 질문인데?"

"이 세상이 공평하다고 생각하세요?"

"아니, 불공평하다고 생각한단다. 애야."

"그런데 공자가 살아 있던 시절부터 사람들한테 하루에 세 번씩 자신을 반성하고, 나라는 덕으로 다스리라고 가르쳤는데, 왜 아직까지도 착한 사람들이 억울한 일을 당하는 거예요? 신문, TV에도 억울한 사람들이 많이 나오잖아요."

이것은 정말 중요한 문제다.

오늘날의 중국은 충분히 공평하지 못하고, 전 인류 역시 공평함을 이루지 못했다. 그럼에도 공평한 사회를 만들기 위해 인간은 노력을 한시도 멈춘 적이 없다. 우리는 인류 공통의 진리와 계시를 찾으며, 각자 삶의 터전에서 제도적인 해법을 찾는다. 또 자신이 우러러보는 성현에게 인생의 수수께끼를 물으며, 자신의 문화 속에서 이 나라와 민족이 의탁할 수 있는 핵심가치를 찾는다. 공자와 장자는 진시황제가 중국 통일을 이룬 순간조차 보지 못했으니 인터넷이나 크라우드 펀딩 같은 것은 당연히 모를 것이다. 그럼에도 그들은 여전히 천고의 시간 동안 속세의 풍진 속에서, 문명이 발원한 이정표 앞에 서 있다. 그들이 남긴 말에는 인간의 가치관이라는 인류 최고의 지성이 담겨 있다. 공자의 언어는 경전을 설명할 뿐 개인적인 생각은 더하지 않은 간결함의 극치다. 이에 반해 장자의 언어는 풍부하고 거침이 없어 제한이 없다고 할 정도다. 그러나 이들의 간결함과 풍부함은 서로 다른 길을 가는 듯 보여도, 사실 같은 곳을 향하고 있다.

"엄마, 그럼 공자의 가르침이 지금도 우리한테 도움이 된다는 뜻이에요?" 딸이 외할머니께 차 한 잔을 건네 드리고 외할머니가 식탁에 막 잘라놓은 과일 접시를 들고 오며 물었다.

"공자가 '바이두¹ 숙제 도우미'처럼 쉽게 정답을 찾도록 도와주진 못하겠지. 하지만 근본적인 문제의 답은 찾을 수 있도록 도와줄 순 있단다."

"뭐가 근본적인 문제인데요?"

"너는 『논어』를 읽고 무엇이 근본적인 문제라고 생각했니?"

잠시 골똘한 표정을 짓던 아이는 이내 또랑또랑한 목소리로 『논어』를 외웠다. "군자는 근본에 힘쓰는 것이니 근본이 확립되면 따를 올바른 도리가 생겨난다. 효도와 공경이라는 것은 바로 인을 실천하는 근본이니라."²

어릴 때부터 교회에 다닌 서양 아이들의 감탄사는 "오, 마이 갓!"이다. 그런데 중국 아이들은 아장거리다 넘어지기만 해도 본능적으로 "엄마!"라고 한다. 왜 그럴까? 중국인들의 가족에 대한 믿음은 영원한 신에 대한 믿음에 비견할 만한 수준이기 때문이다. 아이의 작은 어깨를 감싸 안고 미소를 함박 머금은 늙은 어머니의 얼굴을 바라보는 내 마음에는 만감이 교차했다.

대중이 결정하는 사회적 관습은 대부분 문화적인 함양에서 비롯된다. 중국 문화에서 다른 모든 가르침보다 더 강력한 윤리 중심의 가치관은 어쩌면 오늘날 급변하는 모든 것들 가운데서 우리가 안착할 수 있는 불변의 근본일지도 모른다. 농경시대의 중국인들은 농민의 도리를 지키며 살았다. 즉, '아무리 낫 놓고 기억 자를 모르는 사람이라도 말과 행동은 사리에 맞아야 하며, 나라에는 국법이 있듯 가정에는 가정의 규례가 있어야 하며, 가문의 풍기가

---

1 바이두는 중국 최대의 포털 사이트

2 君子務本(군자무본), 本立而道生(본립이도생). 孝弟也者(효제야자), 其爲仁之本與(기위인지본여)

문란하면 패가망신한다'는 것이다. 관원부터 평민까지, 웃어른과 아랫사람 사이의 질서를 중시한 것은 가화만사성家和萬事成을 확신했기 때문이다.

"엄마, 그럼 우리가 평소에 '아, 하늘이시여!'라고 하는 건 왜 그런 거예요?"

"중국 사람들이 말하는 '하늘'은 절대로 단순히 sky를 의미하는 게 아니야. 하늘의 도가 있고, 하늘의 때가 있기 때문에, 사람은 하늘의 선함을 따라야 한다는 의미란다. 노자가 인간과 천지는 어떤 관계라고 했는지 기억해봐."

"사람의 행위는 땅을 법으로 삼으며, 땅의 운행은 우주를 법으로 삼고, 우주의 운행은 도를 법으로 삼되, 도는 자연을 법으로 삼는다."[3] 도시에서 자란 딸아이는 농촌의 곡식보다는 도심의 정원과 잔디밭을 더 많이 보고 자랐지만, 이 구절은 당연하다는 듯 외워냈다.

"엄마, 그럼 노자하고 장자 이야기도 해주세요."

"그건 너무 어려워서 안 돼. 네가 조금 더 크면 이야기해줄게."

"하나도 안 어려워요! 전 커다란 붕새랑 민망초에 사는 새의 대화도 알고 포정이 소를 잡는 고사도 다 안다고요!"

그렇다. 우리가 어릴 때 들었던 이 이야기들은 일생 동안 깨달아 나가야 하는 것으로 나이가 들수록 더욱 깊게 깨닫게 된다. 『장자 심득』을 쓴 후 8년 동안, 나는 달팽이 뿔 안에서 벌어진 전쟁처럼 좁쌀만 한 이익을 놓고 벌이는 살벌한 다툼을 보았으며, 민망초에 사는 새가 세상을 바라보는 자기만족과 현실안주에 대한 이야기도 들어보았다. 또 말없이 침묵하는 수많은 붕새의 마음속을 보았고, 이 세상의 규칙을 헤아리는 것은 소 한 마리의 골격과 근육을 정확하게 인지하는 것보다 훨씬 어렵다는 사실도 깨달았다.

---

3 人法地(인법지), 地法天(지법천), 天法道(천법도), 道法自然(도법자연)

이 세상에 진정 필요한 것은 외경심이다. 그렇기에 우리는 모두 일생 동안 문화의 계곡에 빠져서 외경심을 느끼며, 세월이 흐를수록 인문으로 변화되는 경지에 다다르기를 소망한다.

『주역周易』에는 이런 말이 있다. "천문天文을 관찰해 사시四時의 변함을 살피고, 인문을 관찰해 천하를 변화시킨다."[4] 이렇게 세태와 인심을 교화해 교육시킬 수 있는 '문文'은 어쩌면 지금도 살아 숨 쉬는 중국 문명의 진정한 존재 의미일 것이다.

한 시대를 이끌던 대유학자 탕이제 선생은 병마에 시달리던 말년에도 '근본으로 돌아가 새로운 창조를 해나간다'는 '반본개신返本開新'의 문화적 비전을 위해 끊임없이 노력을 기울이셨다. 그렇게 심혈을 기울인 결과 방대한 내용과 양을 자랑하는 『유장儒藏』도 조금씩 체계가 잡혀가고 있었다. 탕 선생님께서는 지병이 말기가 되었음에도 방사선 치료를 받기 전날 밤 병원에서 먹을 갈아 붓을 들고 "인문을 관찰해 천하를 변화시킨다"[5]라는 휘호를 쓰시고, 유락 선생 편을 통해 정중하게 보내오셨다. 나는 이 휘호가 선생님의 간절한 당부라고 생각했다. 그 후 탕 선생님이 별세하기 전에 녹화하신 최후의 동영상을 보았는데, 그 동영상에서 선생님은 다시 한번 매우 절실하고 단호한 태도로 송나라 유학자 장재의 명언을 낭송하셨다. "천지를 위해 마음을 바로 세우고, 백성을 위해 목숨을 세우고, 옛 성인을 위해 절학을 잇고, 만세를 위해 태평함을 열리라."[6]

우리가 인류의 근원으로 돌아가 질문을 던져본다면, 아득한 천고의 시간

---

4 觀乎天文以察時變(관호천문이찰시변), 觀乎人文以化成天下(관호인문이화성천하)

5 觀乎人文以化成天下(관호인문이화성천하)

6 爲天地立心(위천지입심), 爲生民立命(위생민입명), 爲往聖繼絶學(위왕성계절학), 爲万世開太平(위만세개태평)

에 존재하던 공자와 장자의 정신과 기상을 깨우칠 것이다. 만일 우리의 자손 후대들이 공자와 장자의 삶의 지혜를 진정 깨닫는다면, 선현들의 문화의 맥박이 계승될 것이다. 그러나 우리가 성현의 지혜를 경홀히 여겨 편견의 눈길로 바라보고 심지어 비판한다면, 선현들은 문명의 발원지에서 우뚝 서서 미소만 띤 채 침묵을 지킬 것이다. 새 창조라는 위대한 꿈을 실현하려면 인문 문화가 필요하고, 무엇보다 인문으로 세상을 바꾸겠다는 천지의 마음이 필요하다.

시간은 흔적이 없이 흘러가지만, 사람의 마음에는 믿음이 있다. 공자는 "사람이 도를 넓히는 것이지 도가 사람을 넓히는 것이 아니다"[7]라고 말했다. 우리 민족 문화의 초심은 2000여 년의 부침 동안 너무나 많은 고난과 곤궁을 겪어왔으나 여전히 살아 있으며, 우리는 면면히 흐르는 유전자를 부인할 수 없다. 그러므로 이 민족 문화에 믿음과 사랑을 가진 후대와 자손이라면 공자와 장자가 전해주는 잠언 속에서 진정한 기운을 느낄 수 있을 것이다. 또한 과거의 역사를 거울삼아 중화문명이 미래에 어떤 길을 걸어가야 할지 생생히 분별해낼 수 있을 것이다.

---

7 人能弘道(인능홍도), 非道弘人(비도홍인)

차례

장자, 그는 누구인가?

장자는 제자백가 중에서도 중요한 위치를 차지하는 대표 사상가다. 장자의 글은 기세가 힘차고 웅장하며 생각의 세계에는 제한이 없다. 끝 간 데 없이 깊고 넓은 장자 사상의 기운은 고금을 뒤덮고도 남는다. 장자의 우화는 기발한 상상력 속에 심오함을 담고 있다. 우스갯소리인 듯 짐짓 농담을 하다가도 사자후를 토한다. 한마디로 장자의 글은 그 무엇에도 얽매임이 없다.

장자는 세상의 부귀공명에 초연했고, 돈과 관직 보기를 돌보듯 했으며 심지어 죽음에 대해서도 자신만의 독특한 견해를 나타냈다. 장자, 그는 과연 누구인가?

오늘 이야기할 사람은 바로 이 사람, 장자다.

'장자'는 중국에서 대대로 전해지는 유명한 위인이므로 중국인이라면 누구나 장자가 세속에 부대끼면서도 마음은 자유로이 노니는 사람이요, 나 홀로 천지의 정신과 왕래할 수 있는 사람임을 알고 있다. 장자의 글은 푸른 하늘 끝까지 오르는가 하면 저승의 심연까지 뚝 떨어지고, 웃고 농담을 하다가도 매서운 일갈을 던진다. 천하제일의 영웅담을 논하면서도 정작 자신은 조금도 흥분하거나 동요하지 않는다.

『장자』, 이 책에서 나오는 글은 모두 '허무맹랑하고 아득한 말이요, 황당하고 과장된 이야기, 도를 넘어선 발언'들이다. 그러나 얼핏 얼토당토않게 들리는 장자의 말 안에는 커다란 지혜가 감추어져 있다.

인간 장자의 생애는 거의 알려진 바가 없다. 장자를 분명히 언급한 가장 오래된 기록은 사마천의 『사기史記』다. 장자는 전국

시대 송나라의 몽蒙 지역 사람으로 옻나무 밭을 관리하는 말단 직에 있었다. 지금으로 말하자면 물품을 보관하는 데스크 직원이다. 장자는 전쟁과 난리가 끊이지 않고 도처에서 인재를 애타게 구하던 전국시대를 살았지만 관직에 오르지 않고 은거하다 늙어 죽었기 때문에 당시에는 사회적인 명성도 없었다.

장자가 살았던 시기는 대략 기원전 369~286년으로 추정한다. 기원전 275년까지 살았다는 설도 있으나 정확한 생몰년은 알 수 없다.

『장자』는 역사 대대로 경전으로 추앙되어 왔지만 가장 경전 같지 않은 경전으로, 읽는 이들의 기발한 상상을 끊임없이 자극해왔다.

『한서·예문지漢書·藝文志』에 적힌 바로는『장자』는 본래 50여 편이 넘는다. 그중 지금 우리가 볼 수 있는 것은 33편뿐이다. 이것이 바로 진나라 곽상이 정리해 지금까지 전해지는『장자』다. 「내편內編」 7편과 「외편外編」 15편, 「잡편雜編」 11편으로 구성되어 있다. 「내편」이 장자의 저작이라는 데는 이견이 없다. 그러나 「외편」과 「잡편」은 장자의 문하생이나 제자, 친구 혹은 후세에 장자 사상의 정수를 깨달은 사람이 적었을 가능성이 있다.

"천하는 이익을 위해 왁자지껄하게 다가오며, 또 이익을 위해 시끌벅적하게 떠나간다"[1]라는 말이 있다.

고금 이래로 속인들이 가장 마음을 비우기 어려운 것이 돈과

나는 천지와 더불어 태어났기에, 만물과 더불어 하나가 되어야 할 존재다.

『장자』「제물론(齊物論)」

---

[1] 天下熙熙皆爲利來(천하희희개위리래), 天下攘攘皆爲利往(천하양양개위리왕). 『사기』 제129장 「화식열전(貨殖列傳)」 중

명예다. 인생을 살다 보면 제일 먼저 돈에 대한 염려와 유혹에 부딪히게 된다. 이 세상을 사노라면 누구든 돈 문제, 즉 먹고사는 문제를 만나기 마련이다. 장자도 예외는 아니었다.

장자의 사정은 어땠을까? 『장자』를 들여다보면 그가 조금도 변함없이 찢어지게 가난한 삶을 살았음을 알 수 있다.

『장자』「외물^{外物}」편에는 이런 이야기가 있다.

장주[2]는 집이 매우 궁핍했다. 어느 날은 쌀통에 쌀 한 톨 남지 않아 밥솥 뚜껑조차 열어볼 필요가 없을 정도였다. 그래서 쌀 됫박이라도 꿔볼 심산으로 감하후를 찾아갔다. 감하후 역시 말단관리이긴 했지만 수리 담당관으로 하천을 관리하기에 장주보다 형편은 조금 나았다.

감하후는 장주에게 크게 선심을 쓰며 말했다. "알았네, 내 얼마 후 채읍[3]에 가서 세금을 거두어야 하는데, 조금만 기다리게. 백성들이 세금을 몽땅 내기만 하는 날엔 자네한테 300금을 빌려주지."

300금이라니! 이렇게 통이 클 수가 없다! 하지만 장주는 그 말을 듣자, 분연히 얼굴에 내색을 했다. 화가 나서 얼굴색까지 벌겋게 변해버린 것이다. 장주는 이내 마음을 가라앉히고 감하

---

2 莊周, 장자의 본명

3 고대 봉건 제후가 경·대부에게 분봉한 전답. 제후의 영지를 경작하는 노예도 포함된다.

후에게 이야기 하나를 들려주었다.

어제 나도 이곳을 지나가는데 누군가가 내 이름을 부르는 소리를 들었네. 얼른 사방을 둘러보니 흙길에 마차 바퀴가 지나간 자국이 보이고, 그 팬 자국 속 고인 물에서 붕어 한 마리가 펄떡거리고 있지 않겠나?

그래서 내가 붕어에게 물었지. "거기서 뭘 하고 있는가?" 붕어가 대답했지. "나는 동해의 해수 관리요. 지금 나한테 물 한 되나 물 한 말만 퍼주면 목숨을 부지할 수 있다오."

내가 말했지. "알았다. 내가 지금 오월지방으로 가는 길이니, 거기에 도착하면 서강의 물길을 끌어다가 자네를 살려줌세."

그러자 붕어가 외쳤지. "그런 입 발린 말이나 할 거면, 나를 건어물 가게에서 찾는 게 더 빠를 것이네!"

한번 생각해보자. 장자는 유머러스하고 인품도 나무랄 데 없었지만, 생활이 풍족해서 의식주 걱정이 전혀 없는 사람은 아니었다. 밥솥에 쌀을 안치기 위해서는 때마다 사람들에게 아쉬운 부탁을 해야만 했다.

아마 모두 '이런 사람이 한가롭게 노닐 조건이나 된단 말인가? 의식주도 해결하지 못해 생활고에 좇기는 사람이 과연 형이상학적인 정신적 추구를 할 수 있단 말인가?'라며 의아하게 생각할 것 같다.

장자는 가난한 자신을 어떻게 생각했을까? 장자가 『장자』 「산목山木」편에서 한 이야기를 들어보자.

　어느 날 장자가 위왕을 알현하러 갔다. 장자는 기운 데를 기우고 또 기운 누더기 옷에, 끈도 없어 새끼줄로 질끈 동여맨 신을 신은 완벽한 거지꼴이었다.

　위왕이 물었다. "장자 선생, 어쩌다가 이렇게 초라하게 전락하셨소?"

　그러자 장자가 대답했다. "저는 가난하긴 하지만 초라하진 않습니다. 마음에 꿈을 가지고서도 그 꿈을 이루지 못하는 선비야말로 초라하지요. 대왕께서는 나무를 타는 원숭이를 보지 못하셨습니까? 원숭이들이 녹나무, 개오동나무, 장목 같은 큰 나무 사이를 날쌔게 뛰어다닙니다. 마치 세상이 자기 것인 양 기세등등할 때는 신궁 후예[4]와 봉몽[5]도 도저히 잡을 길이 없습니다. 그러나 놈들이 가시덤불에 빠지면 두려움에 사로잡혀 어쩔 줄 모르고 힘껏 뛰어오르지 못합니다. 그건 원숭이의 몸이 날렵하지 않기 때문이 아니라 불리한 상황에 처해 자신의 재능을 펼칠 수 없기 때문입니다. 저도 초라해지고 싶지 않지만, 시대를 잘못 타고났으니 저라고 무슨 수가 있겠습니까?"

4　유궁 후예라고도 한다. 하나라 때 사람. 유궁씨의 수령
5　후예가 활쏘기 기술을 전수해 준 제자

이 이야기를 보면 장자가 자기 처지를 정확하게 분별하고 있다는 것을 알 수 있다. 이렇듯 진정 어진 사람과 뜻을 품은 사람은 가난을 두려워하지 않는다. 오직 정신이 초라해짐을 두려워할 뿐이다.

누구나 가난 때문에 곤란을 겪을 수는 있다. 하지만 가난에 대처하는 태도를 결정짓는 것은 가난 그 자체가 아니다. 그보다는 그 사람이 가난을 얼마나 두려워하는지, '돈'을 얼마나 중요시하는지에 달렸다.

그렇다면 장자 자신은 '돈'을 얼마나 중요시했을까? 사실 장자 주위에는 돈 많은 사람들 천지였다! 장자는 「열어구列御寇」편에서 또 다른 이야기를 들려준다.

장자가 사는 송나라에는 조상이라는 사람이 있었는데, 한번은 조상이 송왕의 명을 받아 진나라에 사신으로 가는 영광을 얻었다. 당시 진나라는 중국 서부 지역 최대의 강대국이었다. 조상이 진나라로 떠나는 길에 송나라가 준비해준 것이라고는 고작 마차 몇 대가 전부였다. 진나라에 도착한 조상은 사명에 부끄럽지 않은 활약을 했고 진왕의 특별한 환대를 받았다. 귀국시에는 답례로 백 대두 넘는 마차와 말까지 선물 받았다.

조상은 송나라에 돌아오자마자 우쭐거리며 장자에게 자랑했다. "내가 어떤 사람인지 똑똑히 봤는가? 이런 나한테 허름한 골목에다 쓰러져가는 집에서 매일 짚신이나 꼬라고 하고, 가난에 찌들어 누렇게 뜬 얼굴에 피골이 상접한 불쌍한 삶을 살라고 한다면…….

나는 정말이지 그렇게 무능력하게 살 자신은 없다네. 내가 어떤 능력이 있는지 아는가? 강대국의 지도자들을 만나 최고 권력자의 신뢰를 한 몸에 받고, 그걸 이용해서 백 대도 넘는 마차와 말 같은 부를 손아귀에 넣는 능력, 이런 게 바로 내 장기라네!"

조상의 자랑에 장자는 어떤 태도를 보였을까? 장자는 조상에게 담담하게 이야기했다.

"내가 소문을 들으니, 진왕은 병이 나면 천하 사방에서 명의들을 불러 병을 고친다더군. 종기를 고쳐주는 사람에게는 말과 마차 한 대를 하사하고, 치질을 빨아주는 사람한테는 말과 마차 다섯 대를 하사한다고 하지. 더럽고 지저분한 병을 고쳐줄수록 더 많은 말과 마차를 하사한다는 걸세. 그런데 조상, 진나라에 가서 진나라 왕의 치질을 빨아주고 온 게 맞지 않은가? 그렇지 않고서야 이렇게 많은 상을 무슨 수로 얻었는가?"

장자는 언어를 통해 신랄한 풍자의 능력을 최대한 증폭시켰다. 이 이야기는 '돈'이 장자의 마음을 구속할 수 없음을 잘 보여준다. 아무리 찢어지게 가난하게 산다 한들, 장자가 추구하는 목표는 '돈'을 초월한 저 높은 곳에 있었다.

오늘날의 말로 하자면, 단돈 천 원의 행복이 천억 원의 행복보다 더 클 수 있다는 뜻이다. 내가 가진 돈의 액수와 마음속 만족도는 결코 일치하지 않기 때문이다.

어쩌면 우리 사회에서 가장 행복한 사람은 찢어지게 가난한 사람도, 혹은 재벌 2세나 금수저도 아니라, 먹고 사는 데 큰 걱정이 없는 보통 사람일 수 있다. 왜냐하면 보통 사람들은 극빈층도 아니고, 꼭 대박을 터뜨리겠다는 물질적 집착에도 얽매이지 않기 때문이다. 이러한 보통 사람들은 사회의 다수를 차지하며, 모두 행복할 자격이 있다. 그러나 진정한 행복과 불행은 마음속에 있으므로 보통사람이라 해서 무조건 행복할 수 있는 것은 아니다.

내 친구 중에는 미디어업에 종사하다가 부동산업계로 이직을 한 사람이 있는데, 사업은 성공일로를 걸었고 자산은 눈덩이처럼 불어났다. 하지만 정작 본인은 미디어업계를 떠난 것을 매우 아쉬워했다. 미디어는 자신이 가장 좋아하는 일이었기 때문이다. 그렇다면 그 친구는 애당초 왜 부동산업으로 이직을 했을까? 그는 이렇게 대답했다. "나는 가정과 앞으로 태어날 아이를 책임져야 했어. 가장으로서 내 가족들을 행복하게 해주어야 하니까. 그래서 내 마음과 다른 선택을 했지. 정말로 돈이 아주 많이 필요했거든."

결혼을 하고 아주 귀여운 아들을 낳았고, 돈도 아주 많이 벌었다. 그 삶은 지극히 만족스러워야만 했다. 그런데 친구가 갑자기 속사정을 털어놓으며 이민을 가겠다고 했다. 유럽에 있는 아주 먼 나라로 말이다. 게다가 아내와 아들은 먼저 이민을 보내고 자기는 국내에 남아 기러기 아빠가 될 거라고 말했다. 내가

진전석 〈고사도(高士圖)〉 부분화

친구에게 물었다. "아내랑 아들이 계속 눈에 밟힐 텐데, 왜 가족과 생이별하는 길을 선택한 거야?"

친구가 어떤 대답을 했는지 추측할 수 있겠는가? 아마 추측하기 어려울 것이다. "우리 집처럼 돈 있는 집안의 애가 중국에서 학교를 다녔다가는 유괴당하기 십상이야. 날마다 애 때문에 너무 불안할 것 같아. 그래서 애를 외국으로 보내려고."

이건 우리 주위에서도 흔하게 들을 수 있는 이야기다. 돈, 정말 많으면 많을수록 좋을까?

장자는 돈을 전혀 중요하게 생각하지 않았다. 즉, 돈은 장자를 구속할 힘이 없었다. 돈을 위해 수고하고, 돈을 위해 동분서주하다가 더 가치 있는 자유와 행복을 잃는 것, '마음이 물질을 얻기 위해 수고하는 것'은 장자에게 너무나 무의미한 일이었다.

'호랑이는 죽어서 가죽을 남기고 사람은 죽어서 이름을 남긴다'는 속담이 있다. 그 말처럼 돈을 버리는 것도 어려운 일이지만, 명예를 버리는 것은 더 어려운 일이다. 돈의 유혹에는 요지부동이던 사람이 명예 앞에서는 사정없이 흔들리는 경우가 얼마나 많은가? 아무리 세상의 때가 묻지 않은 고결한 사람이라 하더라도 자신의 이름만은 역사에 길이 남겨지길 소망한다.

그렇다면 장자는 명예 때문에 애타고 초조했을까? 높은 관직과 사람이 주는 큰 영광 앞에서 장자는 어떤 모습이었을까?

명리^{名利}, 즉 명예와 돈 중에서 명예는 금전보다 더 포기하기가 어렵다. 많은 사람들이 돈의 유혹에는 흔들리지 않지만 명예의 유혹은 이겨내지 못한다.

지금까지 얼마나 많은 문신과 무장들이 죽은 후에 좋은 시호 하나를 하사받는 것을 한평생 소원으로 꼽았던가? 이들은 군주가 '충성스럽다', '효성스럽다', '글 솜씨가 훌륭하다', '무예가 뛰어나다' 등등으로 평가한 한마디에 목숨을 걸었다. 시호를 묘지명에 새기는 순간, 생전의 모든 실의와 낙담도 영원한 보상을 받으리라 여겼다.

신기질은 이렇게 노래했다. "군주를 도와 천하 제패의 사업을 완수하고, 살아생전과 사후에 이름 떨치려 했건만. 가련하구나, 나 백발의 서생이여."[6] 인생은 그렇게 무력하게 스러지고 마는 것이다.

장자는 명예를 중시했는가? 우리는 장자가 깊이 있는 생각과 배움을 즐기며 영웅의 지혜와 모략도 갖추었지만 남 앞에서 잘

---

6 了却君王天下事(료각군왕천하사), 贏得生前身後名(영득생전신후명), 可憐白髮生(가련백발생) ―「파진자(破陣子)」, 신기질

난 척하는 것은 좋아하지 않는 사람임을 알고 있다.

"하늘과 땅은 큰 아름다움이 있지만 말하지 않고, 사계절은 분명한 법칙이 있지만 따지지 않으며, 만물은 정해진 이치가 있지만 설명을 늘어놓지 않는다."[7] 장자는 이런 가치관 때문에 남 앞에서 자랑하기를 좋아하지 않았다.

「추수秋水」편에는 이런 이야기가 전해진다.

장자는 '혜자'라는 이름으로 널리 알려진 '혜시'와 친한 친구 사이인데, 혜시는 이미 당시에 천하에 널리 알려진 웅변가였다.

장자가 한 번은 양나라 재상인 혜자를 만나려고 양나라를 방문했다. 그런데 어떤 이가 혜자에게 이렇게 말했다. "장자가 양나라에 오는 이유를 아십니까? 다름이 아니라 당신을 밀어내고 양나라 재상 자리를 차지하려고 오는 것입니다."

혜자는 그 말을 듣자 겁이 나기 시작했다. 장자를 찾으려고 수하의 군사들을 총동원해 삼일 밤낮, 전국을 이 잡듯이 뒤졌다. 반드시 장자를 찾아야만 했다. 장자가 양왕을 만나는 날에는 자기 인생도 끝장이기 때문이었다. 양왕이 정말로 재상 자리를 장자한테 주면 자기는 어떻게 하란 말인가?

이 소문을 전해 들은 장자는 제 발로 혜자를 찾아가 말했다. "남방에 원추라는 새가 한 마리 있지. 이 원추는 남쪽 바다에서 북

---

7 天地有大美而不言(천지유대미이불언), 四時有明法而不議(사시유명법이불의), 萬物有成理而不說(만물유성리이불설).

쪽 바다로 날아가는데, 오동나무가 아니면 내려서 쉬지를 않고 대나무의 열매가 아니면 먹지도 않고 맑은 샘물이 아니면 마시지 않는다고 하네. 원추는 그렇게 고결한 새라지. 그런데 어느 날, 썩어가는 쥐 한 마리를 발견한 부엉이 하나가 우연히 고개를 들다가 공교롭게도 자기 머리 위로 지나가는 원추를 발견했지 뭔가? 그때 부엉이가 고개를 뒤로 젖히고 큰 소리로 뭐라고 외쳤는지 아는가? '원추, 너 때문에 깜짝 놀랐잖아!' 혜자, 자네가 이렇게 떠들썩하게 나를 찾은 건, 어렵사리 양나라를 손에 넣었는데 나 때문에 깜짝 놀랐다고, 애꿎은 분풀이를 하고 싶어서 그러는 겐가?"

사실 장자의 눈에 비친 명예의 실상이란 이런 것이다. 양나라의 재상 자리는 썩어가는 쥐 한 마리에 불과한 것이다.

어쩌면 어떤 사람은 양나라 같은 일개 소국의 재상 자리에 장자가 마음이 끌릴 리 만무하다고 할지도 모른다. 그런데 실제로 이보다 더 큰 나라의 재상 자리도 넝쿨째 굴러들어온 적이 있다. 「추수」편에는 이런 이야기가 전해진다.

전국 시대에 초나라는 아주 큰 대국이었다. 어느날 장자는 복수에서 한가롭게 낚시를 하고 있었다. 초왕은 대부 둘을 장자에게 보내어 극진한 예우로 청했다. "나랏일 때문에 선생께 피치 못할 폐를 끼쳐드려야겠습니다!" 이렇듯 공손하게 요청을 한 이유는 산에 은거한 장자를 불러내어 재상을 삼기 위해서였다. 초왕은 초나라의 재상 자리를 하사하려 했던 것이다.

장자는 손에는 낚싯대를 들고 똑바로 앞만 쳐다보며, 고개 한번 뒤로 돌리지 않은 채 말했다. "저는 초나라에 신령한 거북이 하나 있다고 들었습니다. 죽은 지 3천 년이나 지났는데도 초왕은 그 거북을 잘 싸서 상자 안에 고이 넣어 사당에 모셔둔다고 들었습니다. 이 거북은 죽어서 뼈를 남겨 사람들에게 존귀한 대우를 받길 원했 겠습니까? 아니면 살아서 꼬리를 끌며 진흙탕 속을 기어 다니길 원했겠습니까?"

두 대부가 대답했다. "당연히 살아서 진흙탕 속을 기어 다니길 원했을 것입니다!"

그러자 장자가 말했다. "잘 알겠습니다. 그럼 이제 그만 가보시지 요. 진흙탕 속에서 꼬리나 끌면서 살게 놔두십시오!"

이것이 바로 넝쿨째 굴러온 '명예'에 대해 장자가 보여준 태 도다.

사람의 마음이 자유로울 수 있는 까닭이 무엇일까? 이는 우 리에겐 큰 유혹도 아무렇지 않게 거부할 힘이 있기 때문이다. 사람은 스스로 진정 중요하게 여기는 일에 마음이 매이게 된다. 전혀 중요하게 여기지 않는 어떤 것이 과연 나를 속박할 수 있 을까?

인생이 지치고 피곤할 때마다, 제일 먼저 내 행동의 목적이 무엇인지를 물어야 한다. 어쩌면 아주 고상한 대답을 생각해낼 지도 모른다. 가족의 행복을 위해서, 회사와 팀의 성공을 위해서, 사회에 공헌하기 위해서 등 그러나 내 행동의 배후에 숨겨진 동기를 생각해보았는가? 각자 자신의 마음에 물어보자. '어쩌면 우리는 사람들의 인정과 돈을 추구하면서, 이 동기를 그럴듯하게 꾸며줄 이유를 찾고 있는 것은 아닐까? 우리는 타인의 인정과 돈이라는 수렁에 점점 더 깊이 빠져 들어가, 아무 의미 없이 바쁘기만 한 악순환을 계속 반복하는 것은 아닐까?'

때로는 마음속에서 뭐라 이름을 붙이기 어려운 화가 치밀어 오를 때가 있다. 마음속에 응어리가 있지만 그렇다고 다른 사람에게 이야기할 수도 없을 때, 우연히 부딪힌 작은 일이 도화선이 되어 우리는 알 수 없는 분노에 휩싸이게 된다.

예를 들어, 회사에서 지위가 제일 높은 사장이 일이 제대로 풀리지 않으면 자기감정을 제어하지 못하고 아랫사람을 질책하기 쉽다. "이런 일 하나 제대로 못 해? 왜 이렇게 실행력이 없어? 가서 자기가 어떤지 반성 좀 하지! 보고서는 언제 쓸 건데! 내일 야근을 해서라도 다 해놔!"

부하는 한마디 대꾸도 못한 채 꿀 먹은 벙어리가 되어 힘없이 고개만 끄덕인다. 부하직원이 집으로 돌아가면 이 불똥은 어디로 튈까? 부하는 금세 아내에게 고함을 지르고 만다. "내가 밖에서 죽어라고 돈을 벌어서 집안 식구들 먹여 살리고, 당신도 이렇게 아무 걱정 없이 잘살게 해주었는데, 당신은 도대체 집에서 하는 일이 뭐야? 집안일도 제대로 안 하고 아이들도 제대로 보지 않고. 당신이 나한테 해준 게 뭐가 있어?" 아내에게 욕을 바가지로 퍼붓는다.

아내는 그저 고개만 주억거릴 뿐이다. 매월 생활비를 남편이 가져다주기 때문이다. 하지만 마음속은 서럽기 그지없고, 억장이 무너진다. 이 알 수 없는 불길을 쏟아낼 곳이 없어 답답할 때, 마침 아이가 현관문을 열고 들어온다. 아내는 곧바로 아이를 꾸짖기 시작한다. "엄마가 너 때문에 이렇게 고생하고 있는 거, 몰라? 엄마는 평생 뼈 빠지게 고생만 하는데 너는 도대체 공부를 하는 거야, 마는 거야! 지금 이것도 성적이라고 엄마한테 보여주는 거니?"

아이 역시 영문도 모른 채 꾸중을 듣고는 마음속에서 화가 나지만 엄마한테 대들 수는 없고, 뒤 돌아 애꿎은 강아지에게 냅다 욕을 퍼붓는다.

개는 주인의 말을 들어야 하는 법이지만 갑자기 참을 수 없는 분노에 사로잡힌다. 집을 나서자마자 불똥은 곧 길고양이에게 튄다. 강아지는 길고양이에게 달려들어 한바탕 전투가 시작된다.

고양이는 개에게 상대도 되지 않으니, 억울하지만 그저 참을 수밖에. 그래서 죽어라고 쥐새끼를 찾아다닌다. 고양이한테는 쥐가 유일한 분풀이 상대기 때문이다.

사장의 분노부터 쥐의 억울한 신세까지, 분노는 도대체 몇 단계나 지속되었는가? 분노는 그들을 하나의 쇠사슬로 묶어버렸다.

사실, 우리 각자의 마음에는 모두 알 수 없는 불길이 타오르고 있다. 여러분은 진정한 평안을 갈망하는가?

이쯤 해서 질문을 하나 던져보자. 우리가 이렇게 억울해진 진짜 원인이 무엇일까? 다른 사람이 우리를 억울하게 할 때가 많아서 그런 것일까? 아니면 우리가 다른 사람이 줄 수 있는 인정과 돈을 버리지 못해서 그런 것일까?

'천하는 이익을 위해 와자지껄하며 다가오며, 또 이익을 위해 시끌벅적하게 떠나간다'는 말처럼, 사실 모든 것은 마음에 달려 있다. 스스로 이 속박을 깨뜨릴 때에만 진정한 자유와 여유로움을 얻을 수 있다.

장자는 가난하게 살았지만 돈에 전혀 집착하지 않았다. 장자는 깊이 있는 사상과 뛰어난 재능이 있음에도 타인의 인정에 집착하지 않았다. 그렇다면 이런 장자가 생과 사에 대해서는 어떤 태도를 보였을까?

사람들은 살아 있는 동안 '타인의 인정'과 '돈' 이 두 가지에 매우 집착한다. 그러다 인생의 한계 상황에 다다라서야 비로소 타인의 인정과 돈이 진정 중요한 것이 아님을 알고 이를 내려놓기도 한다. 그러나 이런 사람이라도 목숨마저 포기하기는 어렵다.

이 세상을 살던 장자는 이렇게 말한 적이 있다. "살아서 진흙탕 속에서 꼬리를 끌며 기어다니기를 원한다." 진흙탕 속을 기어다녀도 살아 있는 것이 죽는 것보다 훨씬 나으니까 말이다. 그렇다면 장자는 목숨을 포기할 수 있었을까?

「지락^{至樂}」편에는 이런 유명한 이야기가 나온다.

장자가 백년해로하려던 아내가 먼저 세상을 떠나자 친한 친구 혜자가 조문을 왔다. 혜자가 장자의 집에 가보니 장자는 땅바닥에 앉아 대야를 두들기며 노래를 부르고 있었다.

혜자는 장자에게 물었다. "자네한테 아들 딸 다 낳아준 아내가 지금 늙어 죽지 않았나? 그럼 통곡은 못 한다 치더라도 여기서 대야를 두들기며 노래나 부르고 있는 건, 해도 해도 너무 한 일 아닌가?"

그러자 장자는 담담하게 대답했다. "절대 그런 게 아니네! 아내가 막 세상을 떠났는데, 나라고 왜 마음이 괴롭지 않겠는가? 하지만 내가 근본을 찾아올라가 만물의 기원을 살펴보니, 사람이란 전부 생명이 없었던 존재가 아닌가? 생명이 없었다는 것은 형체가 없었다는 것이고, 형체가 없었다는 것은 기운이 없었다는 것이네. 그럼 생명은 어떻게 생겨난 것인가? 천지 가운데 있는 듯 없는 듯한 기운이 모여서 기운이 점차 형체가 되고, 형체는 다시 생명으로 잉태되는 것일세. 사람의 생명은 이렇게 탄생했다가 지금 또다시 소멸을 향해 가게 된 것이지. 인간의 생로병사가 춘하추동 사계절의 변화랑 똑같지 않은가? 내 아내는 이 길을 따라 돌아간 것이네. 지금 이 순간 아내는 천지 가운데서 조용히 편안하게 쉬고 있을 텐데, 나는 이 땅에서 아내가 죽었다고 목 놓아 울고불고 한다면 그건 생명의 진리에 너무 무지한 처사가 아닌가?"

보시라. 이 죽음은 가장 친밀한 가족의 죽음이었다! 그럼에도 장자의 마음이 위로를 받고 편안하고 기쁠 수 있었던 까닭은 장자가 생명의 진리를 꿰뚫어보았기 때문이다.

중국인의 생활 속에서도 사람의 마음을 편안하고 기쁘게 할 수 있는 생명의 위로는 찾을 수 있다. 예를 들어, 중국 사람들은 반드시 기쁘게 치러야 할 인생중대사가 두 가지 있다고 생각한다. 이것이 '홍백희사紅白喜事'다. 시집 장가를 가고 아이를 낳는 일은 '홍희사紅喜事'인 셈이다. 생명이 번성하는 시초가 되니, 당연히 기쁜 일이다. 반면에 천수를 다해 하늘로 돌아가는 노인을 배웅하는 것, 이것은 '백희사白喜事'라고 부르며 역시 기쁜 일로 여긴다.

여기서 홍백이란 생명의 양 끝점을 가리킨다. '홍'이란 생명이 시작되기 전의 영접을 말하며, '백'이란 생명이 아스라이 사라진 후의 송별을 말한다. 생과 사라는 양 끝점 사이에서는 생명 형태의 전환이 일어날 뿐이다.

우리에게도 장자 같은 마음가짐이 있다면, 여러 근심과 고뇌를 적잖이 덜게 될 것이다. 인생에는 생로병사와 셀 수 없이 많은 근심과 고통이 있다. 죽음이 찾아왔을 때, 우리는 자신의 죽음을 평안하게 마주할 수 있을까?

장자는 자신의 죽음을 어떻게 대했을까? 장자는 「열어구」편에서 다음과 같은 짧은 이야기를 한 적이 있다.

장자에게 죽음이 가까워오자, 장자의 제자들은 스승님께서 정말 돌아가신다면 장례만은 무슨 일이 있더라도 성대하게 치러드리고자 했다. 마지막 가시는 길이 편안하시도록 장례용품이라도 호화로운 고급 제품을 사용하자고 말이다.

장자는 이 말을 듣자 당부했다. "내가 죽은 후에는 하늘과 땅으로 관을 삼고, 해와 달로 연벽[8]을 삼으며, 별들로 아름다운 진주를 삼고, 만물로 예물을 삼거라."

---

8   連璧, 짝을 이루는 두 옥

장자는 거대한 천지가 바로 나의 관이며, 일월성신이 내 무덤에 부장하는 금은보화이고, 천하 만물이 바로 나를 송별하는 선물이라고 말한 것이다.

이 얼마나 호화로운 장례식인가? 얼마나 장대한 기백인가?

장자의 말을 현실적으로 이해한다면, 자신을 위해 성대한 장례를 치르지 말라는 뜻이었다. 즉, "나는 관도 필요 없고, 부장품이나 예물도 필요 없다. 너희들은 나를 들에 그냥 내다버려서 천지자연에 맡기기만 하면 된다"는 말이다.

그런데 장자의 말에 제자들은 심각하게 갈등했다. 심지어 스승님께서 돌아가실 때가 되니 제정신이 아니신가보다고 여긴 것 같다. 아무리 생각해도 이해가 되지 않았던 제자들은 다시 좋은 말로 스승님을 설득하려 했다.

"스승님, 그렇게 했다가 까마귀와 독수리가 스승님의 시신을 다 파먹을까 두렵습니다. 아무래도 관은 만들어 땅 속에 묻어드리는 것이 좋겠습니다."

그러자 장자가 대답했다. "내 시체를 들에다 버리면 까마귀와 독수리가 파먹고, 땅에 묻으면 개미들이 파먹을 것이다. 그렇다면 너희들은, 까마귀와 독수리의 먹잇감을 빼앗아서 땅속에 사는 개미에게 주겠다는 심산이냐? 너희들은 왜 그렇게 개미만 편애하는 것이냐?"

장자의 이 대답에는 넓은 도량과 유머가 돋보인다. 형체는 천지로 돌아가고, 생사는 자연으로 돌아간다. 이것이 바로 장자가 자신의 형체와 생사에 대해서 가진 생각이다.

요즘 우리 주위에는 암투병 환우들의 모임도 많아지고, 항암 투병 과정을 용감하게 이겨내는 암 투병 스타들까지 탄생하고 있다. 옛날에는 암에 걸렸다는 말이 사형선고나 다름없었다. 그런데 요즘은 암에 걸렸어도 수년 동안 끈질기게 살아남는 사람들이 많아지고 있다. 왜 그럴까? 생에 대한 집착을 버리고 낙관적인 생각을 가지려고 노력하며 죽음에 대한 두려움에서 벗어나면, 죽음을 이길 힘이 생기기 때문이다.

사실 장자는 본래 죽음을 두려워하지 않는 사람이다. 장자가 죽음을 두려워하는 대신에 선택한 또 다른 삶의 방식은 두 글자로 정리된다. 즉, '낙생'[9]이다. 행복한 삶은 죽음을 두려워하는 공포보다 훨씬 더 강한 힘을 발휘한다.

이 관점은 유가의 사상과도 완전히 부합한다. 공자도 죽음에 대해 묻는 제자들에게 "인생도 아직 제대로 깨닫지 못했는데, 어떻게 죽음에 관한 일까지 생각하겠느냐?"[10]라고 답했다. 이 점에서만은 유가와 도가가 서로 통한다고 할 수 있다.

공자가 우리에게 알려준 가르침은 따뜻한 마음과 소박한 가치관이다. "현재의 삶에 집중하라." 현재의 삶에 집중하며, 타인의 인정에 흔들리지 않고, 돈에 집착하지 않고, 죽음의 두려움

---

9   樂生, 생을 즐거워하라

10   未知生(미지생), 焉知死(언지사)?

현재의 삶에 집중하며,
타인의 인정에 흔들리지
않고, 돈에 집착하지
않고, 죽음의 두려움까지
뛰어넘는다면, 우리의
마음은 얼마나 큰 도량과
경지에 이르게 될까?

위단의 명상

까지 뛰어넘는다면, 우리의 마음은 얼마나 큰 도량과 경지에 이르게 될까?

장자는 자신의 책 속에서 자기 인생의 수많은 그림자들을 보여주었다. 그 안에 내재된 수많은 가치판단은 유가와 호응한다. 다만 유가가 절대적으로 중시하는 가치는 과거 성현의 도덕이며, 인생을 살며 공을 세우고 사회적 업적을 쌓아야 한다는 신념인데 반해, 도가가 중시하는 것은 더 높고 광활한 하늘까지 넘어설 수 있는 정신적인 자유, 인생의 마지막 성공 이후의 초월에 있다.

중국의 유가사상은 사회라는 척도 안에서, 인간이 해야 할 일을 담당하도록 요구한다. 하지만 도가사상은 생명이 있는 인간에게 초월하도록 요구한다. 담당이란 사회적인 책임을 져야 한다는 뜻이고, 초월이란 생명의 한계를 넘어선다는 뜻이다. 이런 의미에서 본다면, 『장자』에 나오는 많은 이야기들을 깨우친 사람은 장자의 인생철학에 통달한 것이다. 이 사상은 결코 적극적인 인생 태도, 혹은 소극적인 인생 태도라고 간단하게 이분법적으로 이야기할 수 없다. 오히려 우리 인생에 실존하는 상이한 가치 체계 위에 건축된 일종의 참고 시스템이라고 할 수 있다.

장자의 말에 따르면
인생 최고의 경지는
천지 사이에서 한가로이
노니는 것이며, 또한
마음의 두꺼운 장벽과
장애물을 깨뜨려 우주를
고요히 직시하며 천지의
광대함 가운데에서
인생의 정확한 좌표를
찾아내는 것이다.

위단의 명상

장자의 말에 따르면, 인생 최고의 경지는 천지 사이에서 한가로이 노니는 것이며, 또한 마음의 두꺼운 장벽과 장애물을 깨뜨려 우주를 고요히 직시하며 천지의 광대함 가운데에서 인생의 정확한 좌표를 찾아내는 것이다.

내 삶의 좌표가 정확할 때에만 내가 진정한 인간이 될 수 있다. 얽매임에서 벗어나 마음속 깊은 곳의 이상을 거침없이 분출

하며 소망하던 자아상을 완성할 수 있기 때문이다.

어려움을 단지 이 순간의 것으로 한정하자. 그리함으로써 우리는 집착에서 벗어날 수 있다. 영원한 생명의 인도를 받을 때 한가로이 노닐 수 있으니, 이는 우리 각자가 영원히 추구할 만한 가치가 있는 것이다.

큰 경지, 작은 경지

장자는 수많은 우화로 우리의 지성을 일깨운다. "한 사람의 경지가 어떤가에 따라, 사물에 대한 판단은 달라질 수 있고, 운명도 완전히 뒤바뀔 수 있다."

큰 경지에 이른 사람은 하늘이 나를 태어나게 한 데는 반드시 목적이 있다고 확신한다. 그러나 작은 경지밖에 이르지 못한 사람은 정신없이 세월을 허송하다 결국 아무 일도 하지 못한 채 인생을 끝낸다.

그렇다면 '경지가 크다, 작다'는 어떻게 구별할 수 있을까? 또 어떻게 하면 큰 경지에 도달할 수 있을까?

　『장자』의 「소요유逍遙遊」편에는 핵심 명제가 있다. '무엇이 큰 것인가?', '무엇이 작은 것인가?'라는 질문이다.

　「소요유」는 상상의 공간을 무한대까지 확장시킨다. 세계의 광대함은 우리의 상상을 완벽히 초월한다. 세계의 미세함 역시 우리의 상상을 완벽히 초월한다. 진정한 큼과 작음은 눈에 보이는 가시 세계로 판단하는 것이 아니라, 사람의 지혜로 판단할 수 있기 때문이다. 이것은 절대 단순히 문학에서만 묘사하는 경지가 아니라, 삶속에서 실용적 질서로 나타나는 경우가 대부분이다. 그러니까 인생에서 크고 작은 경지를 각각 다르게 응용할 때 완전히 다른 결과를 얻게 되고 전혀 다른 인생을 살게 된다는 뜻이다.

　혜시와 장자가 친한 친구라는 건 앞에서도 이야기했다. 두 사람은 매우 많은 대화를 나누었는데『장자』에는 다음과 같은 이야기가 나온다.

하루는 혜자가 장자를 찾아와 말했다. "위왕이 나한테 큰 조롱박 씨를 하나 주었는데, 집에 이 씨를 심었더니 아주 큰 조롱박으로 자랐네. 보기에도 크고 탐스러운 것이 다섯 섬 크기는 되어 보였지. 그런데 이 조롱박은 너무 커서 아무 쓸모가 없더군. 조롱박 껍질이 너무 얇아 물을 담아서 들려고 하니까 바로 부서져 버렸고, 절반을 잘라서 다른 물건을 담으려고 해도 담을 수가 없었다네."

혜자는 아무리 생각해도 이 조롱박이 도대체 무슨 쓸모가 있는지 아리송했다. 조롱박이란 결국 잘라서 표주박을 만들고, 물건을 담는 그릇으로 쓰려는 것 아닌가? 그런데 결국 아무것도 담을 수 없는 상황이 되었다. 혜자는 조롱박이 너무 커서 아무 쓸모가 없어 부수어버렸다고 했다.

그러자 장자가 아쉽다는 듯 말했다. "자네는 정말 큰 물건을 사용할 줄 모르는군!" 그러면서 혜자에게 이야기 하나를 들려주었다.

송나라에는 대대로 진귀한 비방이 전해오는 한 가문이 있었다. 어떤 비방인고 하니, 손이 트지 않게 하는 약방이었다. 추운 겨울에도 손발을 이 물약에 한번 담갔다 빼면 더 이상 트지 않았다. 그래서 그 가문은 대대로 빨래를 생업으로 삼아 살아왔다.

하루는 길 가던 과객이 우연히 그 가문에 이런 비방이 있다는 풍문을 듣고는 그 집안 식구들과 담판을 벌였다. "내가 일백 금을 낼 테니 이 비방을 내게 파시오." 그들은 그 말을 듣고 모두 모여서 상의를 했다. "우리 가문의 비방이 아무리 역사가 오래되었다고 해도 온 가족이 빨래로 겨우 생계를 연명하고, 버는 돈도 거의 없지 않소? 지금 우리 가문의 비방을 일백 금에 사겠다는 사람이 나타난 마당에, 빨리 처분하지 않고 뭘 꾸물거리겠소? 얼른 팔아버립시다."

과객은 이 비방을 가지고 길을 떠났다. 이 비방으로 뭘 하려고 한 것일까? 전국시대 각 지방에서는 땅을 빼앗으려는 제후들의 혼전이 거듭되고 있었다. 그중 남동쪽에서 오나라와 월나라의 전쟁이 벌어졌는데, 오월은 바로 물의 고장이다. 이 과객은 송나라에서 비방을 손에 넣자마자 오나라로 급히 달려가 오왕에게 유세를 했다. 때는 바야흐로 월나라 군이 오나라를 침공한 때였다.

오왕은 이 과객에게 군대의 지휘를 맡기고 음력 12월 엄동설한인 때를 골라, 월나라와 수전을 벌이도록 했다. 이 비방이 있었기 때문에 오나라 군사들은 손발이 얼지 않고 트지도 않았으며, 동상에 걸리지도 않아 전투력을 발휘할 수 있었다. 반면 월나라에는 이런 비방이 없었다. 오나라는 이 전쟁에서 대승을 거두었다. 이 비방을 가져온 과객은 땅을 분배받아 제후로 봉해지고, 부귀와 명성을 얻었다.

이 비방을 다른 사람에게 사용하니, 서로 다른 효과가 발생했다. 시야가 조금만 더 넓어진다면 똑같은 비방을 가지고도 한 나라의 운명을 결정하고 신분도 바꿀 수 있다.

장자는 혜자에게 큰 조롱박도 마찬가지임을 알려주었다. 조롱박은 꼭 잘라서 바가지로만 사용해야 할까? 정말 크고 흠이 없는 조롱박이라면 큰 강과 큰 호수에서 튜브처럼 사용할 생각은 하지 못한 것일까? 물건을 반드시 고정된 용도로만 사용해

지금 자네한테 크기가 다섯 섬이나 되는 조롱박이 있는데 왜 큰 통을 만들어 강에 띄울 생각은 하지 않고, 아무 쓸 데가 없다고 불평만 하는 건가?

『장자』「소요유」

진전석 〈정관도(靜觀圖)〉 부분화

야 유용할까? 같은 물건인데 왜 사용자에 따라 가치가 완전히 달라질까? 장자의 우화는 다음과 같은 사실을 알려준다.

경지의 크고 작음이 한 사람의 사고방식을 결정한다. 사람들은 항상 세속적인 눈으로 기존의 가치관에 따라 사물의 가치를 판단한다. 그러나 사물의 진정한 가치는 큰 경지에 이른 사람의 눈에만 보인다.

나는 『숨겨진 부隱藏的財富』라는 책을 본 적이 있다. 이 책은 한 미국 이민가정의 이야기를 다루고 있다.

독일에서 미국으로 이민을 간 형제 둘이 있었다. 그들은 1845년에 뉴욕에 도착해 생계를 도모했다. 살기가 너무 힘들었기 때문에, 이 형제는 어떻게 하면 살아남을 수 있을지 머리를 맞대고 의논했다. 이민자 신세였지만 형은 본래 한 가지 장기가 있었다. 독일에 있던 시절에 초절임을 아주 잘 만들었다. 동생은 너무 어려서 아무것도 할 줄 몰랐다. 형이 말했다. "우리 같은 외지 사람들이 뉴욕에서 살아남기는 너무 힘든 것 같아. 나는 캘리포니아로 갈게. 거기서 야채를 심어 계속 초절임을 만들게." 동생은 생각했다. '어차피 나는 손재주도 없으니까 마음을 독하게 먹고 뉴욕에 남아 있자. 낮에는 아르바이트를 하고 저녁에는 공부를 해야겠어.' 그래서 지질학과 야금학을 공부했다.

형이 캘리포니아의 한 시골에 도착해보니, 값싼 토지가 지천으로 널려 있었다. 땅을 사서 양배추를 심고 양배추가 다 자라면 초절임을 만들었다. 형은 아주 열심이었고, 날마다 채소를 심고 초절임을 만들며 온 가족을 먹여 살렸다.

4년이 지나자 동생은 대학을 졸업한 후 캘리포니아에 있는 형을 찾아갔다. 형이 동생에게 물었다. "지금 네 손에 뭐가 있니?" 동생이 말했다. "대학 졸업장 말고는 아무것도 없어." 형이 말했다. "너는 그냥 나를 따라서 열심히 일을 했어야 했는데. 따라와 봐. 내 밭을 보여줄게."

밭에 도착한 동생은 쪼그리고 앉아 채소를 관찰했다. 채소가 자라는 흙을 손으로 헤집으며 자리에 주저앉아 세심히 토양을 관찰했다. 곧 집으로 돌아가 세숫대야를 가지고 나왔다. 그리고 세숫대야에 물을 가득 붓더니 물에 흙을 한 움큼씩 집어넣고 조심스레 헹구어냈다.

　세숫대야 밑바닥에서 황금색 금속부스러기가 반짝였다. 동생은 놀란 듯 고개를 들고 형을 바라보았다. 동생의 입에선 장탄식이 흘러나왔다. "형, 그거 알고 있었어? 형은 금광 위에다 양배추를 심고 있었던 거야."

　우리는 너무나 오랜 시간 동안 삶이 가져다준 질서들을 편안히 누리기만 했다. 예를 들어, 날마다 아침에 일어나 낮에는 일을 하고 밤에는 잠을 잔다. 다른 사람들의 생활 방식 그대로, 우리도 동일한 길을 걸어간다. 거기에다 자신만의 장기까지 있다면, 식구들을 먹여 살리고 생계를 유지하며 안정적인 삶도 살 수 있다. 그래서 우리는 자신이 현재 경험하는 세계를 벗어나, 자기 인생을 향해 새로운 질문을 던져보지 않는 것이다. '다른 방식으로도 살 수 있을까? 나의 이 장점을 가지고 더 쓸모 있는 삶을 살 수 있을까?'

　장자는 「소요유」에서 우리에게 절대적인 난제를 던진다. "과연 유용한 것이란 무엇인가?"

　부모가 되면 우리는 아이들에게 이렇게 말할 것이다. "너 오늘 오후 내내 창틀에 엎드려서 나비만 보고 있었지? 쓸데없는 일만 했잖아. 피아노 연습이라도 했으면 그건 쓸데라도 있지."

　나는 한 과학 실험을 본 적이 있었다. 벼룩을 병에 넣어 관찰하는 것이었다. 처음에는 병뚜껑을 닫은 후 벼룩이 얼마나 높이 뛰는지 알아보았다. 벼룩은 맨 처음 뛰어 오르자마자 병뚜껑에

'탁'하고 부딪혀 다시 떨어졌다. 곧 다시 뛰었지만 또다시 병뚜껑에 부딪혀 떨어졌다. 벼룩은 계속 뛰어 올랐다. 하지만 결국 뛰면 뛸수록 뛰어 오르는 높이는 점점 낮아졌다. 병뚜껑을 다시 열어 보았다. 벼룩은 아직도 뛰고 있었다. 하지만 벼룩은 병에서 벗어나지 못했다. 병뚜껑에 수차례나 부딪혔기 때문에, 이제는 더 이상 그 높이를 넘어설 수 없다고 생각하는 것이다.

오늘날의 교육에서 이 벼룩 실험과 같은 현상을 발견할 수 있다. 부모는 자식에게 모든 사랑을 아낌없이 쏟아 붓지만, 너무나 많은 규칙을 만든 탓에 자녀의 유용한 능력들마저 막아버렸다.

우리는 아이들에게 고정관념을 심어주고 있다. 아이가 조롱박이라면 앞으로 커서 바가지만 되어야 한다. 강과 바다를 건너는, 물에 떠오르는 거대한 구명용 호리병이 될 수는 없다. 아이가 흙 밭이라면 야채와 곡식은 심을 수 있지만, 그 흙 밭 아래에 보화가 숨겨져 있을지 모른다는 생각은 하지 않는다.

우리는 일상적인 사고방식을 가지고 자신의 마음과 지혜를 옭아맨다. 일상적인 삶의 태도로 가련하기 짝이 없는 자신의 한계를 규정하는 것이다. 이런 한계는 본래 깨뜨릴 수 있다. 일상적인 사고방식을 깨뜨릴 때에만 진정 한가로이 노니는 삶을 동경할 수 있다. 진정한 소요유란 속박되고 얽매임이 없는 마음을 말하기 때문이다.

쓸데 있음과 쓸데없음은 얼마든지 뒤집힐 수 있다. 그렇다면 사람은 반드시 착실하게 순서와 규칙에 따라서만 자기 인생을 설계해야 할까?

이런 일화가 있다.

일상적인 사고방식을 깨뜨릴 때에만 진정 한가로이 노니는 삶을 동경할 수 있다.

위단의 명상

한 대기업에서 전보 기사를 구하고 있었다. 국제적으로 통용되는 모스 부호를 숙련되게 다룰 수 있는 기사라면 누구라도 입사 지원이 가능했다. 채용 모집을 본 지원자들은 벌떼처럼 몰려와 회사 사무실에서 면접을 기다렸다.

면접 대기 장소는 몹시 시끄러웠다. 이 회사는 업무거래량도 많고, 사무실에 드나드는 사람도 많아 대화 소리, 통화하는 소리 등 온갖 목소리로 어지러웠다. 이런 환경 속에서 지원자 수십 명은 한 줄로 앉아 차례를 기다리고 있었다. 면접은 사무실의 끝에 있는 작은 방에서 이루어졌다. 모두 인사 담당이 와서 자기 이름을 호명할 것이라 기대하며, 자기 차례를 기다렸다.

이때, 한 젊은이가 헐레벌떡 들어왔다. 그 젊은이는 지원자들 중 제일 늦게 왔기 때문에 앉을 자리마저 없었다. 그런데 잠시 서 있더니 일말의 망설임도 없이, 면접실 문을 열고 들어갔다. 모두가 의아했다. '저 사람은 왜 줄도 서지 않고 바로 방으로 들어간 거지?'

얼마 후, 채용을 주관하는 인사 담당이 그 젊은이와 함께 방에서 나오더니 밖에서 면접 차례를 기다리던 지원자들에게 말했다. "죄송합니다. 전보 기사 채용 합격자가 정해졌습니다. 모두 돌아가 주시기 바랍니다."

지원자들은 화를 내며 항의했다. "이 사람은 지각을 했고, 게다가 아무런 사정 이야기도 없이 바로 면접실로 들어가 버렸는데, 합격이라고요? 오래 기다린 우리는 질문 하나 못 받았는데, 기회도 안 주고 탈락이라니요? 대체 이유가 뭡니까?"

인사 담당은 차분히 이유를 설명했다. "저희들이 이렇게 시끄러운 곳에서 면접을 본 데는 이유가 있습니다. 저희는 계속 모스 신호를 보내고 있었습니다. '누구든지 이 신호를 알아듣는 사람은 지금 바로 면접실로 들어와 주십시오'라고 말입니다. 이 지원자는 늦게 오긴 했지만, 이 많은 소음 속에서도 저희가 보낸 신호를 알아들었기에 합격한 겁니다. 다른 지원자 분들처럼 누가 나와서 직접 말하기를 기다리고만 있지 않았지요. 그래서 저희는 이 분이야말로 모스 신호를 잘 아는, 이 업무에 가장 적합한 분이라고 판단했습니다."

현실에서 얼마든지 일어날 수 있는 일이다. 이런 기회가 우리 주변에 생기지 않으리라고 장담할 수 있을까?

우리가 알다시피 장자는 위대한 현인이다. 위대한 지혜를 가진 이는 처세 방법이나 기교 따위를 가르쳐주지 않는다.

장자가 우리에게 전수해주는 것은 삶의 경지와 안목이다.

우리 마음은 한가로이 노닐 수 있는 경지를 갈망한다. 하지만 그보다 먼저 우리에게는 사물을 온전히 꿰뚫어보는 눈이 필요하다. 당신은 그런 안목을 가졌는가? 그렇다면 당신은 남들이 일상에서 지나치는 수많은 기회를 포착하고 붙잡는 사람이 될 수 있다. 요즘 유행처럼 자주 쓰이는 말이 있다. '핵심 경쟁력'이라는 말이다. 사실 우리 모두 자신에게 물어보아야 한다. '나의 핵심 경쟁력은 과연 무엇인가?'

핵심 경쟁력이란 다른 사람이 모방할 수 없는 유일무이한 것을 가리킨다. 현 시대에는 '최고'라는 개념이 점차 사라지고, 오직 '유일'한지를 묻고 있다.

작은 조롱박은 표주박을 만들 수 있어 유용하다. 작은 나무로 자랐다면 탁자나 의자를 만들 수 있어 유용하다. 큰 조롱박이 열렸대도 부수어버릴 필요는 없다. 물에 띄워 강과 바다에서 쓸 수 있으므로 역시 유용하다. 나무가 크게 자랐다면 사람들이 비바람을 피할 피난처가 되므로 그것 또한 유용하다.

절대 남을 부러워하지 말자. 대신 가슴에 손을 얹고 물어보자. '내 핵심 경쟁력은 무엇일까? 내게도 대체 불가능한 장점이 있는가?'

『장자』에는 나무에 관한 이야기가 많이 등장한다. 「인간세人間世」편에서 장자는 나무에 관한 또 다른 이야기를 들려준다.

절대 타인을 부러워하지 말자.

위단의 명상

성이 석씨인 목공이 제나라에 가는 길에 상수리나무 한 그루를 발견했다. 이 나무는 그 지방 사람들이 사당신으로 모셔 제사를 지내는 영물이었다.

얼마나 큰 나무였을까? "이 나무의 그늘에서는 소가 수천 마리 쉬며 더위를 피할 수 있고, 나무줄기를 재어보면 백 척(尺)이나 되고, 높이는 산처럼 높아 나뭇가지도 바닥에서 몇 장(丈) 이상 되어야 뻗어 나온다"고 했다.

수많은 사람들이 이 나무를 주목하며 다투어 감상했지만, 석씨 목공은 눈길 한번 주지 않은 채 자리를 떠났다. 목공의 제자가 물었다. "이렇게 좋은 나무를 왜 보지도 않으십니까?"

목공이 대답했다. "몹쓸 나무야. 목질이 좋지 않아. 이 나무로 배를 만들면 금방 가라앉고, 관을 만들면 널판이 금세 썩어버린다. 그릇을 만들면 금세 쪼개지고, 문을 만들면 나무에서 더러운 수액

이 흘러나오고, 기둥을 만들면 벌레 먹게 되지. 그래서 이 나무는 재목이 될 수 없는 나무다. 아무것도 만들 수 없는 나무야."

그날 밤 목공의 꿈속에 상수리나무가 나타나 항변했다.

"목공은 내가 쓸모없는 나무라고 했는가? 내가 유용한 재목이었더라면 일찌감치 잘려버리지 않았겠는가? 이렇게 클 때까지 자랄 수 있었겠는가?"

상수리나무는 또 말했다. "과수나무와 밭의 열매를 보아라. 사람들이 생각하는 유용한 것이 아닌가? 그런 나무가 매년 풍성한 과실을 주렁주렁 맺으면 사람들은 입에 침이 마르게 찬양을 하지. 하지만 결과적으로 큰 나뭇가지는 전부 잘리고, 작은 나뭇가지도 몽땅 이리저리 휘어지고, 맺은 열매도 매년 익기만 하면 사람들에게 다 빼앗긴다. 유용하기 때문에 오히려 자기를 상하게 하고 일찍이 죽음을 맞이하는 것이지. 반면에 나는 전혀 쓸모가 없기 때문에 자기 목숨을 보전한 것이다. 바로 이 점이 나에게는 크게 유용하다."

「인간세」편에서 장자는 남백자기의 입을 빌어 말하고 있다.

송나라 형씨의 땅은 가래나무, 측백나무와 뽕나무를 재배하기 좋은 땅이었다. 이런 나무들이 한두 뼘에 움켜쥘 수 있는 굵기로 자라면, 원숭이를 묶어둘 말뚝을 만드는 사람들이 베어갔다. 나무가 서너 아름 정도 굵기로 자라면 집의 기둥을 만드는 사람들이 베어갔다. 나무가 더 자라서 일곱 여덟 아름 정도로 굵어지면 관을 짜려는 부잣집에서 베어갔다.

이런 나무들은 크건 작건, 어느 정도로 자랐는지를 불문하고, '귀한지 아닌지' 혹은 '유용한지 아닌지'라는 가치관으로 평가를 받고, 일정한 쓰임으로 사용된다. 그렇지만 그 나무가 사람들의 일반적인 사고범위를 뛰어넘는다면, 백 명이 둘러싸야 감싸 안을 수 있는 아름드리 나무로 자라서 자신의 생명을 보전하게 된다.

나도 티베트의 린즈 지구에서 아주 큰 나무를 본 적이 있다. 지금까지 본 나무 중에서 제일 큰 나무로 20여 명이 손을 마주 잡아야만 감싸안을 수 있었다. 그렇게 크게 자라고 나니, 나무는 모든 사람들이 경배하는 대상으로 변했다. 어느 누가 그곳에 가더라도 한번 꼭 보고 와야 하는 명물이 되어, 사람들은 나무 아래서 노래를 부르고 춤을 추며 쌀보리술을 마신다. 그 장면은 장자에 나오는 내용과 완전히 부합한다. 모두 이런 마음을 가지고 나무를 대하는데, 누가 감히 이 나무를 베어 상자나 장롱을 만들 생각을 하겠는가?

마룻대와 들보가 될 재목이 아니더라도, 하늘을 찌르는 우뚝 솟은 나무가 될 수 있고, 사람들이 특별하게 경외하는 대상이 될 수 있다. 장자의 우화는 타인의 인정과 물질에 목마른 우리 현대인들에게 주는 경고가 아닐까?

세속의 작은 경지에서 사물을 관찰하면, 현실적인 이익을 쓸모 있음과 쓸모없음의 판단기준으로 삼는다. 그러나 마음에 큰 경지를 품게 된 사람은, "하늘이 나를 낳은 것은 분명히 쓸모가 있기 때문이다"는 말을 이해하고 확신하게 된다.

어떻게 하면 이렇게 큰 경지에 이를 수 있을까?

우리가 오늘날 말하는 쓸모란 어쩌면 부분적, 일시적 쓸모라고 할 수 있다. 진정한 쓸모란 큰 안목을 가지고 큰 인생을 살아갈 때 드러난다.

소동파는 어느 시 한 구절에서 "조각 배 타고 이곳을 떠나, 강이나 바닷가에서 남은 생을 의탁하며 살까"[1]라고 노래한 적이 있다. 마찬가지로 일생동안 세태를 비웃고 조롱하며 한평생 부귀와 권세에 굴하지 않은 인물로 이백을 빼놓을 수 없다. 두보가 노년이 된 이백을 찾아가 "아쉬움이 남는 일이 있으십니까?"라고 물어보자 이백이 대답했다. "나는 신선을 찾아 물었는데, 단약丹藥을 아직 연마해내지 못했네. 진나라 시대에 『포박자抱朴子』[2]를 쓴 갈 신선, 갈홍을 생각하니, 마음속으로 그분께 미안한 생각이 들 뿐이야." 두보는 이 대답에 큰 충격을 받았다. '위로는 황제에게 송구스러울 것이 없고, 아래로는 부모에게 죄송할 것이 없는 시선詩仙이, 갈홍에게만은 미안하다고 하다니. 이건 도대체 어떤 인생이란 말인가!' 그래서 두보는 이백을 위해 이런 절구를 헌시했다.

---

1 小舟從此逝(소주종차서), 江海寄餘生(강해기여생). ―「임강선(臨江仙)」

2 중국의 신선방약과 불로장수의 비법을 서술한 도교서적. 동진의 갈홍(283~343)이 지었다.

秋來相顧尙飄蓬(추래상고상표봉)

未就丹砂愧葛洪(미취단사괴갈홍)

痛飮狂歌空度日(통음광가공도일)

飛揚跋扈爲誰雄(비양발호위수웅)[3]

가을 되어 만나도 아직 흩날리는 쑥처럼 떠도는 신세.
단사를 찾지 못해 갈홍 보기 부끄럽다고 하네.
통쾌하게 술 마시고 목청껏 노래하며 허송세월하니
이 기고만장은 누구에게 영웅으로 보이기 위함인가?

이백은 일생 동안 각처를 떠돌았고, 노년에도 상황은 마찬가지였다. '가을이 왔다'는 것은 인생의 만추가 왔다는 비유이지만, 이백은 여전히 전혀 개의치 않는 듯 보인다. "통쾌하게 술 마시고 목청껏 노래하며 허송세월하시니 이 기고만장은 누구에게 영웅으로 보이기 위함인가?" 이것이 바로 이백의 인생이었다.

여기서 "누구에게 영웅으로 보이기 위함인가?"라는 시구는 기가 막힌 질문이다! 이 세계에서 이백은 군주를 위해, 역사를 위해, 대의명분을 위해서 살지 않았다 봉호 하나를 남기기 위해 애쓸 필요가 없었다. 단지 자기의 양심에 부끄럽지 않기 위해 살았다. 그러므로 아무것에도 속박 받지 않는 천지간의 영웅이었다.

---

3 「증이백(贈李白)」, 두보

'천지간의 영웅'이란 개념은 중당中唐 시대 이하의 시에서도 나타난다. "이 세상 영웅이란 본래 주인이 없는 것이다." 영웅이라고 해서, 군주에게 충성을 다하는 충신과 열사만을 영웅이라고 생각하지 말자. 진정한 영웅은 자신 양심에 주인이 되는 사람이다. 자신의 지혜에 따라서 결정을 내리는 사람은 타인에게도 다른 경지를 개척해줄 수 있다. 이것이 바로 삶의 '각오'다.

각오란 불교 선종의 깨달음에 속하며, 두 가지 단계를 포함한다. '각覺'이란 깨달음의 첫 번째 단계로, 예를 들어 어떤 지식을 듣거나 어떤 이가 한 말 한마디를 들은 후, 순간 시야가 밝아지고 지혜의 세례를 받는 것을 말한다. 하지만 일생을 장기간의 수행으로 바라본다면, 어떤 일을 부딪쳤을 때 자신의 내면을 되돌아보고 생각을 하고 이치를 깨닫는 일은 필수적이다. 그래서 하루 이틀이 아닌 길고 긴 참선이 쌓여 가져다주는 변화의 과정을 '오悟'라고 한다.

'각'이란 순간이며, '오'는 과정이다. 모든 '각'의 순간이 기나긴 일생의 '오'와 결합되면서 당신이 도달하는 것은 마침내 진정한 자신의 마음을 보게 되는 경지다. 이것을 인생의 대각오라고 한다.

『삼자경三字經』에서는 사람이 처음에 태어났을 때, 성정은 본래 선하다고 말한다. 그런데 사람이 본래 선하다면 고대부터 현재까지 이 세계는 왜 다툼으로 점철되어 있는 걸까?

장자의 인생철학은 큰 경지를 가지고 인생을 보도록 가르친다. 모든 부귀와 영화, 시비와 분쟁은 모두 아무런 의미가 없으며, 가장 중요한 것은 나 자신이 행복한 인생을 살 수 있는지다.

'각'이란 순간이며, '오'는 과정이다. 모든 '각'의 순간이 기나긴 일생의 '오'와 결합되면서 당신이 도달하는 것은 마침내 진정한 자신의 마음을 보게 되는 경지다. 이것을 인생의 대각오라고 한다

위단의 명상

그렇다면 우리는 어떻게 해야 행복한 인생을 살 수 있을까?

이 시대의 각종 다툼은 매우 잔혹한 일이지만, 장자의 글 속에서는 가소로운 일로 전락하고 만다.

장자는 「칙양則陽」편에서는 이런 이야기를 한다.

두 나라가 있는데, 한 나라는 촉씨국, 또 한 나라는 만씨국이라고 불리며 영토를 쟁탈하기 위해 피비린내 나는 전쟁을 벌였다. 두 나라 간에는 싸움이 그칠 날이 없어 전사자는 수를 헤아릴 수 없었으며, 피가 강을 이루어 배를 타고 다녀도 될 정도였다. 상황이 이러니 백성들은 전혀 생활을 논할 여유가 없었다.

이 이야기의 결말에서 장자는 얼마나 기막힌 대반전을 알려주는지! 이 두 나라가 목숨을 걸고 싸우는 그 영토의 크기가 얼마나 될까? 촉씨국과 만씨국은 각각 달팽이의 왼쪽 촉수와 오른쪽 촉수에 위치한 나라다.

실소가 나오지 않는가?

『좌전左傳』과 선진시대 사가의 산문에서는 한 가지 동일한 관점을 찾을 수 있다. 바로 '춘추시대에 정의를 위한 전쟁은 없었다'는 것이다.

모두 정의의 깃발을 내걸었지만, 사실 이런 싸움에서는 어느 누구도 절대적인 정의를 논할 수 없다. 정의는 전쟁과 살상을 위한 미명일 뿐이다. 그러므로 그들이 다투는 땅이란 고작해야 겨우 달팽이 껍질만 한 곳임을 깨닫게 될 때, 우리는 과연 어떤 결론을 내리게 될까?

생명이란 전광석화처럼 한순간에 사라진다. 이렇게 유한한 생명 속에서 가난하건, 부유하건, 어떤 인생을 살아가건 간에, 절대 잃어버리지 말아야 할 것이 있다면 그것은 바로 마음의 행복이다.

옴니암니 따지기를 좋아하고, 도량이 좁쌀만 한 사람이 있다면, 그는 인생을 미소로 대할 수 없을 것이다. 너무나 많은 집착 때문에 인생을 똑바로 볼 수 없기 때문이다.

어떤 사람이 부처에게 물었다. "부처란 무엇입니까?"

부처가 대답했다. "부처란 아무런 걱정도 없는 것이다."

내 인생이 진정 한가로움의 경지에 이르기 원한다면, 일상법칙의 속박을 벗어나는 역발상이 필요하다. 이 세계에서 하늘만큼 크게 여기는 일들, 예를 들어 전쟁과 정치, 복수와 살인, 은혜와 원한을 지극히 미미한 일로 여겨보자. 달팽이 껍질만 한 다툼이요, 전광석화처럼 순식간에 지날 일로 바라보면서 우리 영혼의 자주성을 무한하게 팽창시키자.

나는 중국 만화가의 시조인 펑즈카이 선생께서 사람의 삶이란 진실을 주관하고, 미를 주관하며, 선을 주관하는 세 가지 경지로 나눌 수 있다고 하신 말씀을 기억한다.

물질생활은 진실을 주관하는 삶에 대응된다. 현실의 삶 속에는 규칙이 있고, 직업이 있기 때문에 우리는 수많은 요구에 순응해야 하지만, 대전제는 진실을 추구할 때 옳은 길을 갈 수 있다는 것이다.

삶의 두 번째 경지인 심미는 두세 명의 친구들과 함께 음악을 듣고, 시를 감상하며 문학적인 도야를 하고 예술을 향유하는 삶을 말한다. 이 삶의 경지가 미를 주관한다. 이런 삶을 통해 심미의 과정이 완성되기 때문이다.

인생에서 가장 높은 경지는 영혼과 관련된 삶이다. 영혼과 관련된 삶은 선을 주관하는 삶이다.

인생에는 크고 작은 경지가 있다고 하지만, 우리가 겪어온 삶은 대체적으로 비슷하다.

그렇다면 진정 중요한 것은 객관적으로 어떤 기회를 얻었느냐가 아니라, 주관적으로 어떤 도량을 가지고 있느냐다. 바꿔 말하자면 객관적으로 우리에게 어떤 기회가 주어졌느냐가 아니라, 우리 마음의 지혜가 어떤 주관적인 가치관을 가지고 인생의 쓸모를 판별해 내느냐가 중요하다.

눈앞에 보이는 타인의 인정과 돈에만 과도하게 집착하는 사람은 아름다운 봄꽃과 가을의 달을 누릴 기회를 놓치게 된다. 진정 아쉬운 일 아닌가? 아이를 사랑하고 부모를 공경하는 천륜의 행복을 잃어버린다면 일생 회한이 남지 않을까? 청춘은 순식간에 사라지는 허망한 것이다. 한가롭게 노닐 많은 기회들을 놓치고, 결국 쓸모없어질 성취만 산더미처럼 쌓아놓는다면 양심에 가책이 남지 않을까?

오늘 장자를 새롭게 사색해보았다. 깨달음을 얻으려는 간절한 태도로 마음을 되돌아보자. 목적은 자신을 해방시켜 최대한 소요유의 경지에 다다르는 데 있다.

깨달음과 초월

명예와 돈, 얼마나 많은 사람들이 추구하는 가치인
가? 하지만 장자가 말한 소요유의 경지를 깨닫기 원
한다면 반드시 명예와 돈을 초월해야 한다. 욕심을
버린 마음이야말로 명예와 돈을 초월하는 견실한
기초가 된다.

　그렇다면 어떻게 해야 욕심을 버린 마음을 가장
위대하게 볼 수 있을까? 어떻게 해야 장자의 이야기
를 통해 세상의 도리를 깨달을 수 있을까? 어떻게
해야 자아를 뛰어넘어 이상적인 경지에 도달할 수
있을까?

'초월'이라는 주제는 평소에도 자주 언급된다.

진정한 '초월'이란 무엇일까? '초월'은 현실 세계에 대한 인식을 기초로, 번잡한 현실 속에서 무엇이 영원불변하며 무엇이 본질인가를 판별하는 행위다.

우선 여담 한가지를 보자.

대 청나라의 건륭황제가 강남을 찾았을 때, 진강 금산사에서 당대의 고승 법반에게 질문했다. "장강에 배들이 번잡하게 오가는데, 하루에 왕래하는 배가 몇 척이나 되는가?"

법반이 대답했다. "두 척 밖에 없습니다."

건륭황제가 물었다. "어떻게 두 척밖에 없는가?"

법반이 대답했다. "한 척은 명예요, 또 한 척은 돈이니, 전체 장강에서 왕래하는 배는 이 두 척 빼고는 없습니다."

사마천은 『사기』에서 말한 적이 있다. "천하는 이익을 위해 왁자지껄하게 다가오며, 또 이익을 위해 시끌벅적하게 떠나간다." 이익, 돈을 제외한다면, 사람들이 두 번째로 중요하게 여기는 것은 명예, 즉 사람들의 인정이다. 이것을 얻기 위해 얼마나 많은 사람들이 수고하고 노력하는가? 명예와 돈을 인생에서 제일 중요한 기초로 생각하기 때문이다.

그렇다면 타인의 인정과 돈에 대해서 장자는 어떤 관점을 가졌을까? 장자는 「소요유」에서 '요堯가 천하를 허유許由에게 양보한' 이야기를 하고 있다.

모두가 알다시피, 요는 중국의 옛 사람들이 인정한 성인 중 으뜸이요, 현명한 군주의 대명사로 불린다. 그럼 허유는 누굴까? 전설 속에 등장하는 은거한 고명한 선비다.

장자는 요가 허유에게 매우 진지한 이야기를 했다고 한다.

"영원한 빛을 비추어주는 태양과 달이 떠오른 시간에, 횃불을 들고 해와 달에게 빛으로 비교하겠다는 것은 너무 얼토당토않은 일이 아니겠습니까? 계절에 맞는 큰 비가 내려서 만물이 모두 단비를 맞아 성장하는데, 우리가 물 조금을 떠서 부어준다 한들 볏모에게 있어서는 헛수고나 마찬가지 아니겠습니까?"

요는 아주 간절하게 허유에게 말했다. "선생님, 선생님을 만나 뵈니 단번에 알겠습니다. 제가 천하를 다스리는 것은 태양 앞에 횃불이고, 단비 앞에 물 한 통과 같군요. 저는 이 직위에 적합하지 않습니다. 그러니 천하를 선생님께 양보해도 되겠습니까?"

모두 한번 생각해보자. 이것은 작은 관직 하나를 양보하겠다는 것이 아니다. 요가 천하를 허유에게 양보한 것이다. 허유는 어떻게 대답했을까?

허유는 담담하게 대답했다. "당신께서 이 세상을 이렇게 잘 다스리고 계신데, 제가 천하를 가져 뭘 하겠습니까? 설마 제가 당신을 대신해서 명성을 얻을 수 있다는 것입니까? 이름과 실체를 비교하면 실체가 주인이고 이름은 손님인데, 저더러 이 손님 때문에 천하를 가지라는 것입니까? 그런 부탁일랑 그만두시지요."

허유는 곧이어 이제는 고전이 된 비유를 하나 들었다.

작디작은 새가 숲속에서 살며 설사 광활한 숲이 새에게 안식을 가져다 줄 수 있다 해도, 둥지를 트는 데는 가지 하나면 족하다. 작디작은 두더지가 강에서 물을 마시는데, 설령 호기롭게 흐르는 거대한 강물을 다 마실 수 있다 하더라도, 실제로는 자기 작은 배만 채우면 될 뿐이다.

생각해보자. 인생에는 한계가 있다. 한 사람이 평생 밥을 아무리 많이 먹는다 해도, 기껏해야 얼마나 먹을 수 있을까? 땅은 또 얼마나 많이 차지할 수 있을까? 잠을 자려고 누울 수 있는 땅은 겨우 한평에 불과하다. 수백 평이 넘는 호화 주택에서 살아도 실제로 필요한 공간은 여느 사람과 다를 바가 없다.

무욕은 위대하다. 허유의 무욕은 평온한 마음으로 고요히 자신을 반성할 때 미래를 보게 해주는 긴 안목의 지혜다. 무욕은 천하라도 양보할 수 있는 위대한 마음과 경지를 빚어 준다.

레바논의 저명한 시인 칼릴 지브란은 이렇게 한탄했다. "우리는 이미 너무 멀리 와버려서 무엇 때문에 이 길을 출발했는지조차 잊어버렸다."

나는 이런 이야기를 들은 적이 있다.

어떤 사람이 벽에 그림을 걸려고 허둥지둥 망치와 못을 찾아왔다. 그런데 벽에 못을 박고 나서야, 이 못은 벽에 고정이 잘 되지 않아 그림을 걸 수 없다는 사실을 알았다. 이걸 어떻게 한다? 우선 벽에 작은 나무쐐기를 박은 후 다시 못을 박기로 했다.

그는 나무토막을 찾았다. 그런데 나무토막은 부피가 너무 커서 도끼가 필요했다. 도끼는 찾았지만 나무토막을 자르기에는 불편해서 다시 톱을 찾으러 갔다. 톱을 찾아보니 톱날이 부러져 있어서 또 톱날을 찾으러 갔다. 이렇게 한 가지 한 가지씩 모든 것을 찾아 준비하다 보니, 자신이 본래 무엇을 하려했는지는 잊고 말았다. 그 그림은 이미 머릿속에서 사라진 지 오래인 것이다.

만물은 한결같이 평등한 것이니, 어느 것이 못하고 어느 것이 더 나은가? 도에는 시작도 끝도 없지만, 만물은 삶과 죽음이라는 변화가 있다. 그러므로 만물은 일시적으로 이루어지는 것이 아니다.

『장자』「추수」

사실 이 이야기는 오늘날 우리의 인생과 매우 닮아 있다. 우리는 인생길을 가고, 쉼 없이 달리고, 하루 종일 바삐 살아간다. 하지만 우리는 무엇을 위해 이 길을 떠났는지 잊고 살고 있다.

대부분 우리는 이런 막연함 속에서 살고 있다. 그래서 사람은 자신의 목적을 분명하게 알아야 하며, 자신의 방향을 알고, 진정한 득실관계를 확실히 알고 있어야 한다.

인생의 위대한 진리, 큰 경지는 때로 인생에서 가장 세미한 곳에서 발견하고, 느낄 수 있다. 그렇다면 어떻게 할 때 가장 세미한 곳에서 큰 경지를 발견할 수 있을까?

때로 큰 경지는 내 눈 앞의 작은 일을 통해서도 발견할 수 있다. 즉, 우리 마음이 고요하고 우리 시선이 지혜로워질 때, 큰 경지를 볼 수 있는 눈을 갖게 된다. 우리의 마음이 고요해질 때 각종 변화에도 유연하게 대처할 수 있다. 두 눈도 영민해져, 자기도 모르는 사이에 인생 최고의 도리를 볼 수 있게 된다.

세계적으로 저명한 테너 루치아노 파바로티는 젊었을 때 음악계에서 이름을 날리기 시작하면서 하루하루가 긴장의 연속이었다. 노래는 해야 하는데 목청이 더 이상 견딜 수 없을 것 같다는 두려움에 시달렸다.

한 번은 전 세계 순회공연을 하며 극도로 피로해졌고, 호텔에서 엎치락뒤치락하며 잠을 이루지 못했다. 더 이상 노래를 했다가는 목청이 견뎌내지 못할 것이라는 공포가 밀려들었다.

이때 옆방에서 계속 칭얼대는 아기의 울음소리가 들려왔다. 이

사람은 자신의 목적을 분명하게 알아야 하며, 자신의 방향을 알고, 진정한 득실관계를 확실히 알고 있어야 한다.

위단의 명상

우리 마음이 고요하고 우리 시선이 지혜로워질 때, 큰 경지를 볼 수 있는 눈을 갖게 된다.

위단의 명상

아기는 정말 울고 또 울었다. 파바로티는 머리끝까지 화가 났다. 잠을 자지 못할수록 더 괴롭고, 괴로울수록 잠은 오지 않았다. 그런데 파바로티의 머릿속에는 갑자기 질문 하나가 떠올랐다. '이 아기는 몇 시간 동안 울었는데도 목소리는 왜 아직도 쩌렁쩌렁하지?' 이 질문을 던지자 오던 잠마저 달아나 버렸다. 아기의 울음소리를 열심히 들으며 곰곰이 생각했다. 오랜 사색 끝에 드디어 한 가지 결론에 도달했다. 아기는 완전히 몸이 다 자라지 않았기에 아직 목청만으로 우는 방법을 터득하지 못했다. 그래서 단전의 기를 모아 울기 때문에 목청이 전혀 쉬지 않는 것이다.

파바로티는 이 진리를 깨달았다. 성인은 신체 각 부위를 개별적으로 사용할 수 있어, 노래할 때 목청만 사용한다. 하지만 목청만 사용하면 얼마 지나지 않아서 목이 쉬고 만다. 만일 단전에 기를 모아 노래하는 법을 터득한다면 목청의 부담을 덜 수 있을지 모른다.

이 깨달음을 얻은 파바로티는 단전에 기를 모아 노래 부르는 법을 연습하기 시작했다. 이와 함께 성악 인생도 한 단계 크게 성장했다. 당시 순회공연에서 큰 성공을 거두었을 뿐 아니라 이후 세계 가극 무대에서도 거장의 지위를 놓치지 않게 되었다.

사람은 스스로 깨닫지 못했던 가장 세미한 부분에서 오묘한 진리를 깨달을 수 있다. 관건은 이를 깨닫기 위해 마음을 다 하느냐, 이 미세한 부분에서도 자신에게 필요한 지식과 깨달음을 놓치지 않고 찾아내느냐는 데 달려 있다.

우리의 눈이 우리의 삶을 바꿀 수 있다.

사람은 스스로 깨닫지 못했던 가장 세미한 부분에서 오묘한 진리를 깨달을 수 있다. 관건은 이를 깨닫기 위해 마음을 다 하느냐, 이 미세한 부분에서도 자신에게 필요한 지식과 깨달음을 놓치지 않고 찾아내느냐는 데 달려 있다.

위단의 명상

많은 사람들은 일생 동안 성공을 추구하며 영광을 갈망한다. 천하를 양보하는 큰일은 말할 나위도 없고, 하찮은 지위나 심지어 작은 아르바이트 자리조차 포기하려 들지 않는다. 이것마저 없다면 이 사회에 홀로 내던져진 것 같은 막막함을 이길 힘이 없고, 겉으로 드러나는 화려한 영광으로 자기 능력을 증명해 보여야 한다는 강박감 때문이다.

이런 말이 있다. '1등은 언제나 박수 소리보다 앞서 달려간다.' 100미터나 마라톤을 불문한 모든 달리기 경주에서, 1등 선수가 결승선에 도착하기 전에는 관중석에서 박수소리를 들을 수 없다. 오직 1등이 결승선을 끊었을 때에야 우레 같은 박수소리가 온 경기장에 울려 퍼진다. 그리고 그 뒤를 이어 달리는 선수들은 1등보다 더 많은 박수소리를 듣게 된다.

1등은 자신과의 고독한 싸움을 이기고 결승선에 제일 먼저 도달한 사람이다. 이런 고독함이야말로 우레 같은 박수와 영광의 기초가 된다. 그러므로 1등은 언제까지나 박수소리보다 앞서서 달려간다.

사실 이 한마디는 우리를 각성시키기에 충분하다.

옛 사람의 여유로움, 고즈넉함, 내려놓음은 도대체 어떻게 가능할까? 그들은 자기 인생에 찾아온 고독한 경주를 거절하지 않았기에, 오히려 더욱 드넓고 자유로운 영혼을 얻게 된 것이다.

그러나 오늘, 우리는 스스로 바쁜 일상으로 무장하며 고독감에서 탈출하기를 갈망하고 있다. 고독은 내 인생에서 아무 쓸모가 없는 것일까?

고독이란 슬픔과 고통과 동의어다. 그러나 사실 고독은 고요하게 자신에게 침잠하는 시간이다. 절대 고독을 경험할 때, 과거의 나는 볼 수 없었던 세계를 보게 된다.

진정 큰 경지란 장자의 언어로 말하자면 '방박만물磅礴萬物'이다. 즉, 세상 만물의 최고 경지를 초월해 만물을 하나로 융합할 수 있는 힘이다. 우리가 겪은 서로 다른 경험과, 우리가 가진 서로 다른 기질과 재능이 결국 자신의 시야와 운명을 결정한다.

이런 경지는 「소요유」에도 묘사된 적이 있다. 장자는 이런 우화를 이야기했다.

두 수도자가 있었다. 한 사람의 이름은 견오고, 또 하나는 연숙이다. 하루는 견오가 연숙에게 말했다. "불가사의한 신인(神人)이 있다는 이야기를 들었는데, 이 사람은 고야산에 산다고 하더군요. 피부는 수정같이 투명한 것이 오염되지 않은 만년설처럼 깨끗하고 자태는 처녀처럼 천진하고 우아하며 근심이 없다고 합니다. 그 신인은 오곡을 먹을 필요가 아예 없고 바람을 들이키고 이슬을 마시며, 날아다니는 용을 몰고 구름을 타고 다녔으며, 천지의 사이를 자유롭게 비상한다고 합니다. 신인이 정기를 살짝 응집하기만 하면 오곡이 풍성하게 결실을 맺고 한 해 동안 어떤 자연재해도 발생하지 않는답니다." 그러자 견오가 말했다. "나는 그런 일은 절대 안 믿습니다. 세상에 그런 신인이 어디 있습니까?"

그러자 연숙이 말했다. "제가 설명해 드리지요. 눈이 먼 사람과는 색채의 아름다움을 함께 감상할 수 없고, 귀가 먼 사람과는 편종과 북의 음악소리를 함께 감상할 수 없습니다. 당신은 소경, 귀머

진전석 〈임강일장백운간(臨江一嶂白雲間)〉 부분화

거리 같은 외적인 불구가 있다는 것만 알았지 마음의 지혜에도 지각을 상실한 불구가 있다는 사실은 전혀 모르시는군요. 방금 말한 불구란 바로 당신을 두고 하는 말입니다. 당신은 눈이 감겨 있고, 도량이 작아 이런 사람이 존재한다는 사실을 믿지 않는 겁니다. 제가 다시 말씀드리자면, 이런 사람은 확실히 존재합니다."

"이런 신인이여, 그의 도덕이여, 모든 만물의 최고 경지를 초월해 만물을 하나로 융합할 수 있군요."[1]

연숙의 말은 우리의 가슴을 흥분시킨다. '방박만물', 사실 스스로 천지의 지존이 될 수 있다는 뜻이다. '방박旁礴'이란 충만하게 채우는 대단한 기세를 말한다. 대단한 기세로 만물을 충만하게 채우는 일이 꼭 신선의 능력이 있어야 가능한 것은 아니다. 때로는 우리 마음만으로도 충분하다.

이 세상에서 우리는 '고개를 들어 우

1 之人也(지인야), 之德也(지덕야), 將旁礴萬物(장방박만물)

주의 광대함을 바라보고 아래를 굽어보아 만물의 무성함을 살피는 일'이 완전히 가능하다. 천지 삼라만상이 우리의 시야 속에 완벽하게 들어와 있다면, 우리의 마음이 어떻게 만물에 충만하지 않을 수 있겠는가?

장자는 『장자』에서 '마음이 만 길에서 놀고,² 천지의 정신과 홀로 왕래한다'³는 말을 자주 거론하고 있다. 이 말 역시 우리 마음이 만물에 충만히 깃든다는 뜻이 아닌가?

그러므로 연숙은 말했다. 이런 사람은 외물이 그를 상하게 할 수 없다. 홍수가 세상을 물바다로 만들어 모든 것을 집어삼킬지라도 그를 익사시킬 수 없으며, 큰 가뭄에 금속과 돌들이 녹아버리고 토산이 타들어갈지라도 그는 더위를 느끼지 못할 것이다. 왜 그럴까? 그의 마음에 굳건한 신념과 공력과 경지가 존재하기 때문이다.

사실 이런 신인은 장자가 꾸며낸 신화적 인물임이 분명하다. 그러나 장자의 최종 목표는 결코 신화를 들려주려는 것이 아니라, 인생에 대해 이야기하려는 것이다. 사람들은 각자 인생 경험이 다르고 소질과 재능도 다르다. 체험과 깨달음은 우리의 시각을 좌우하는 결정적인 요소가 된다.

역설적으로 말하자면, 인생은 태도를 바꾸는 것만으로도 완전히 역전이 가능하다는 뜻이다. 선천적인 성격, 후천적인 기회, 자신만의 가치관이 나 자신의 운명을 결정하기 때문이다.

---

2 心遊萬仞(심유만인)

3 獨與天地精神往來(독여천지정신왕래)

때로 운명이란 철저히 기회에 달려 있는, 너무 냉정하고 객관적인 것이라고 생각한다. 그러나 사실 인생에서 어떤 수확을 하고 손해를 볼지 그 결과는, 철저히 자신의 가치관에 달려 있다.

우리에겐 투명하고 맑은 이성이 필요하다. 이 이성은 이 시끄러운 물질 세계에서 생명을 구원할 수 있는 힘이다. 우리에겐 즐거움의 감성도 필요하다. 이런 풍부한 감성을 가진 사람은 어느 것을 보든 봄날을 느끼며 가는 곳마다 기쁨을 창조해낸다.

이 두 가지 이미지에 관해, 송대의 기록 중에서 특별히 재미있는 내용이 있어서 소개해본다. 소동파와 불인선사는 자주 함께 여행을 하며 많은 사물과 경치를 같이 목도했지만, 그들의 해독법은 완전히 달랐다.

어느 날, 두 사람이 함께 여행을 떠났다가 목공소에서 목공이 열심히 가구를 만드는 광경을 보았다. 목공은 먹통을 손에 들고 묵선을 '탁' 하고 튕겼다. 불인은 곧장 이 먹통을 손에 들더니 시 한 수를 읊었다.

吾有兩間房(오유양간방),

一間賃與轉輪王(일간임여전륜왕).

有時拉出一線路(유시납출일선로),

天下邪魔不敢當(천하사모불감당).

내게 방 두 칸이 있어

한 칸은 전륜왕에게 빌려드리겠네.

때로 줄 하나를 튕기면

천하의 사악한 마귀도 이기지 못하리.

  이 시는 먹통을 가지고 비유를 든 시다. 먹통에는 먹물을 담아두는 곳이 두 개이기 때문에 '방 두 칸'이라고 비유한 것이다. 먹통 안에는 묵선을 감는 바퀴가 있어서 묵선을 잡아당기기 때문에 이것을 '전륜왕에게 빌려주었다'고 했다. 이 묵선을 잡아당겨 튕기면 똑바른 선이 그려지는데, 이 선이 곧 올바른 기준이 된다. 이렇게 정직한 준칙과 기준이 균형을 이룰 때, 모든 요마와 귀신들이 저항할 근거를 잃게 된다. 이것은 사람의 마음에는 한 가지 척도가 있고, 사람의 됨됨이에도 최소한의 기본이 있기 때문에, 이 세상 행동의 준칙인 '이성'을 뛰어넘어서는 안 되는 뜻이다.

  반면 소동파는 똑같은 상황에서 똑같은 경험을 하며 이런 시를 지었다.

吾有一張琴(오유일장금),

五條絲弦藏在腹(오조선현장재복).

有時將來馬上彈(유시장래마상탄),

盡出天下無聲曲(진출천하무성곡).

내게는 거문고가 하나 있어

다섯 현이 내 배 속에 감추어져 있구나.

때로 꺼내어 거문고를 연주하면

천하에 소리 없는 곡조가 가득하네.

소동파의 시를 보면 내게도 보물이 하나 있는데, 그것은 먹통이 아니라 거문고란 말이다. 이 오현 거문고는 내 배 속에 감추어져 있어서 기분이 좋을 때마다 꺼내어 타는데, 그 곡조는 다른 사람들이 들을 수 없다. 오직 자신 마음의 지혜로만 들을 수 있어 '천하에 소리 없는 곡조가 가득하다'고 말한다.

이 소리 없는 곡조는 지극한 천상의 곡조이며, 이 거문고는 사람의 마음속에 생기는 풍부한 감성이 가져다주는 기쁨을 말한다. 어딘가에 가게 될 때, 혹은 무엇인가를 보게 될 때, 마음속에서는 나도 모를 연민이 생겨나거나 기쁨이 드러나기도 한다.

사실, 소동파와 불인은 우리의 인격과 이상에 존재하는 두 대척점을 대표한다. 이를 일컬어 '인에 의탁하고, 예에 노닌다'[4]고 한다.

'인에 의탁함'이란, 사람의 마음속에 어짐과 사랑이 있어야 한다는 준칙이다. 이것은 일종의 기준으로 먹통으로 그려내는 묵선처럼 매우 분명하고 의심할 여지가 없어 기준으로 삼기 적합하다. '예에 노님'이란, 인간의 자유로운 경지로서 소동파가 마음속 거문고를 통해 자유롭게 연주할 수 있는 영혼의 멜로디

---

4 依于仁(의우인), 遊于藝(유우예)

다. 시공에 구속되지 않는 자유로움으로 자신의 길을 가겠다고 결심한 사람, 이런 자유롭고 구속되지 않는 영혼을 가진 사람이라면 이 고독한 세계에서 왜 과감하지 않을까? 어지러운 만상을 초월하지 못할 이유가 있을까?

서로 가치관이 다른 사람은 동일한 일을 겪을지라도 철저히 다른 교훈을 얻게 된다. 장자는 도는 자연을 법으로 삼으며, 도는 존재하지 않는 곳이 없다고 말한다. 그렇다면 '도가 자연을 법으로 삼는다'는 것은 과연 어떤 뜻일까?

'유遊'는 동사다. '유'라는 글자는, 사람이 자유롭게 노니는 경지를 체험하기 위해서는 반드시 동적인 삶이 우선되어야 함을 알려준다. 즉, 삶은 더욱 활력이 넘쳐야 한다. 경직된 삶을 버리고 일상의 테두리를 깨뜨리는 데 익숙해야 한다. 이 세계에서 진정 안정적인 사물은 움직임을 유지한다는 변증법적인 관계가 존재하기 때문이다.

예를 들어, 팽이의 회전은 매우 신기한 현상이다. 정말 팽이를 잘 돌리는 사람은 팽이가 끊임없이 돌아가도록 한다. 돌아가는 것이야말로 팽이의 가치를 드러내주기 때문이다. 팽이는 멈추게 되면 균형을 잃고 넘어진다. 그러므로 움직임은 최고로 균형 잡힌 모습이다.

우리는 대부분 자전거를 탈 줄 안다. 자전거가 세워져 있을 때는 받침이 있어야만 똑바로 설 수 있다. 바퀴는 스스로 설 수 없기 때문이다. 그러나 자전거를 타기 시작하면 두 바퀴는 전진할 수 있다. 왜 그럴까? 자전거는 움직임 속에서 평형을 유지할 수 있기 때문이다. 이것은 멈춤에서는 할 수 없는 일이다.

오늘날 우리는 주위 많은 사람들이 도전을 하는 모습을 보면서, 오히려 마음의 평형을 잃어버린다. 세계는 바쁘게 움직이고 있는데 나 자신만 그 자리에 머물러 있는 것 같기 때문이다.

현 시대는 끊임없이 변하고 있다. 우리는 시대와 함께 전진하며, 내려놓는 삶에 자유롭고 분명한 시각을 기초로 자신만의 준칙을 확정하며, 시공에 구속되지 않는 여유로서 삶의 질서를 조정하고 움직임 속에 평형을 부단히 유지해야 한다. 그렇게 한다면 나는 영원히 넘어지지 않고 앞으로 나가는 자전거요, 영원히 회전하는 팽이가 될 것이다. 그러나 멈춘다면 넘어지게 될 것이다. 당신이 넘어질 때는 어떤 외력도 당신을 구할 수 없다.

앞에서는 사람들이 보는 세계는 대체적으로 비슷하지만 각자가 얻을 수 있는 경험과 깨달음에는 큰 차이가 있음을 이야기했다. 이런 차이는 두 가지 중요한 요소와 관계가 있다. 하나는 지혜요 또 하나는 사랑이다. 우리는 풀 한 포기, 나무 한 그루에서도 깨달음을 얻을 지혜가 있는가? 꽃 한 송이, 나뭇잎 한 장에도 관심을 보일 수 있는 선함이 있는가?

장자는 호리병박 하나, 나무 한 그루, 너구리 한 마리, 작은 새 한 마리도 사랑으로 대했다. 마음에서 우러난 진심으로 각 사물의 선천적인 물성을 존중했으며, 사람의 잣대로 사물이 변해야 한다고 억지로 요구하지 않았다.

장자는 이런 이야기를 한 적이 있다.

월나라에 가서 모자를 팔고 싶은 송나라 상인이 하나 있었다.

이 송나라 상인은 월나라는 주변 환경이 황량하고 사람들은 모자를 한 번도 본 적이 없으니 모자가 잘 팔릴 거라고 생각했다. 그런데 월나라에 가서야 월나라 사람은 머리카락을 자르고 몸에 문신을 새기기 때문에 모자가 필요가 없다는 사실을 알게 되었다.

이 이야기는 내 편에서 당연하다고 여기는 가치관으로 이 세계를 섣불리 재단하지 말라고 알려준다.

우리는 많은 경우 불만에 가득차서 말한다. "도대체 왜 이런 거야? 왜 그래야 하는데?" 마음에 선입견이 있는 사람의 입에서 나오는 말이다.

나에게도 그동안, 내 생각이 틀림없다는 아집으로 머리카락을 자르고 몸에 문신을 새기는 땅에 가서 억지로 모자를 팔려고 했던 적, 운명이 내게 충분히 기회를 주지 않았다고 원망한 적이 얼마나 많았던가? 사실은 이 모든 행동은 지혜가 부족하기 때문이다.

실리나 현실적인 이익은 우리 눈에 너무 잘 들어오지만, 사회 현실에 공감하며 약자를 불쌍히 여기는 마음은 상실한 지 오래다.

생명이 자유롭게 노니는 소요유의 경지란 어떤 것인가?

소요유는 결코 우리 생명이 밖의 세계를 제압하고, 만물과 대립하는 존귀한 패주가 된 후에 누릴 수 있는 것이 아니다.

이런 소요유는 우리의 마음, 우리의 눈, 우리의 호흡, 우리의 행동으로 세계 만물과 긴밀하게 연락하고 물과 젖처럼 서로 녹

아들 때 가능한 것이다.

이런 소요유는 우리가 피어나는 꽃을 즐기고, 흐르는 물소리를 듣고, 하늘 끝을 날아 태양 저쪽 구름의 끝으로 뛰어오르는 작은 새를 볼 수 있을 때 가능하다. 이럴 때에만 우리의 마음이 깨끗해질 수 있다.

春有百花秋有月(춘유백화추유월)
夏有凉風冬有雪(하유량풍동유설)
若無閑事掛心頭(약무한사괘심두)
便是人間好時節(변시인간호시절)

봄에는 꽃이 있고 가을에는 달빛이 있으며
여름에는 산들바람이, 겨울에는 흰 눈이 곁에 있다.
공연한 일이 마음에 걸리지 않는다면
그것이 바로 인생의 좋은 시절이다.

우리 삶에서 진정 아름다운 때는 '공연한 일'이 마음에 걸리지 않는 때다. 그렇다면 이런 '공연한 일'은 과연 무엇일까? 자신의 경지가 더 이상 넓어지지 못하도록 스스로 암시해놓은 영혼의 장애물을 말한다.

우리의 시야는 어떻게 해야 진정 넓어질 수 있을까?

선종에는 이런 말이 있다. "눈에 먼지가 있으면 삼계三界가 좁지만 마음에 걸리는 일이 없으면 침대 하나도 넓다."[5] 내 눈에 걸리는 일이 있으면 마음에도 걸리는 일이 있기 마련이다. 이런 사람은 '삼계가 좁게' 보인다. '삼계'란 무엇인가? 전생, 이생, 내생을 말한다. 눈에 걸리는 그 일을 털어내지 못해 하루 종일 마음이 부대낀다면, 자신의 전생, 이생, 내생을 전부 저당 잡힌 것이나 마찬가지다. 그러나 마음속이 탁 트이고 아무 걸리는 일이 없으면 많은 땅도 필요 없고, 자기 집 침대에 앉아서도 이 세상이 엄청나게 크고 넓게 보인다.

그러므로 진정 천지와 함께 한가로이 노니는 경지에 도달하고 싶다면 먼저 자신의 시계를 넓혀야 한다.

"도는 자연을 법으로 삼는다." 이 말은 우리의 마음이 천지의 기운을 느껴야 한다는 뜻이다. 천지는 어느 곳이나 존재하기에, 도 역시 어느 곳에나 존재한다.

"도는 자연을 법으로 삼는다." 이 말은 우리 각자가 자신의 발로 자신의 길을 헤아려보고, 스스로 경험을 통해 마음의 지혜를 깨달아 가라는 격려다.

"도는 자연을 법으로 삼는다." 이 말로 우리는 어떤 것도 꿰뚫어볼 수 있는 시야를 갖게 된다.

도가 자연을 법으로 삼는다는 도리에 관해 장자는 어떤 이야기를 하는지 들어보자.

"도는 자연을 법으로 삼는다." 이 말은 우리 각자가 자신의 발로 자신의 길을 헤아려보고, 스스로 경험을 통해 마음의 지혜를 깨달아 가라는 격려다.

위단의 명상

---

5   眼內有塵三界窄(안내유진삼계착), 心頭無事一床寬(심두무사일상관)

동곽자가 장자를 찾아가 도에 대해 물은 적이 있었다. "도는 어디에 있소이까?" 장자가 대답했다. "없는 곳이 없소."

동곽자는 도통 알아들을 수 없자 괜한 고집을 부렸다. "그래도 어디에 있다고 장소 정도는 이야기해주어야 할 것 아니오?"

장자는 마음 내키는 대로 대답했다. "개미한테 있소." 도가 이 땅의 작은 벌레에게도 존재한다는 이야기다.

동곽자는 매우 기분이 나빴다. "도가 어떻게 이렇게 별 볼일 없는 것이오?"

장자가 다시 말했다. "논의 피에도 있소." 도가 작은 잡초에도 존재한다고 했다.

동곽자는 더 기분이 나빠졌다. "왜 도가 점점 더 별 볼일 없어지오?"

동곽자가 이렇게 나오는데 장자라고 기분이 좋을 리 없었다. "기와하고 벽돌에도 있소이다." 도가 기와와 벽돌에도 있단다.

동곽자는 더 받아들이기 힘들었다. "어떻게 이야기할수록 점점 더 이상해지오?"

장자는 매우 짜증이 난 목소리로 대꾸했다. "똥 무더기에도 있소." 도는 바로 똥 무더기에도 존재한다!

그러자 동곽자는 마침내 불평을 그쳤다.

이 대화를 정말 알아들을 수 있는 사람은 '도는 자연을 법으로 삼는다'는 말이 사실은 '자연 속의 모든 것이 도'라는 말과 동의어임을 깨달을 것이다.

천지는 어느 곳에든지 존재한다. 그러므로 도도 어느 곳에든지 존재한다.

중국에 이런 속담이 있다. "언덕에 꽃이 한가득 피었어도, 소와 양의 눈에는 먹잇감으로만 보인다."

이것이 바로 우리의 인생이다.

우리는 아름다운 꽃을 감상할 능력이 있다. 그러나 우리 마음이 돈, 명예와 인정에 가려져 있을 때는 우리가 보는 세계는 그저 식량으로 가득 찬 곳일 뿐이다. 어떻게 논한다 하더라도 식량이란 먹을 수 있는 것이고 유용한 것인데 반해, 꽃은 신비한 것이며 심미적이고 마음의 지혜를 깨닫게 해주는 것이다.

여러분, 소와 양만이 꽃을 식량으로 본다고 생각하지 말자. 사실 오늘날 우리의 눈은 날마다 너무나 많은 식량에 이끌리고 있다. 반면, 아름다운 꽃은 거의 볼 겨를이 없다.

그렇기에 우리는 장자가 말한 도로 다시금 되돌아가야 한다. 가장 별 볼일 없고 심지어 제일 비천한 것 가운데 진정한 도리가 있는지 직접 살펴보자. 우리의 마음을 낮추어 발견하는 것, 이것은 일종의 삶의 태도다.

중국 스님은 출가시에 모두 불가의 신발을 신게 된다. 이 신발의 모습이 아주 재미있다. 앞에는 다섯 발가락을 내놓고 뒤에는 발뒤꿈치가 드러난다. 왜 그럴까?

이런 신발을 신음으로써 한 가지 사실을 몸소 체험하도록 하기 위해서다. 육근六根이 전부 통했다는 것은 탐심, 성냄, 과도한 심취, 원망, 의심, 오만함을 버린다는 뜻이다. 이 육근을 완전히 끊을 수 있을 때 마음이 진정으로 깨끗해지며 자유로워진다.

천지는 어느 곳에든지 존재한다. 그러므로 도도 어느 곳에든지 존재한다.

위단의 명상

그렇다면 인생의 이 지극한 도리를 왜 신발에 놓아둔 것인가? 불가의 말에 따르면, 사람은 고개를 숙여야만 모든 것을 꿰뚫어볼 수 있기 때문이다. 진리는 고개를 숙이지 않으면 볼 수 없기 때문이다.

소요유의 경지는 우리에게 시야를 넓혀 광활한 하늘을 보라고 한다. 도는 어느 곳에든지 존재하고, 심지어 똥 무더기에도 존재한다고 알려준다. 다만 우리가 마음을 써서 바라보고 마음을 써서 물어보고 마음을 써서 생각하기를 소망할 뿐이다.

장자의 진리는 이렇게 말할 수 있다. 이 세상에서 진정 지극한 진리를 깨달으려면, 넓고 광활한 시야가 필요할 뿐 아니라, 현실에 발을 디디는 실천을 해야 한다는 것이다.

부처가 불경을 강해하며 꽃을 꺾었는데, 제자 중에서 오직 가섭만 미소를 지었다고 한다. 가섭이 미소를 지은 그 순간에 '마음으로 깨달은 바가 있다', '굳이 말하지 않아도 마음으로 통했다'고 전해진다. 가섭은 깨달았기 때문에 미소를 지은 것이다.

우리는 여기서 두 가지 결론을 도출할 수 있다. 첫째는 부처가 꽃을 꺾었는데 강의를 듣는 사람 중에서 웃는 사람이 한 명도 없었다면, 그 강의는 실패한 것이다. 둘째는 부처가 꽃을 꺾었는데 강의를 듣던 사람이 모두 웃었다면, 그것도 실패한 강의이며 실제로 그런 일은 발생할 수 없다는 것이다.

아주 세미하며 사람의 마음에 가까이 다가갈 수 있는 도리라면, 반드시 그 도리를 깊이 깨닫는 사람, 얕게 깨닫는 사람, 멀리 볼 수 있는 사람, 눈앞의 것만 볼 수 있는 사람 등 가지각색의 깨달음을 얻은 사람이 다 생기기 마련이다. 각각 마음의 지혜 정도, 경험 정도, 추구하는 가치, 꿈과 이상의 차이에 따라 이해 정도는 깊고 얕게 나누어진다.

이 세계에서 딱 떨어지는 것은 없다. 진정한 진리란 1 더하기 1은 2라는 수학공식처럼 단 하나의 오차도 허용하지 않고, 누구나 단번에 이해할 수 있는 것이 아니다.

부처가 꽃을 꺾었을 때, 오직 가섭만이 미소를 지었다. 장자가 소요유를 하고 있을 때, 장자와 함께 창공을 자유롭게 날아오를 영혼을 가진 사람은 몇이나 될까? 장자의 천지 정신과 함께 왕래를 할 수 있는 사람은 과연 몇이나 될까?

위의 질문을 꼭 장자에게 던질 필요는 없다. 하지만 각자 자신의 양심에 물어볼 수는 있다.

"나도 모르는 사이에 마음으로 깨달았다. 그 오묘함은 말로 설명하기 힘들다."[6] 이 말은 남송의 시인 장효상이 쓴 「염노교念奴嬌」의 한 구절이다. 사실, 『장자』를 읽는 우리는 염화미소 같은 깨달음을 얻을 때가 있다. 이 책을 다 읽고 책장을 천천히 덮을 때 나도 모르는 사이에 마음의 깨달음을 얻게 되었다면, 장자의 진정한 가치는 바로 그때 드러나게 될 것이다. 장자의 소요유가 우리 범속한 생명에 비범한 한 쌍의 날개를 달아주었기 때문이다.

---

6 悠然心會(유란심회), 妙處難與君說(묘처난위군설)

너 자신을 알라

우리는 모두 자신의 일생이 행복하며, 많은 성취를 이루기를 원한다.

그러나 진정으로 깨어 있는 정신으로 자신을 알 아나가는 사람만이 성공하는 인생을 살 수 있다. 그 러나 자신을 안다는 것은 매우 힘든 일이다.

자기 자신을 아는 것은 왜 그렇게 어려울까? 우 리는 어떻게 해야만 자기 자신을 알 수 있을까?

"너 자신을 알라."

이것은 고금 이래로 가장 해결하기 어려운 명제 중 하나다. 그리스 로마 신화에서도 이 질문은 유명한 스핑크스의 수수께끼로 표현되었다.

몸은 사자이고 얼굴은 사람인 스핑크스는 날마다 길을 지나는 행인에게 한 가지 질문을 던졌다. "아침에는 네 발, 점심에는 두 발, 저녁에는 세 발로 다니는 동물은 과연 무엇일까?" 대답을 못한 행인들은 반인반수의 스핑크스에게 잡아먹혔다.

이 길을 지나던 청년 오이디푸스가 정답을 맞혔다. "그런 동물은 바로 사람이지." 스핑크스는 외마디 비명을 지르며 절벽으로 달려가 뛰어내렸다.

이 이야기는 어떤 진리를 알려주는가? 우리는 가장 익숙한 것에 대해 가장 무지할 수 있다.

우리는 성장 과정 내내, 천지와 만물에 대한 지식을 끊임없이 쌓아가고 경험을 넓히지만, 자기 자신에 대해서만은 알기가 쉽지 않다.

인생의 변화는 예상치 않는 순간에 수많은 단계를 거치기 때문이다. 아이가 엎드려서 네 발로 기어 다니는 때는 생명이 성장하는 초기 단계다. 아이가 일어나고, 걷고, 달릴 수 있게 되면 이 세상에서 많은 물건을 쌓아놓아야 하고 만들어야 한다. 또 그렇기 때문에 각종 불안과 두려움이 생기고 방황하게 된다. 만년이 되었을 때 우리가 쌓은 그 금전, 명성, 사랑은 모두 마음에 부담을 주게 되고, 생명을 노쇠하게 하며 날이 갈수록 우리를 피곤하게 해 지팡이를 의지할 수밖에 없도록 한다. 이 지팡이가 사람의 세 번째 다리가 되는 것이다.

이런 인생길에서 인간이 가장 즐거울 때는 언제일까? 자신에 대해서 가장 분명한 인식을 하는 때는 언제일까? 우리의 마음이 일말의 후회도 없는 따뜻함과 부유함으로 넉넉히 채워지는 때는 언제일까? 동서의 문화는 서로 다른 언어로 이 인생에 대해 끊임없이 탐색해왔다.

환상과 현실의 세계를 넘나드는 『장자』에는 이런 질문들이 가득하다. 장자는 말했다. "예전에 내가 꿈을 꾸었는데 내가 팔랑팔랑 춤을 추는 큰 나비가 되었다. 그렇지만 내가 나비 꿈을 꾼 것인지, 아니면 나비가 내 꿈을 꾸고 있는 것인지 알 수가 없었다."

사람들은 대개 자신만의 기준으로 다른 동물을 추측한다. 그러나 대자연 중에는 우리가 알지 못하는 수많은 미스터리가 숨어 있다.

장자는 "우리 사람은 습하고 차가운 곳에서 잠을 자면 잠에서 깬 후에 가볍게는 허리가 아프기도 하고 심한 경우에는 반신불수가 될 수도 있지만, 미꾸라지가 거기에서 산다면 미꾸라지도 사람 같은 현상이 나타날까?"라고 묻는다.

장자는 계속 질문을 던진다. "사람은 고기를 먹고, 사슴은 풀을 먹고, 지네는 작은 뱀을 좋아하고, 부엉이와 까마귀는 쥐를 좋아하는데 이 넷 중에서 어떤 맛을 기준으로 삼는 것이 가장 적절하다고 말할 수 있을까? 무엇이 가장 맛있다거나 혹은 더 맛이 없다고 말할 수 있을까?" 그 자신 역시도 정답은 제시하지 않았다.

장자는 심지어 이런 말을 했다. "모장과 여희[1]는 모두 인간세상의 절세가인이지만 물고기가 본다면 물 밑으로 숨어버리고 새들은 하늘 높이 날아가 버리며, 사불상四不像은 급히 달아나버린다. 이 네 가지 중에서 과연 무엇이 가장 아름다운가?"

이것이 바로 장자가 「제물론」에서 주장하는 관점이다. 세계의 모든 만물은 모두 자신의 각도로 사물을 바라보고, 자신만의 코드를 가진다. 이 코드는 타인이 이해할 수 없다.

이런 각도에서 장자는 우리에게 이야기한다. "사람이 가장 알기 어려운 것은 자신의 마음이다." 우리가 살면서 가장 대답

---

1 성현영의 소(疏)에는 모장은 월왕의 애첩이고, 여희는 진나라의 총애를 받던 후궁이라 한다.

하기 어려운 질문은 바로 "나는 도대체 누구인가? 내가 원하는 삶은 무엇인가?"라는 것이다.

오직 자신의 마음을 맑은 물 보듯 볼 수 있을 때에만 이 세계에서 가장 기본이 되는 출발점을 찾을 수 있고, 비로소 타인에게 선대할 수 있다.

세상의 만물은 천차만별이다. 서로 다른 각도에 서서 바라보면 사물은 완전히 다르게 보인다.

자신의 각도만을 고집하며, 자신의 방식으로 모든 사물을 보고 판단한다면 거대한 편차가 생기게 된다. 이것이 바로 자신을 정확하게 인식할 수 없도록 만드는 가장 큰 장애물이다.

장자는 말한다. 이 세상의 모든 사물은 자연을 따라야지 자기가 옳다고 생각하는 기준을 타인에게 강요할 수는 없다.

나는 자기 자신도 제대로 모르는 사람이 타인을 이해할 수는 없다고 생각한다. 때로 선한 의도로 한 일이지만, 타인에게 적용시키는 과정에서 예상치 못한 잘못된 결과가 나올 수도 있다. 자신의 방식을 타인에게 강요할 때 생기는 부작용 때문이다.

장자는 「지락」편에서 공자의 입을 빌어서 이런 이야기를 한다.

노나라 교외에 아주 큰 바닷새 한 마리가 날아들었다. 노나라의 임금은 이 새를 매우 좋아해서 조상의 사당에 모셔두고 온갖 정성을 다해 공경했다. '구소'[2]처럼 장엄한 음악을 연주해 이 새를 즐겁

오직 자신의 마음을 맑은 물 보듯 볼 수 있을 때에야 이 세계에서 가장 기본이 되는 출발점을 찾을 수 있고, 비로소 타인에게 선대할 수 있다.

위단의 명상

만의 차고 기움을 알기에, 물건을 얻어도 기뻐하지 않고 물건을 잃어도 걱정하지 않는다. 사람의 분수란 항상 일정하지 않음을 알고 있기 때문이다.

『장자』「추수」

2 九韶, 고대 순임금 때의 악명

게 하고, 마실 수 있는 각종 미주를 준비하고, 소와 양을 잡아 먹이고 날마다 예법과 예식으로 이 바닷새를 섬겼다.

그렇다면 이 바닷새의 상황은 어땠을까? 바닷새는 눈빛은 흐리멍덩했으며 얼굴에는 근심하는 빛이 가득했고, 고기 한 입, 술 한 모금도 마시지 않고 이렇게 괴로워하다가 사흘 만에 죽고 말았다.

장자는 공자의 입을 빌려 결론을 들려준다. "이것은 사람을 기르는 방법으로 새를 기른 것이지, 새를 기르는 방법으로 새를 기른 것이 아니다." 즉, 그 새를 사람이 좋아할 예의로 극진히 대했을 뿐이지 새의 기호에 따라 새를 돌봐준 것은 아니라는 뜻이다.

우리 인생에 이런 일이 없는가? 사실 친구뿐만 아니라 타인에 대해서, 혹은 눈에 넣어도 아프지 않을 자기 자녀에 대해서 우리는 자주 이런 태도를 취하지 않는가?

중국의 전통적인 육아방식에 따르면 아기가 막 태어났을 때 촛불 포대기를 싼다고 한다. 갓난아기를 포대기로 둘둘 말아 며칠씩 끈으로 꽁꽁 묶어두는 것이다. 이렇게 하면 아이의 다리가 길고 곧게 자랄 뿐 아니라, 아이가 손을 함부로 휘두르다가 얼굴에 생채기를 내거나 손톱을 물어뜯을 염려가 없다고 한다.

그러나 현대의 과학적인 육아 방법에 따르면, 아이의 손은 제2의 뇌라고 불리며 손을 묶어놓으면 자기 얼굴에 생채기를 내거나 자기 손을 물어뜯는 일은 없겠지만, 인지신경은 태어나자

마자부터 제한을 받아 아이의 건강한 성장을 해치게 된다. 그러므로 현대 병원에서는 차라리 영아 보호에 더 신경을 쓰고 손톱을 잘라주어 얼굴에 생채기가 생기지 않도록 주의하지, 절대 손발을 꽁꽁 묶어두지 않는다.

이 촛불 포대기는 현재 사용하지 않는다. 그러나 얼마나 많은 부모들이 아이들을 일생 동안 정신적인 촛불 포대기로 묶어 놓는가?

우리는 성인 세계의 표준을 아이들에게 요구한다. 앞으로 어떤 방식으로 성공을 하고, 사회에서 어떤 영향력을 끼쳐야 하고, 세 살부터는 반드시 피아노를 쳐야 하고, 네 살부터는 반드시 미술을 배워야 하고, 다섯 살부터는 반드시 발레를 배워야 한다고 말한다. 그렇지 않으면 여덟 살에 초등학교에 입학해서 다른 아이들과 경쟁할 때 기죽지 않겠는가? 여덟 살에 초등학교에 가게 되면 반드시 올림피아드반, 영재반에 들어야 한다. 이렇게 해야만 대학도 잘 갈 수 있고, 부모처럼 사회에서 경쟁할 수 있는 발붙일 자리를 얻을 수 있다고 말한다.

우리는 성인 세계의 규칙과 방식으로 내가 가장 사랑하는 아이들을 대한다. 아이들이 반드시 누려야 할 행복한 시간을 돌려주기는커녕, 성인의 잣대를 들이대며 아이들의 행복을 박탈한다. 이것은 바닷새를 술과 고기로 열심히 공양하는 것과 마찬가지가 아닌가?

이런 좋은 뜻은 때로 생각지 못한 심각한 결과를 초래하기도 한다. 이런 결과는 장자가 「응제왕應帝王」편 우화와 매우 비슷하다. 남해의 제왕을 숙이라 하고 북해의 제왕은 홀이라고 불렀다. 남해와 북해란, 장자가 남명(남쪽 바다), 북명(북쪽 바다)이라고 쓴 것처럼 거리상으로 머나먼 땅이었기에, 서로 만나려면 가운데 땅에서 만나야 했다. 이곳 제왕의 이름은 혼돈渾沌이라고 했다.

전해지는 바에 따르면, 혼돈은 미개하고 개화되지 않은 거대한 고깃덩어리라고 한다. 혼돈은 손님 접대를 아주 좋아해 매번 숙과 홀을 극진히 대접했다. 숙과 홀은 이런 혼돈을 보면서 미안한 마음이 가득했다. 눈, 코, 입, 귀가 다 없으니 인간 최고의 즐거움은 하나도 즐길 수 없었던 것이다. 그래서 혼돈의 착한 마음에 보답하기 위해서 두 사람은 함께 계획을 짜기 시작했다. "사람은 모두 구멍이 일곱 개지 않소? 일곱 구멍으로 먹기도 하고, 마시기도 하고, 듣고 보기도 하고, 사람의 희로애락, 색깔과 미추 모두 이 구멍으로 들어오는데 혼돈은 구멍이 하나도 없으니 불쌍하오. 우리가 혼돈에게 구멍을 뚫어줍시다."

두 사람은 혼돈에게 칠일 동안 날마다 하나씩 구멍을 뚫어주었다. 그러나 혼돈은 죽고 말았다.

혼돈에게 일곱 구멍을 뚫어주자 혼돈은 본래의 모습을 잃어버렸다. 혼돈이 살 수 있었던 이유는 혼돈의 상태를 유지하고 있었기 때문이요, 혼돈 속에서 하늘과 땅을 조망할 수 있었기 때문이다. 그런데 혼돈에게 일곱 구멍을 하나하나 뚫어주고 나니, 본래 생명의 모습에서 멀어지게 되었다.

이것은 우화일 뿐일까?

사람에게 사회화란 사회로 인해서 구멍이 하나씩 뚫리는 성장 과정이라고 할 수 있다. 결국 이를 통해 사회에서 요구하는 기준에 부합하는 성인이 될 수 있다. 그러나 천진했던 아이의 마음, 혼돈 상태에서는 얼마나 멀리 온 것일까?

장자가 말한 이 우화는 우리의 현실에서 얼마나 먼 이야기일까? 우리는 단순한 옛날이야기를 들은 것뿐일까? 사실 이 이야기는 우리와 아주 가까운 곳에 있다.

나는 이런 이야기를 읽은 적이 있다.

어릴 적부터 닭 무리와 함께 자란 새끼 독수리가 있었다. 새끼 독수리는 자신을 병아리라고 여기고 있었다. 그래서 주인은 이 독수리가 하늘을 날도록 연습을 시켰지만, 아무리 유혹하고 때리고 을러도 날게 할 수가 없었다. 자신을 날 수 없는 병아리라고 확신했기 때문이다.

결국 주인은 매우 실망했다. "내가 독수리 새끼를 괜히 길렀군. 전혀 쓸모가 없는 놈이네. 이놈을 버려야겠다." 주인은 새끼 독수리를 절벽 아래로 내동댕이쳤다.

새끼 독수리는 떨어지면서 날개를 퍼덕거리더니 추락 직전에 놀랍게도 곧장 하늘로 날아올랐다.

이건 무슨 조화일까? 독수리가 절벽에서 떨어지는 순간, 독수리만의 천부적인 본능이 되살아난 것이다. 독수리는 그제야 자신의 날개가 쓸모가 있음을 알게 되었다.

사실, 한 번도 개발되지 못해 잠재력이 사장된 사람이 얼마나 많은가? 당신은 자신이 진정 좋아해서 젖 먹던 힘까지 다할 수 있는 직업을 아직 만나지 못했을 수 있다. 일을 하면서 인생의 기쁨을 다시 회복한 체험을 하지 못하고, 또 자신이 성장하는 즐거움을 누리지 못했기 때문에 어떤 능력들은 영원히 사장되고 만다.

이 세상에서 진정 사랑하는 사람을 만나지 못했다면, 사랑할 수 있는 능력이 일생 동안 사장될지도 모른다. 가정이 있고, 자녀가 있고, 보통 사람들 눈에는 정상적인 삶을 살고 있을지라도, 당신의 생명은 불타오른 적이 없었을 수도 있다. 이유는 단 하나, 당신을 불타오르게 할 사람을 만나지 못했기 때문이다.

진지한 사색 속에서 끊임없이 질문을 던져볼 필요가 있다. 일생 동안 우리는 자신을 얼마나 많이 잃어버렸는가? 진정 스스로 개발할 기회를 찾아낸 적이 있는가?

장자는 「인간세」편에서 스스로 인식할 수 있는 능력을 가르쳐 주는데, 이를 두 글자로 요약하면 '심재心齋'라고 한다. 마음의 재계를 통해서 진정 스스로 성찰하고 자신을 살펴본다는 뜻이다.

다음 역시 장자가 공자의 이름을 빌어 한 이야기다.

공자의 학생 안회가 공자에게 이렇게 말했다. "저는 제자 생활을 그만두고 제 일을 하고 싶습니다. 폭군의 악행을 저지하고 나라를 구하고 싶습니다." 공자는 일말의 여지도 없이 반대를 표시했다. "가지 마라. 네가 가서 이런 사람을 만난다 해도, 폭군이 네 설득을 듣지 않으면 오히려 그 폭군한테 살해당하기 십상이다."

안회가 대꾸했다. "아무리 위험한 일이라도 할 일은 해야 합니다." 공자가 대답했다. "지금 당장 가겠다는 것은 너무 성급한 행동이다. 스스로 자신이 어떤 사람인지 제대로 알지도 못한 상태에서는 어떤 일을 한다고 해도 제대로 된 결과를 얻을 수 없다. 너는 먼저 자신을 재계하도록 해라."

안회는 대답을 듣자마자 스승에게 물었다. "저희 집은 너무 가난해서 술도 마시지 않고, 고기도 먹지 않은 지 벌써 몇 개월이나 되었습니다. 이렇게 힘든 삶이 재계가 아니면 무엇이 재계이겠습니까?"

공자가 말했다. "네가 말하는 건 제사를 드릴 때 하는 재계이지 마음의 재계는 아니다."

안회가 대답했다. "마음의 재계란 무엇입니까?"

공자는 말했다. "사람은 귀로만 들을 수 있는 것이 아니다. 마음으로도 들을 수 있고 있고, 기운으로도 들을 수 있다. 마음의 숨결을 이용해 모든 것을 느끼고, 마음속으로 돌아가 스스로 확신을 얻는 일, 이것이 바로 마음의 재계다."

이 말은 공자의 명의를 빌려서 한 것일 뿐, 원전은 『장자』다. 장자는 이 글을 통해 사람에게는 각각 자신을 알아가는 방식이

진전석 〈관운도(觀雲圖)〉 부분화

사실 우리 눈은 밖을
향해서 사물을 발견하는
능력과, 안을 향해서
자신의 마음을 살펴보는
두 가지 능력이 있다.

위단의 명상

있음을 일러준다.

사실 우리 눈은 밖을 향해서 사물을 발견하는 능력과, 안을 향해서 자신의 마음을 살펴보는 두 가지 능력이 있다.

내가 접하는 외적인 세계의 크기만큼, 마음의 깊이도 달라져야 한다. 이것은 완전히 정비례할 수 있다.

그러나 안타깝게도 우리는 일생 동안 외적인 발견을 하는 데만 바쁠 뿐, 자신의 마음속에 어떤 소망이 자리 잡고 있는지는 전혀 보지 못한다.

우리는 자라면서 타인에 뜻 때문에 수많은 것들을 하게 된다. 예를 들어, 어린 시절의 교육, 성년이 된 후의 직장 선택, 이

후의 결혼과 육아…… 이 모든 것을 전부 타인의 뜻에 따라 선택한 사람은 자신만의 추구, 자신만의 체험이 결여되고, 심지어 자신만의 좌절도 경험하지 못한다. 그렇기에 자기 마음의 소망이 무엇인지도 확인할 길이 없다.

이런 이야기가 있다.

고기잡이 왕이라고 불리는 사람이 있었다. 물고기 잡는 기술이 세계 최강이었기에, 심지어 고기잡이의 신이라고 불렸다. 그 사람에게는 아들이 세 명 있었다. 고기잡이 왕은 세 아들이 어렸을 때부터 함께 바다에 나갔다. 그러나 세 아들의 고기를 잡는 기술은 보통사람보다도 못 했다. 그러니 아버지와 비교하면 더 말할 나위도 없었다. 고기잡이 왕은 매우 속이 상했다.

후에 지혜로운 현인 하나가 고기잡이 왕에게 물었다. "세 자녀들은 언제부터 당신과 같이 물고기를 잡았습니까?" 고기잡이 왕이 대답했다. "어린 시절부터 배에서 자라고 어선을 떠나본 적이 없습니다."

현인이 물었다. "자녀들은 모두 당신에게서 고기잡이 기술을 배웠습니까?" 고기잡이 왕이 말했다. "어린 시절부터 제가 손수 가르쳤습니다. 아주 작은 부분도 절대 놓쳐본 적이 없고요, 제일 중요한 비결을 조금도 남김없이 세 아이들에게 다 가르쳐 주었습니다."

현인이 다시 물었다. "자녀들이 물고기를 잡을 때는 어디에서 잡았습니까?" 고기잡이 왕이 대답했다. "당연히 제 배에서였지요. 고비 때마다 점검을 해주어야지 실수를 하지 않거든요. 저는 항상 아이들에게 큰 물고기가 나타나면 어떤 현상이 나타나고, 어떻게 그물을 던져야 더 많은 물고기를 잡을 수 있는지도 알려주었습니다."

이 세 가지 질문을 던졌던 현인은 고기잡이 왕에게 말했다. "세 자녀에 대해서 속상해 하셨는데, 그건 자녀들이 결정해야 할 일을 당신이 다 결정했기 때문에 일어난 일입니다. 자녀들은 당신의 경험을 얻기는 했지만 고기잡이 경험은 아직 적지요. 당신을 떠나본 적이 없기 때문에 스스로 경험을 해본 적도 없고, 어려움이나 고난도 몰랐던 겁니다. 그래서 깨달음도 없고요. 당신이 일생 동안 집대성한 교훈과 경험이라도 자녀들에게는 아주 평범한 강제조항에 불과했을 뿐이니까요."

사실 이 이야기 역시 우리 각자에게 적용할 수 있다. 우리가 얻은 간접경험은 유용하다. 하지만 간접경험만으로 충분할까?

우리는 오늘날 말한다. 인생에는 억울하게 돌아가는 길이 얼마나 많은가? 사실 정확한 의미에서 이야기한다면 인생에서 억울하게 돌아가는 길이란 없다. 그 길을 돌아오지 않았더라면 내가 지금 이 모습을 하고 있으리라고 장담할 수 없기 때문이다. 현재의 이 모습이 아니라면 어떻게 뒤를 돌아보면서 과거 그 길은 돌아온 길이었다고 말할 여유가 있을까?

인생의 모든 길은 반드시 자기의 발걸음으로 측량해 나가야 하며, 이것은 자신을 발견하고 확인을 받는 과정이다.

끊임없는 자아 성찰, 이것은 자신을 찾아가는 또 다른 중요한 길이다.

정확한 의미에서 이야기한다면 인생에서 억울하게 돌아가는 길이란 없다.

위단의 명상

인생의 모든 길은 반드시 자기의 발걸음으로 측량해 나가야 한다.

위단의 명상

자신을 정확하게 인식하려 할 때 가장 중요한 점은 자신을 아는 지혜가 있어야 한다는 것이다. 그렇다면 우리는 어떻게 해야 자기를 아는 지혜를 얻을 수 있을까? 또 어떻게 해야 외부의 평가에 좌우되지 않고 정확하게 자신을 인식할 수 있을까?

장자는 자신에 대해서 시종일관 깨어 있는 성찰을 했다. 물리적인 의미에서의 인생의 태도에서부터 정신적인 의미에서의 인생의 경지까지, 장자는 시종일관 깨어서 주목하는 태도를 가졌다.

사람은 자신의 형체 밖을 볼 수 있는 영혼의 눈을 가지고 있어야 한다.

이런 일은 다른 사람이 대신 해줄 수 없다. 나 대신 득과 실, 옳고 그름을 항상 깨우쳐줄 사람이 내 곁에 있다 할지라도, 타인의 말만을 맹종하다가는 자신의 마음까지 잃어버리게 된다.

영혼의 눈으로 시종일관 자신을 성찰할 때에만 어떤 영광이나 수치에도 놀라지 않고, 마음속 진정한 소망을 붙들 수 있다.

『장자』「양생주養生主」편에는 우리에게 아주 익숙한 이야기, 포정해우庖丁解牛 고사가 나온다.

사람은 자신의 형체 밖을 볼 수 있는 영혼의 눈을 가지고 있어야 한다.

위단의 명상

포정은 어떻게 소를 발랐는가? 포정의 손은 춤을 추었고, 어깨는 자연스레 끌려갔으며, 발은 땅을 굳게 밟고, 무릎은 이를 지지했다. 전체적인 동작은 마치 춤을 추는 듯, 은나라 탕왕 때의 명곡인 '상림'의 춤과 같았다. 또 소를 바를 때 나는 소리와 리듬은 요 임금의 음악인 '경수'와도 들어맞았다. 칼날이 닿는 곳마다 소는 슥슥삭삭 발라져, 마치 진흙이 땅에 떨어지듯 눈에 띄는 골격만 남기 채, 고기만 쏙 도려졌다.

이 광경을 구경하던 사람들은 갈채를 보내며 외쳤다. "어떻게 소를 이렇게 잘 바를 수 있소이까?"

포정이 설명했다. "제가 처음 소고기를 바를 때는 소의 전체 모습밖에는 보이지 않았습니다. 소가 완전히 한 덩어리로 묶여 아무 것도 볼 수 없었습니다. 그런데 제가 중시하는 것은 '도'로서, 이미 기술은 고려하지 않고 있습니다. 제가 기교만을 의지하지 않고 도를 추구했을 때, 3년 후에 저는 소가 보이지 않게 되었습니다. 이제 눈으로 보는 것이 아니라 마음과 정신으로 느낄 수 있었습니다. 두꺼운 소의 가죽과 소털을 넘어서 소의 골격 구조, 근육의 방향, 경락의 연결 상태를 완전히 꿰뚫게 되었습니다. 저는 제멋대로 소를 바르지 않고, 소 골격 사이의 틈에 칼을 정확하게 집어넣어 소의 자연적인 구조에 따라 소를 바릅니다. 그래야 효율적으로 칼날을 여유롭게 놀릴 수 있습니다."

포정은 말한다. "이 포정은 옛 포정과 다른 포정입니다. 둘 다 똑같은 백정이지만, 훌륭한 백정은 근육과 살을 자르기 때문에 일 년에 칼을 한 번 바꾸지만, 보통 백정은 칼날이 뼈를 자르기 때문에 한 달에 한 번씩 칼을 바꿉니다. 저는 이 칼을 19년이나 사용했지만 새 칼이나 다름없습니다. 왜 그렇겠습니까?"

"칼은 매우 날카롭고 본래 두께도 아주 얇습니다. 소의 골격 사이 틈에 두껍지 않은 칼로 정확하게 찔러 넣으니, 칼이 왜 닳겠습니까? 그렇기 때문에 19년이라는 세월이 흘렀어도 칼은 항상 새것 같습니다."

포정의 대답은 오묘한 도를 전한다. 이 이야기를 자신의 삶에 적용시켜보자. 우리는 뼈를 자를 필요도, 부담을 걸머지고 살 필요도 없다. 날마다 비장한 표정을 짓고 한숨과 신음을 토하며 인생의 가치를 평가절하시킬 필요가 없다.

우리 모두가 이런 포정이 된다면, 영원히 날카로운 영혼의 칼 한 자루를 갖는다면, 세상에서 길을 잃어버린 인생 궤도를 소 한 마리로 치환해버릴 수 있다면, 그리고 그 소의 골격과 골격 사이의 틈을 볼 수 있다면, 결국 아주 정확하게 소를 처치하고, 발라낼 수 있다면, 고효율 인생은 바로 우리의 것이 된다.

장자는 우리에게 말한다. 마음에 큰 경지가 있는 사람은 언어와 행동을 초월하는 진정한 내적 능력을 발견하게 된다. 즉, 진정한 위대한 도, 출중한 분별력, 뛰어난 인자, 비범한 겸손, 큰 용기, 이 모든 것은 밖으로 드러나는 것이 아니라 자랑 없이 마음에 숨겨지는 것이다.

마음에 감추어지지만 또한 천지 만물이 포용되어 노니는 곳을 장자는 천부^{天府}라고 불렀는데, 이것은 천지 만물이 모이는 곳간이라는 뜻이다.

이 천부는 무한하고 거대해 물을 부어도 영원히 채워지지 않고, 그 안에서 물을 길어도 영원히 마르지 않는 근원 불명의 샘물이다. 장자는 이런 상태를 보광^{葆光}이라고 했다.

'보광'이란 어떤 것인가? 마음속에 완전히 보호되어 숨겨져 드러나지 않는 매우 큰 광명을 말한다. 마음속에 큰 경지를 가진 사람은 이런 큰 광명을 가지게 된다. 그것은 아무리 꺼내어도 다함이 없고, 아무리 사용해도 사라지지 않으며 만물을 비추는 영원한 빛이다.

자신을 아는 것에서부터 시작해서, 자신의 마음의 소리를 듣고, 자신을 찾아가고 길러나가는 모든 과정이 아름다운 인생역정이다.

우리는 모두 자신만의 천부를 가지고 있다. 또 보광과 같은 자신만의 능력을 보유하고 있다. 때가 되면 사람은 겉으로 드러나는 일과 공과만으로 자기 능력을 평가하지 않을 것이다.

이런 이야기가 있다.

편작은 중국 고대의 전설적인 명의로서 명의의 대명사로 불린다.

편작이 위왕을 만나러 가자, 위왕이 말했다. "선생 가문의 형제 셋은 전부 의술이 출중하다고 하던데, 셋 중에서 누구의 의술이 가장 뛰어나오?"

그러자 편작이 바른대로 대답했다. "제 큰 형이 제일 뛰어나고, 그다음은 둘째 형입니다. 제 의술이 제일 형편없습니다."

그러자 위왕은 깜짝 놀라 물었다. "아니, 그럼, 편작 선생의 명성은 천하에 자자한데, 두 형은 왜 아무런 명성도 없는 것이오?"

편작이 대답했다. "그건 큰 형은 병을 미리 방지하기 때문입니다. 비록 병에 걸렸지만 아직 병의 증상이 나타나지 않았을 때 쉽게 병의 뿌리를 제거해버립니다. 그래서 꼭 병에 걸리지 않은 것같이 보이기 때문에 사람들은 알아차리지 못합니다. 큰 형은 병의 증상이 드러나기 전에 치료합니다. 둘째 형은 증상 초기에 약만으로 치료해줍니다. 사람들은 형이 작은 병만 치료한다고 여기기 때문에

자신을 아는 것에서부터 시작해서, 자신의 소리를 듣고, 자신을 찾아가고 길러나가는 모든 과정이 아름다운 인생역정이다.

위단의 명상

이 병이 발전되면 목숨을 잃을 큰 병이라는 것은 모릅니다. 그에 비하면 제 의술은 제일 형편없습니다. 왜냐하면 저는 환자의 생명이 위급할 때에만 병을 치료할 수 있기 때문입니다. 때로는 죽을 사람을 살려내기도 한 탓에 제 명성이 천하에 퍼졌을 뿐이지요."

"의술을 행하고 병을 치료하는 데 있어서 미연에 방지하는 것이 최고의 능력이지만, 천하에서는 아무런 명성도 얻지 못합니다. 초기에 치료하는 사람은 하찮은 질병이나 치료하는 사람이라고 여기기 때문에 그저 마을에서만 명성을 얻을 뿐입니다. 죽어가는 환자를 구하는 사람은 명을 살리기는 했지만 원기가 크게 상하는 상태까지 놔두었기 때문에 후유증을 남기게 됩니다. 그래도 명을 살렸기에 환자의 건강이 크게 손상되었음에도 제가 천하에 명성을 얻게 되었습니다."

이 이야기가 우리에게 시사하는 바는 무엇인가? 세속의 평가는 한 사람의 능력을 평가하는 진정한 기준이 아닐 수 있으며, 우리의 마음만이 정확한 대답을 해줄 수 있는 것이다.

중국 민간에는 이런 이야기가 전해진다.

한 주인이 새끼 원숭이와 새끼 나귀를 데리고 함께 살고 있었다. 새끼 원숭이는 매우 민첩해 항상 집 위를 이리 저리 폴짝거리며 뛰어다녔다. 주인은 새끼 원숭이가 똑똑하다고 칭찬했다.

새끼 나귀는 원숭이가 항상 칭찬을 받자, 새끼 원숭이처럼 집

위로 올라가고 싶었다. 하루는 마침내 나뭇짐을 짊어진 채 힘겹게 지붕 위로 올라갔다. 그러나 지붕 기와를 밟아 깨뜨렸다는 이유로 오히려 주인에게 혼이 났다.

새끼 나귀는 이해가 되지 않았다. 마침내 새끼 원숭이가 한 일을 해냈는데 왜 원숭이는 칭찬을 받고, 나는 매를 맞아야 하는가? 왜 그런가?

사실 많은 사람들이 비슷한 경험을 한 적이 있을 것이다. 우리는 타인의 행동을 과도하게 추종하고 모방한다. 또 다수의 사람들이 추구하는 기준을 너무나 강조한다.

소위 시류나 유행이란 일종의 추세일 뿐인데도, 우리는 이것 때문에 자기 마음이 진정 원하는 지향점을 잃어버리고 대중의 기준에만 집착한다. 이런 일들이 비일비재하다.

장자는 시종일관 우리를 일깨운다. 어떻게 하면 세속적인 생각으로 흐르지 않을까? 우선 자기 마음이 원하는 것이 과연 무엇인지 잘 알아야 한다. 진정 자신에게 필요한 방식으로 자신을 선대하고 있는가?

오늘날처럼 미디어가 성숙한 시대에서 유행하는 기준이란 매우 무서운 것이 되었다. 유행은 일종의 세력이며 일종의 세뇌이기도 하다. 유행은 '유행이 반드시 좋은 것은 아니지만 반드시 다수를 따라야만 한다'고 강변한다.

우리는 개념의 혼동을 겪기도 한다. 지금 유행하는 것이 바로 시대를 주도하는 트랜드라는 생각이다. 하지만 때로 트랜드란 소수의 선도자가 이끄는 반면, 유행은 때로는 유행독감처럼 다수가 따를 뿐 더 높은 품격과 품질을 대표하는 것은 아니다.

오늘날 우리는 어쩌면 장자 시대보다 더 예리한 마음의 안목이 필요할 수 있다. 그때보다 더 치열한 반성이 필요하고, 외적인 평가기준으로 자기 능력을 판단하는 오류에서 벗어나려는 치열한 노력이 필요할 것이다.

이 모든 것이 확립되고, 자신의 맑은 이성으로 타인을 선대하고, 친구를 선대하고, 자녀를 선대할 때에만 타인과 자신에 대한 진정한 존중을 실천할 수 있다. 또, 각자의 평가 방향을 올바로 이해하고, 각 연령대의 생활방식을 이해하며, 그 본래의 모습대로 그 모습이 가장 잘 발휘될 수 있도록 도울 수 있다.

현재를 살아가는 우리가 한 바퀴 한 바퀴 서로 맞물려 돌아가는 장자의 우화를 읽으며 그 안에 감추어진 오묘한 진리를 깨닫는다면, 우리는 영혼의 눈과 포정의 날카로운 칼날을 간직해 세간의 시시비비를 꿰뚫을 것이다. 정금처럼 맑은 이성으로 단련되어 세상에 단 하나뿐인 진정 의미 있는 인생을 완주할 것이다.

길은 반드시 열린다

모든 사람의 인생에는 자신만의 고난이 있다. 어떤 이는 천성적으로 흉측하게 생겼고, 어떤 이는 장애를 가지고 태어난다.

우화의 대가인 장자는 장애가 있거나 외모가 흉측하게 생긴 괴상한 사람을 통해 자신의 관점을 밝히고 있다. 그것은 바로 당신의 인생에 어떤 고난이 닥쳤을지라도 길은 반드시 열린다는 확신이다.

『장자』의 우화에는 보통사람들보다 외모가 특이한 사람들이 다수 등장한다. 예를 들어, 장애인이나 형벌을 당해 신체가 훼손된 사람들 등이 나온다. 외적으로 볼 때, 그들의 신체 조건은 모두 일반인과 다르다. 그러나 이런 사람들은, 포부가 있거나 꿈이 있고 아주 즐겁게 살며 아주 성공해 기인이나 기재라고 부를 수 있다.

장자는 「인간세」편에서 지리소[1]라는 사람에 대해서 쓴 적이 있다. 이름도 괴상하기 짝이 없는 지리소, 그 생김새는 얼마나 더 괴상했을까?

지리소는 어깨는 이마 위로 올라가고 머리는 배꼽 아래까지 내려갔으며, 등 뒤로 늘어져 있어야 할 댕기머리는 하늘을 향하

---

1 支離疏, 지리(支離)는 지체가 완전히 흩어져 본래 모습을 짐작할 수 없다는 말이다. 소(疏)는 이름이라는 설이 있다.

고 있었다. 오장육부는 등짝에 몰려 있어 꼽추가 되었고 두 다리는 늑골에서부터 시작하고 있었다. 장자의 설명을 들어보니, 지리소는 외모가 흉측한 모습을 넘어서 거의 흉악한 괴물 수준인 사람이다.

지리소는 뭘 하면서 살았을까? 장자는 지리소가 다른 사람이 맡기는 옷을 바느질 하고, 세탁을 하며 충분히 먹고 살 수 있었다고 한다. 또 지리소가 키를 까불고 겨와 쌀을 골라내서 버는 돈으로 족히 열 사람을 먹여 살릴 수 있었다고 한다.

장자는 결론을 이야기한다. 지리소처럼 신체에 장애가 있는 사람이라도 스스로 능력만 있다면 먹고 사는 데 전혀 문제가 없으며 천수를 누릴 수 있다.

지리소의 이야기를 들으면 무협소설가 원루이안이 쓴 『사대명포四大名捕』 시리즈가 연상된다. 중국 무협소설을 즐겨 읽는 독자라면 누구나 아는 사실이겠지만, 사대명포 중의 최고 고수는 바로 무정이다.

무정은 무림세가에서 태어났다. 그러나 부모의 원한 관계 때문에 원수에게 전 가족이 멸절 당하고 부모 역시 원수의 손에 죽고 말았다. 원수는 마음이 악독하고 수단도 악랄했다. 어린 아기인 무정을 손에 넣은 후 아기의 목숨은 살려두기로 하지만, 무림 고수의 후예로서 어릴 때부터 무공을 전혀 배울 길도 없고, 시체 같은 몸으로 살면서 부모의 원한을 갚는 것은 꿈도 꿀 수 없는 처참한 운명에 빠뜨리기로 했다. 원수는 이 아이의 발꿈치 근육을 끊어버렸다. 무정은 걸음마도 하지 못한 채 그대로 반신불수가 되었다.

성인이 된 무정은 닭 한 마리 잡을 힘도 없고, 나약하기 그지없는 서생이요, 불구일 뿐이었다. 그러나 그럼에도 불구하고 무정은 비범한 무공과 공력을 갖춘 사대명포의 최고 고수가 되었다. 무정만의 절기는 무엇이었을까? 미소를 지을 때 입에서 강철 독침을 발사해 적을 사지로 몰아넣는 신기였다. 비록 그는 불구였지만, 그 누구와도 비교할 수 없는 정예의 무공을 갖추었다.

이 이야기는 지리소의 연장선에 있다고 할 수 있지 않을까? 오늘날 우리 사회에도 비슷한 예가 존재하지 않을까?

『장자』「덕충부德充符」편에서는 애태타哀駘它라는 외모가 괴상한 사람이 나온다.

노 애공은 공자에게 이런 이야기를 했다. "위나라에 얼굴이 정말 못 생긴 사람이 한 명 있는데, 이름은 애태타라고 합니다. 이 사람은 비록 못 생겼지만 아주 신비한 매력이 흘러넘쳐 남자가 애태타와 함께 지내면 덕행을 사모해 떠나고 싶지 않을 정도가 됩니다. 여자들은 일단 만났다하면 애태타의 첩이 되는 한이 있더라도 다른 사람한테 시집가서 남의 아내가 되고 싶어 하지 않아 합니다. 이런 여자들이 벌써 열댓 명이나 되고, 지금도 그 수가 계속 늘어나고 있다고 합니다."

노 애공이 말했다. "애태타는 정말 신기한 사람입니다. 권세나 지위도 없고, 재산도 없고, 다른 사람보다 기발한 생각을 하는 것도 아니고 오히려 다른 사람의 생각에 맞장구치기를 좋아하는 것 같은데 말입니다. 그 사람한테 보통사람과는 다른 뭔가가 있을 것 같아서 그를 초청한 적이 있습니다. 사람 자체는 정말 너무 못 생겨서 소스라칠 정도였지요. 하지만 애태타와 이야기를 해보니, 아주 편안한 사람이라는 걸 알게 되었습니다. 한 달도 안 되어서 크게 신임하게 되었습니다." 결국 노 애공이 공자에게 물었다. "선생은 어떻게 생각하십니까? 이 애태타는 도대체 어떤 사람인지요?"

그렇다. 애태타는 도대체 어떤 사람일까? 장자가 우리에게 강조하고 싶은 점은 무엇일까? 이 세상에는 이런 사람들이 있다. 외모는 평범하고 심지어 흉측할 정도인데, 마음에는 인품의 힘이 있어 느끼지 못하는 사이에 사람을 자신의 곁으로 끌어들일 수 있다. 한 사람의 진정한 힘은 탁월한 재능이나 화려한 기교로 표현되는 것이 아니라 온화한 응집력으로 표현된다.

대만의 저명한 푸페이룽 교수는 『장자』를 연구한 후, 한 가지 깨달음을 얻었다. '정말 『장자』를 읽고 깨달은 사람은 알게 된다. 이 세상에서 길은 반드시 열린다.'

이 말은 매우 소박해 보인다. 학술적인 결론이 아닌 인생의 결론이다.

장자의 우화는 말한다. 사람은 외모가 흉측하고 신체에 장애가 있더라도 자기 힘으로 살아갈 수 있고, 천수를 다할 수 있다. 자신만의 인생길을 찾아냈기 때문이다.

한 사람의 진정한 힘은 탁월한 재능이나 화려한 기교로 표현되는 것이 아니라 온화한 응집력으로 표현된다.

위단의 명상

사람들은 모두 쓸모 있는 것의 유용함은 알지만, 쓸모없는 것의 유용함은 알지 못한다.

『장자』 「인간세」

진전석 〈운용호반(雲龍湖畔)〉 부분화

아주 불행하게도 신체적인 장애를 안고 살아가는 사람들이 있다. 그들은 어떤 모양의 인생길을 선택하며 살아갈까? 또 그들의 선택은 우리에게 어떤 영감을 줄까?

통계에 따르면 중국의 장애인은 6,7천만 명에 달한다. 그들의 삶은 우리 일반인보다 훨씬 힘겹다. 그들은 어떻게 살아가야 할까?

매우 유명한 다큐멘터리가 있다. 제목은 〈저우저우舟舟의 세계〉, 우한에 사는 남성인 저우저우의 이야기를 담았다. 저우저우는 선천성 정신지체 장애인인데 IQ 수준은 3~4세 아동의 수준에 불과하며 더 이상 발달하지도 않는다고 한다.

이 다큐멘터리가 상영되었을 때만 해도 저우저우는 26세의 청년이었지만 지적수준은 아쉽게도 서너 살 수준에 멈추어 있었다. 하지만 저우저우에게는 타인이 알지 못하는 자신만의 세계가 있었다. 그것은 바로 음악이다.

저우저우는 지휘의 천재였다. 이것은 아버지가 가무극원에서 일하기 때문에 어릴 때부터 음악을 접해온 덕이었다. 업무적인 교육이 아니라 생명과 영혼을 적시는 세례였기에, 저우저우를 키운 것은 음악이었다.

대형 오케스트라 공연에서 지휘자가 앞에서 지휘를 하면, 저우저우는 뒤에서 홀로 지휘에 심취했다. 저우저우와 음악 사이에는 지식 이상의 공감대가 존재했다. 후에 저우저우는 이 재능을 발휘할 기회를 얻었다. 오케스트라를 지휘할 기회가 생긴 것이다. 저우저우는 전국구 유명인사가 되었다. 게다가 해외까지 진출해 국제 연주 대회에 참여했다.

저우저우의 이런 활약은 생명의 기적이라고 할 수 있다. 비록 장애인이었지만 안에 깃든 천진한 영혼이 개발되고, 이런 천진함은 자신도 모르는 사이에 예술과 큰 공명을 이룬 것이다.

2005년 CC-TV의 춘절 송구영신 프로그램에 등장했던 〈천수관음〉이라는 무대가 있다. 무용안무를 맡은 타이리화부터 천수관음 무용에 참여한 장애인 아동들까지, 우리 모두는 무대를 통해 다정함, 엄숙함, 우아함, 순결함, 아름답고 절묘함, 눈부신 휘황함을 목격했다. 이 공연에 참여한 농아들은 평안한 심신, 겸손, 고도로 절제하고 집중하는 모습을 보여주었으며, 그들의 몸은 하늘이 부여한 상서로움을 표현해내고 있었다.

소위 장애란 몸의 어떤 기관 기능이 손상된 상태를 말한다. 그러나 인체에는 보상 기능이 있다. 우리가 흔히 말하는, 눈이 안 좋은 사람은 귀가 예민해진다는 말 역시 보상 기능을 일컫는다. 사실 인체에는 수많은 미스터리가 숨어 있다. 우리에게는 아직 개발되지 않은 잠재된 능력이 무궁무진하다.

장자가 말하는 지리소는 어쩌면 일종의 이미지에 불과할 수 있다. 그러나 이 이미지를 확대해보면, 스스로 유감스럽게 느꼈던 인생의 수많은 불운들 가운데서 우리는 여전히 원만한 결과를 창조해낼 수 있다는 사실을 깨닫게 된다.

『장자』에는 또 이런 이야기가 나온다.

정나라에 신도가라는 사람이 있는데 형벌을 받아 한쪽 발이 잘렸다. 신도가는 정나라의 집정대부 정자산과 함께 백혼무인의 문하에서 공부를 했다. 자산은 자기는 일국의 엄연한 대부인데 신도가와 함께 동문수학한다는 사실이 항상 기분이 나빴다.

하루는 자산이 신도가에게 말했다. "내가 먼저 나가게 되면 자네는 조금 있다가 나오도록 하지. 아니면 자네가 먼저 나가고 싶으면 내가 좀 있다가 나가도록 할 테니." 사실 터놓고 말하자면, 자산은 신도가가 싫어서 그와 같이 출입하는 모습을 사람들에게 보이고 싶지 않았던 까닭이었다.

그러나 신도가는 자산의 태도에 개의치 않았다. 그다음 날 자산은 도저히 참을 수 없었던지 다시 한번 이렇게 요구했다. "자네는 나 같은 집정대부를 보면서 피할 줄도 모른단 말인가? 설마 자기가 집정대부인 줄 아는 건 아니겠지?"

신도가가 말했다. "당신 같은 집정대부도 있소? 정말로 맑은 거울은 먼지가 앉지 않고, 먼지가 앉은 거울은 맑은 거울이 될 수 없다고 하더이다. 사람의 마음도 그런 것 아니겠소? 우리는 여기서 스승님을 따라 함께 덕을 수양하는 처지인데, 나한테 이런 말까지 하다니 너무하다고 생각하지 않소이까?"

자산은 말이 통하지 않자 답답했다. "자신이 이 꼴이 되었는데 말이야, 도대체 자신이 어떤 사람인지 진지하게 반성 좀 해야 하는 것 아닌가?"

그러자 신도가가 대답했다. "우리 스승님 문하에 어떻게 당신 같은 집정대부가 있을 수 있소? 내가 스승님을 따르기 전에는 사람들이 나를 비웃는 소리를 많이 들었지. 발병신이라고, 그렇게 비웃어서 나는 너무 괴로웠소. 원망과 분노에 죽을 것 같았지. 그런데 스승님을 따라 공부를 하면서 원망과 분노가 다 사라졌소. 스승님 문하에서 19년간 공부하는 동안, 스승님이 나를 발병신으로 대하신다는 느낌이 든 적이 한 번도 없었거든. 지금 당신은 도덕적인 기준이 아니라 외적인 기준으로 나를 차별하고 있소. 그러고도 자기는 집정대부라고 주장하는데, 부끄럽지도 않소이까?"

자산은 이 말을 듣자 매우 부끄러웠다. 신체가 온전한 사람이 온전하지 못한 사람 앞에서 느끼는 부끄러움이었다. 이 부끄러움은 그 양심의 결손으로 인해 생긴 수치였다. 한 사람의 성공 여부는 자신의 외모나 권세와 지위에 달린 것이 아니라 스스로의 노력과 스스로의 위치를 진정 알고 있는지에 달려 있다.

장자는 또 이런 이야기를 들려준다.

숙산무지라는 사람이 있었다. 일찍이 잘못을 한 까닭에 형벌로 발가락이 전부 잘렸다. 어느 날, 숙산무지는 발뒤꿈치로 걸어서 공자를 찾아가 가르침을 구했다. 공자는 수업을 하다가 청강을 하고 있는 숙산무지를 보고 물었다. "젊었을 때는 함부로 살다 보니 잘못도 하고 화를 자초해서 지금 이렇게 살게 된 것이지. 오늘 나를 찾아 와서 공부를 하겠단 결심을 하긴 했지만, 지금 도전한다고 뭐가 될 것 같소?" 그러자 숙산무지가 평온하게 대답했다. "제가 그야말로 젊었을 때 너무 뭘 몰랐기 때문에 몸에 해를 자초한 사람입니다. 하지만 지금은 인생에서 발가락보다 더 귀하고 중요한 것이 있다는 걸 알았습니다. 그래서 선생께 와서 공부를 하려고 한 겁니다. 하늘은 무엇이든지 다 덮을 수 있고, 땅은 무엇이든지 다 담을 수 있다고 했습니다. 저는 선생께서 하늘이나 땅 같은 분이라고 여겼는데, 이런 분이신 줄은 정말 몰랐습니다."

공자는 순간 자괴감에 빠졌다. "제가 정말 천박한 사람입니다. 들어와서 제 제자들을 좀 가르쳐주시겠습니까."

그러나 숙산무지는 자리를 떠나버렸다 .

공자는 매우 유감스러워하며 곧 제자들에게 이야기했다. "여러분, 열심히 공부하시오! 숙산무지같이 발가락이 다 잘린 사람도 스승을 찾아 공부를 하겠다고 결심했고, 인생에서 자기 발가락보다 더 귀하고 더 존중받아야 할 것이 있다는 걸 깨달았소. 우리처럼 전신이 건강하고 덕을 아는 사람들은 더 치열한 삶을 살아야 하는 것이 아니겠소?"

신도가에서 숙산무지까지, 어쩌면 모두 인생에 오점을 남긴 사람들일지도 모른다. 그래서 자기 몸으로 대가를 치러야 했다. 지리소처럼 선천적인 장애가 아니라서 오히려 곱절의 스트레스를 받았다고 할 수도 있다. 하지만 그들은 어떻게 그렇게 진솔하게 살아갈 수 있었을까?

그것은 그들의 마음속에 힘이 자리 잡고 있기 때문이다. 그들은 자신의 약점을 똑바로 바라보고 잘못을 고치는 데 용감했으며 새로운 삶을 간절히 소망했기에, 크나큰 약점에도 불구하고 사람들에게 존경받는 사람이 되었다.

신도가든 숙산무지든, 비록 잘못을 했고 무시무시한 형벌을 받았지만, 수치가 무엇인지를 알고 개과천선했으며, 마음의 힘을 통해 자신만의 인생길을 찾아냈다. 현대사회에서 생활의 스트레스, 직장의 스트레스가 막심해 그 하중을 못 견뎌 마음이 손상될 때, 어떤 결과가 발생할까?

지체가 손상되는 경우는 보았지만, 마음의 지혜가 손상되는 경우도 있단 말인가?

오늘날은 미디어가 발달해 정보가 전 세계를 관통하고 과학 기술이 무한한 능력을 과시하는 시대다. 그러나 그렇다고 해서 우리의 인격이 오늘날 더욱 건강하고, 더욱 온전해졌다는 뜻은 아니다. 어쩌면 마음의 지혜는 더 많이 손상되었을지도 모른다.

CC-TV의 〈뉴스 리서치〉에서는 한 시즌 동안 〈고양이 한 마리의 평범하지 않은 죽음〉이란 프로그램을 방영한 바 있다. 2006년 4월, 인터넷을 통해 세상을 떠들썩하게 한 고양이 학대 사건을 다룬 것이다. 당시 하이힐을 신고 새끼 고양이를 짓밟아

죽이는 과정이 인터넷을 통해 고스란히 전파되면서, 이 사건은 순식간에 대중의 질책과 분노를 일으켰다. 사람들은 신원미상의 이 흉악범이 누구인지를 찾느라 혈안이 되었다.

이 사건에 관해 사람들은 세 가지 질문을 던졌다. 첫째, 새끼 고양이를 밟아 죽인 이 사람은 누구인가? 둘째, 이 동영상을 찍어 인터넷에 올린 사람은 누구인가? 셋째, 그 배후의 웹 사이트는 과연 어떤 조직인가?

이 프로그램을 시청한 시청자들은 모두 깜짝 놀라고 말았다. 새끼 고양이를 밟아 죽인 그 사람은 헤이룽장 소재 한 병원의 약사였다. 그 약사는 평소에는 매우 진지하고 환자들에게 책임을 다했으며, 절대 잘못된 행동을 하지 않을 사람이었다. 또한 근무하는 곳을 깨끗하게 청소하고, 사람들과 화목하며 자신이 손해를 보는 일이 있더라도 타인이 억울한 일을 겪지 않도록 배려할 줄 아는 사람으로 직장에서도 칭찬 일색이었다.

그러나 17년간의 결혼 생활에 위기가 찾아왔다. 이혼 후 자신의 고민을 털어놓을 곳이 없어 마음속에는 남모를 억울함이 가득했다. 그 약사는 어떤 사람이 자신에게 이런 일을 부탁했을 때 승낙했고, 절대 돈을 위해서가 아니라 스트레스를 해소하고 싶은 욕구 때문이었다고 솔직한 동기를 털어놓았다.

기자가 물었다. "새끼 고양이를 밟아죽이던 순간에 얼굴에서 미소가 떠오르던데, 그것도 다른 사람이 시켜서 그렇게 한 건가요?" 약사가 대답했다. "아니요. 그렇게 시킨 사람은 없었어요. 제가 좋아서 그렇게 웃은 것 같아요."

이것은 비틀린 영혼이 외적으로 표출될 때 나타나는 비정상적인 행동이다. 또한 이 과정을 그대로 찍어서 인터넷에 올린 그 사이트는 바로 중국 발 페티시즘의 한 분파로 일명 '짓밟기 사이트'라고 불렸다. 이 사이트의 개설자는 말했다. "저와 저의 커뮤니티는 사회의 어두운 구석에서 살고 있습니다. 저희는 독특한 성 취향을 가지고 있는데, 발을 유일한 미의 표준으로 보고 있죠. 그래서 발의 힘이 최대한 표현되기를 바란 겁니다. 하이힐로 짓밟는 것, 이건 자유를 표현하는 방법일 뿐이에요." 해외에도 이런 사람들이 있다. 그들이 처음에 짓밟던 것은 옷, 과일 등이었는데, 물고기, 새우, 그리고 나중에는 새끼 고양이나 새끼 강아지까지 발전했다. 생명을 짓밟는 행위에는 한계가 정해져 있지 않다는 것이다.

사실, 이런 사이트 배후에는 대단한 지식인들이 자리 잡고 있는 경우가 태반이다. 그들은 번듯한 직장도 다니고 있다. 그러나 마음속에 영원히 치료되지 않는 장애를 안고 살아가고 있다.

고양이 학대 사건 배후의 인물들이 하나하나 우리 앞에 나타날 때마다, 분노를 넘어 일종의 슬픔과 연민을 느꼈다. 과학과 문명이 이렇게 발달한 시대에, 마음의 병 때문에 빛 앞으로 나올 수 없는 사람들이 얼마나 많은가?

우리 마음이 신도가나 숙산무지 같다면, 아마도 행복할 수 있을 것이다. 자신의 잘못에 대해 해명하기를 원하고, 그 잘못을 인정하고, 진정한 소망을 찾고 찾는 과정에서 심령은 구원을 얻을 수 있기 때문이다. 문제는 너무나 많은 사람들이 해명도 하지 않고 심지어 뭐가 잘되었고 뭐가 잘못되었는지조차 알려 들지 않는 것이다.

나는 학술 살롱에 참가해, 심리학과 학과 책임자의 심리치료 사례를 들은 적이 있다.

매우 성공한 화이트칼라 남성이 양복에 넥타이 구두를 쫙 빼입고 심리상담소를 찾아왔다. 그 남성은 상담실에 들어서자마자 사방으로 뭔가를 찾더니 자리에 앉자마자 재떨이를 손에 움켜쥐었다. 그리고 재떨이를 왼손에서 오른손으로, 오른손에서 다시 왼손으로 옮기기를 반복했다. 그곳에서 한참 동안 계속 재떨이를 옮긴 후에야 겨우 입을 열었다. "저, 선생님께 상담을 받고 싶은데요. 저는 마음속에 계속 암시가 떠올라요. 불길하다는 예감이요. 예를 들어서 출근을 할 때 꼭 지나가야 하는 길이 있는데, 멀리서 도로 공사를 하는 걸 보면 분명히 조금만 돌아가면 될 걸, 갑자기 불길한 일이 생길 것 같아서 바로 유턴을 해서 두 시간 동안 막히는 길로 간다는 거예요. 차라리 지각을 하면 하지, 절대로 이 길로는 다시 가고 싶지 않고요. 이렇게 몇 가지 일이 계속 발생하다 보면 저는 이미 저를 제어할 수 없는 지경이 되어버려요. 아주 작은 징조만 발견해도 사고가 날 것 같은 느낌에 사로잡히거든요." 말을 하면서 손으로는 여전히 재떨이를 옮기고 있었다.

그 남성을 한참 관찰하던 심리상담가는 갑자기 이런 질문을 던졌다. "어렸을 때는 부모님과 함께 지내셨나요?" 그는 대답했다. "아니요, 저는 할머니가 키워주셨어요."

그 남성의 까마득한 유년 시대에 대해서 이야기를 나누던 심리상담사는 마침내 심리적인 비밀을 발견했다.

어렸을 때 잠을 자지 않자 할머니가 어르며 말했다. "오 분 안에 자지 않으면 늑대 할멈이 온다!" 아이는 여전히 잠이 들지 않았다. 그러자 할머니가 말했다. "삼 분 안에 잠을 안 자면, 회오리바람이 불어서 너를 날려버릴 거야!" 아이는 여전히 잠이 들지 않았다. 할머니가 말했다. "일 분 있다가 귀신이 나온다!"

아이는 너무나 무서운 나머지, 잠이 안 와도 눈을 감을 수밖에 없었다. 그렇지만 눈을 감은 채 계속 무서운 공상에 사로잡혔다. 그 늑대 할멈이랑 귀신이 오면 어떻게 하지?

심리상담사는 어른들은 모두 그렇다며 아이를 재울 때 이런 식으로 위협하지만, 특별히 민감한 아이들은 어떤 순간에 강박증을 얻을 수 있다고 말했다.

당시 심리상담가가 그 남성에게 예상치 못한 질문을 던졌다. "손에 옮기고 있는 이 재떨이는 일종의 의식이죠. 지금 마음에 어떤 예감이 드는지 한번 말해볼 수 있나요?" 그러자 그 남성은 갑자기 손동작을 멈추더니 말했다. "맞아요. 선생님께서 말씀하시니까 저도 알겠네요. 지금 엄마한테 사고가 날지도 모른다고 생각하고 있었어요. 제가 이 재떨이를 옮기지 않으면 엄마는 사고가 날 거라고요. 하지만 선생님께서 이렇게 입 밖으로 말해주시니까 지금은 아무 일도 없을 것 같은 생각이 드네요."

심리질환 치료는 이런 한마디 말로 끝이 나는 것이 아니다. 치료 과정은 아주 힘겨울 수도 있다. 심리적인 질병은 신체적 장애처럼 쉽게 드러나지 않기 때문이다. 이런 장애는 어떤 우연한 상황에서 잘못을 저지르거나, 무심결에 충격을 받으면서, 이때부터 자기도 모르는 사이에 병증을 계속 쌓게 되는 것이다.

어떤 의미에서 보자면 심리 질환의 치료는 자신이 어떻게 하느냐에 달려 있다고 할 수 있다. 심리 질환자는 자신의 상처를 발견하고 자기 자신이 심리 치료사가 되어야만 한다.

장자는 우리에게 알려준다. 천지의 사이에 살면서, 생명이라는 형태에 정말 순응한다면, 우선 모든 유감과 결손을 모두 받아들이라고 말이다. 억울해 하지 말고, 씨름하지 말고, 어떻게 개선을 해야 자신이 더욱 좋아질지를 생각해보라고 말이다. 『장자』를 펼쳐서, 제1편 「소요유」에서부터 장자가 열거한 각종 인물들을 꿰뚫는 핵심적인 생각이 무엇인지 살펴본다면, 그것은 크고 작음의 구별이다. 큰 것과 작은 것은 절대로 보기 좋다와 보기 싫다와 같은 의미가 아니다. 진정한 외적인 형태와 마음의 경지는 때로 아주 큰 차이를 보인다.

장자는 말한다. 겉으로 보기에 괴상망측하고 심지어 무섭게 생긴 이 사람들의 마음속에는 건강한 사람들과 비교할 수 없는 큰 경지가 존재한다고 말이다. 어떤 이는 자신의 건강함과 민첩함, 건장함 때문에 오히려 마음에 제한을 받고 있다.

장자의 글을 읽다 보면 끝 간 데가 없어 보이고, 묘사한 기발한 생각들은 우리 삶과 경험의 세계를 벗어나는 것만 같다. 그러나 만일 다른 각도에서, 즉 마음의 각도에서 바라본다면 우리는 장자가 묘사한 이미지를 하나하나 대응시킬 수 있을 것이다.

우리는 어떤 숨겨진 병이 있을까? 어떤 심리적인 장애를 가지고 있을까? 어린 시절에 어떤 어두운 그림자가 있었을까? 우리의 인생에는 어떤 결손이 있었던가?

나 자신의 모든 것의 모든 것은 장자가 묘사한 그 사람의 모습과 같지 않은가? 그 사람들의 초월적인 덕행은 우리에게 영감을 주지 않는가? 격려를 하지 않는가? 혹은 참고할 수 있도록 도와주지 않는가?

아주 좋은 명언이 한 구절 있다. "이 세상은 쓰레기와 폐물을 신경 쓰지 않는다. 폐물이란 제자리를 찾지 못하고 잘못된 자리에 놓인 재화를 말하는 것이다. 수많은 재화들이 잘못 놓여 있다." 이백은 "하늘이 나를 낳은 것은 반드시 쓸모가 있어서"라고 말한다. 큰 재목은 크게 쓰이고 작은 재목은 작게 쓰인다. 쓸모 있음과 쓸모없음의 사이에는 자기 생명의 바탕과 자신이 처한 환경 간에 어떤 조화가 있는지를 볼 뿐이다.

장자는 우리 모두 평상심을 잃지 말아야 한다고 알려준다. 후천적인 형벌을 받았건, 선천적인 장애건, 지체의 장애건 아니면 지력의 결손이건, 그들은 모두 우리를 비추어주는 거울이다.

그들의 결손을 통해 우리의 건강함이 더 드러난 것이 아니라, 오히려 우리의 건강함 때문에 우리의 결손이 더욱 드러나게 되었다. 이런 결손은 마음의 지혜를 통해서 보완할 수 있으며, 정신과 천지 사이의 소요를 통해 완벽하게 할 수 있다. 이것은 장자가 오늘날을 사는 우리 인간들에게 주는 가장 훌륭한 영감이다. 이런 영감 속에서 우리는 천지와 함께 왔다 갔다 하는 소요의 경계에 도착할 수 있다.

우리 모든 사람은
평상심을 잃지 말아야
한다.

위단의 명상

미소로
생사를 논하다

생과 사는 인생이 시작되는 두 끝이다.

인생은 돌아오지 못할 길이요, 종점에 도착해서야 여정의 아쉬움들이 생각나는 여행이다.

인생의 의의를 진정으로 이해한 사람만이 죽음을 정확하게 대면할 수 있다.

『장자』에는 생사와 관련된 영원한 명제들이 있다.

백 년의 인생은 결국 죽음으로 끝난다. 삶과 죽음에 대해 장자는 많은 이야기를 들려준다. 예를 들어, 처가 죽은 후에 대야를 두들기며 노래한 일화는 누구나 알고 있다.

장자는 말했다. "고대에 생명의 비밀을 깨달았던 사람은 인생이 그리 행복하다고 생각하지 않았고, 또한 죽음이 그렇게 두렵다고 생각하지도 않았다."

진정한 군자는 생사에 집착하지 않는다. 자신이 어디서 왔는지 묻지 않으며, 어디로 가야 하는지도 걱정하지 않는다. 생명과 죽음은 생명 형태의 변화에 불과할 뿐이다.

이런 태도는 말로 하자면 멋있게 들릴 수도 있지만 한 사람의 인생에 이런 태도가 드러나도록 하는 것은 쉬운 일이 아니다.

사람의 일생은 바쁘고 긴장된 삶 속에서 지나간다. 모든 이는 이런 분주함 속에 점점 줄어드는 시간을 두려워하는 것이다.

우리의 인생을 아주 적절하게 표현한 우화가 있다.

　두 형제가 마천루 같은 빌딩 80층에 살고 있었다. 어느 날 형제가 집으로 돌아와보니 엘리베이터 운행이 중단되어 있었다. 둘은 관리 사무소의 공지를 보지 못한 것이다.

　아주 무거운 짐을 지고 온 형제는 계단을 이용해 단번에 집까지 올라가기로 했다. 두 사람은 정신을 차리고 계단을 올랐다. 20층까지 올랐을 때 등에 진 짐이 매우 무겁게 여겨졌다. 두 사람은 의논했다. 짐은 20층에 맡겨놓고, 다음에 와서 찾아가기로 말이다. 짐을 내려놓자 마음이 편해진 두 사람은 담소까지 나누며 계속 계단을 올랐다.

　그러나 40층까지 오르자 두 사람은 매우 지쳐 서로 질책을 하며 원망을 하기 시작했다. 형이 말했다. "넌 왜 그 공고도 주의해서 보지 않았어?" 그러자 동생도 할 말이 있었다. "공고를 봐야 한다는 걸 잊었어. 그런데 형은 왜 나한테 이야기 안 했어?" 두 사람은 옥신각신 싸우며 60층까지 올랐다.

　60층까지 오르자, 두 사람은 너무나 피곤해 죽을 것 같았다. 싸우기도 귀찮았다. 조용히 빨리 계단이나 오르는 게 상책인 것 같았다. 결국 남은 20층을 다 올라 집 문 앞에 도착한 그들은 서로의 얼굴을 쳐다보았다. 약속이나 한 듯이 그들의 머릿속에서 한 가지 사실이 떠올랐다. '열쇠를 두고 왔네. 아까 그 짐 속에 넣어놨는데.'

사실, 이것이 바로 인생이다.

우리 인생이 80까지 산다고 생각해보자. 인생을 막 시작했을 때에는 사람들 모두 의욕이 넘치는 모습이다. 아주 무거운 짐도 마다하지 않는다. 그 짐 안에는 꿈과 포부, 아주 많은 소망들이 담겨 있다.

그렇게 어떤 어려움도 마다하지 않고 지금 발밑의 첫 계단부터 시작해 길을 오른다. 스무 살은 막 사회생활을 시작할 때다. 사회의 규칙을 배워나가기 시작하면서 사회가 우리에게 너무 많은 부담을 준다고 지치고 힘들어할 때다. 그러나 충분히 치열하게 싸웠다고, 이제는 지치고 피곤해서 쉬고 싶다는 생각이 들기 시작하면, 그때도 그 많은 꿈을 계속 붙들겠다는 사람이 있을까? 우선 의식주 문제부터 해결하고, 사회에서 인정하는 지위와 명성을 확보하고, 그다음에 다시 꿈을 찾아가도 늦지 않다고 생각한다. 꿈을 내려놓은 이후로는 갑자기 편안해진 느낌이 들어 모두 앞을 향해 달려간다.

나이가 많아지면 많아질수록 쌓이는 것도 점점 많아지고, 더 많이 애를 써야 하고 마음은 점점 초조해지기 때문에, 사람들은 원망을 하기 마련이다. 이것이 바로 형제가 서로 질책을 하는 시간이다. 그들은 사회가 자신에게 잘못을 했다고 생각한다. 모두 자신이 희생은 많이 했지만 얻은 것은 너무 적다고, 다급하고 걱정된 마음으로 이렇게 원망불평과 다툼 속에서 길을 걸어간다.

40세, 불혹에 이르면 인생에 의욕에 넘치던 모습은 모두 사라져 있다. 인상은 피폐하고, 활기가 사라지기에 서로서로 의지하며 앞으로 나아간다.

60세가 되면 인생의 만년은 아름답고 귀중하기에, 사고 없이 평안히 살아야 한다는 생각을 한다. 그래서 더 이상 원망도 하지 않는다. 이때가 공자가 말한 '이순耳順'의 시기다. 마음에 거슬리는 것이 없으니 질책도 적어지고 그렇게 80세까지 살아간다.

마지막 종점에 이르렀을 때, 우리는 기절초풍할 듯이 무엇인가를 잃은 슬픔에 빠진다. 인생에서 가장 귀중한 것들은 전부 20세 때 그 짐 속에 두고 온 것이다. 지금까지 한번도 열어보지 못하고, 한 번도 하늘로 날려보지 못한 꿈들 말이다. 한번도 자신의 꿈을 따라 산 적이 없이 홀로 쓸쓸한 인생의 역정을 끝마쳐 버렸기 때문이다. 그러나 20세로 다시 돌아갈 수 없다. 인생은 돌아갈 수 없는 일방통행로다.

이 이야기는 인생과 관련된 아주 재미있는 우화다.

일생의 특징을 전면적으로 관찰한 이야기를 통해 우리를 일깨워주고 있다. "우리는 과연 어떤 태도로 삶과 죽음을 마주해야 하는가?"

장자가 삶과 죽음을 미소로 대할 수 있었던 것은, 생사의 진리를 깨달았기 때문이다. 삶과 죽음은 단지 삶의 형태의 전환일 뿐이다.

장자가 죽음을 대담하게 받아들일 수 있었던 이유는 생명에 순응했기 때문이다. 예부터 이 세상에 태어난 사람은 누구나 죽었다. 그렇다면 죽음이 그렇게 무서울 것이 무엇이랴, 슬플 것이 무엇이랴?

장자는 「대종사大宗師」편에서 이런 이야기를 하고 있다.

진전석 〈초쟁운화(草淨雲和)〉 부분화

자상호, 맹자반, 자금장, 이 셋은 모두 세속의 가르침을 벗어난 사람으로, 서로 마음이 통하고 생사를 잊은 채 함께하는 좋은 친구가 되었다.

훗날 자상호가 먼저 죽고 말았다. 공자는 이 이야기를 듣고 자신의 제자인 자공을 보내어 장례 일을 돕도록 했다. 자공이 가보니 자금장과 맹자반 두 사람 중 하나는 만가를 만들고 있고, 또 하나는 악기를 뜯으며 자상호의 시신에 대고 노래를 불러주고 있었다. 노랫말을 들어보니 이러했다. "자상호야, 자상호야. 지금 참된 세계로 돌아갔구나. 우리는 아직도 인간 세상에 얽혀살고 있단다."

자공은 매우 이해가 되지 않았다. "여러분 세 사람은 아주 친한 막역지우 아니었습니까? 그중에서 한 사람이 먼저 세상을 떠났는데, 그 시신에 대고 노래만 부르고 있다니 이게 예절에 맞기나 한 일이란 말입니까?"

그러나 자금장과 맹자반 두 사람은 웃으며 대답했다. "자공은 예의 진정한 의미가 과연 무엇인지 아시오?"

답답했던 자공은 돌아가 스승 공자에

게 물었다. "자금장과 맹자반은 도대체 어떤 사람들입니까? 어떤 생각을 하고 있습니까?"

공자는 곧바로 대답했다. "그 사람들은 모두 마음이 이 세상 밖으로 여행할 수 있는 사람들이다. 하지만 나는 이 세상 안에 갇혀 있는 사람이지. 내가 자상호의 장례 일을 도우라고 왜 자네를 보냈을까? 내가 정말 고루한 생각을 하고 있었네. 그 사람은 이미 생과 사의 경계가 없어지고, 심신이 천지 사이를 노니는 경지에 다다랐다네. 몸뚱이가 있고 없고는 그들에게 있어서 중요하지 않아. 그래서 친구 한 명이 떠났는데도 두 친구는 꼭 먼 여행 가는 친구를 송별하는 것처럼 아주 평안하게 친구를 보낸 것이지."

이 이야기에서는 한 가지 도리를 이야기하고 있다. 우리는 각자 모두 서로 다른 모습으로 인생을 살아갈 수 있다는 것이다. 장자는 「대종사」편에서 또 이런 이야기를 하고 있다.

자래는 병이 걸려서 곧 세상을 떠날 것만 같았다. 자리는 병문안을 갔다가 자래의 처, 자녀들이 모두 자래를 둘러싸고 통곡을 하는 모습을 보았다. 자리가 다가가 그들에게 말했다. "저리들 비키십시오. 이제 곧 큰 변화를 겪게 될 사람인데, 이렇게 귀찮게 하지 마십시오."

자리는 문에 기대어 자래에게 말했다. "위대한 조물주께서 이제 자네를 또 무엇으로 변화시키실까? 쥐의 간으로 변신시키실까, 아니면 벌레의 팔로 변신시키실까?"

자래는 긴 한숨을 쉬더니 자리에게 말했다. "나의 삶을 선대하는 사람은 분명히 나의 죽음도 선대할 거라고 믿는다. 내가 어떻게 이 세상에 초대되어 잠시 살았던 것처럼, 나는 이 세상을 적절하게 떠날 것이다."

이 말을 한 후, 자래는 조용히 잠을 자러갔다. 잠을 잔 후 다시 일어나니 맑은 정신이 되었다. 몸에 났던 큰 병도 멀리 떠나갔고, 자래는 다시금 생명을 회복했다.

이 말은 인생의 역정을 이야기하고 있다. 천지조화는 나의 생명을 벼리어 내게 형체를 주었다. 세상에 처음 왔을 때에 이 생명이 주어졌고, 나는 생명의 사회화를 완성하고 인생을 꿰뚫어야 한다. 그래서 나는 인생 내내 나를 수고하게 한다. 일생 동안 수고하지 않는 사람이 없다. 한 평생 많은 연단을 겪어야 한다. 만년이 되면 늙어지고 결국 한가하게 만년을 즐길 수 있다. 그러나 만년의 휴식 역시 유한한 것이다. 마지막으로 내게 안식을 가져다주는 방식은 '죽음'이라고 말한다. 죽음은 우리에게 주어진 가장 긴 휴가다. 이것이 바로 나의 일생이다.

이것은 우화에 불과하다. 사실 생명을 한차례 통과의례라고 여긴다면, 어쩌면 죽음 역시 마음속에서는 삶의 연속 현상으로 변화되었을지도 모른다. 죽음은 일찍이 이미 초월된 것이다.

장자는 「양생주」편에서 이렇게 이야기했다. 장작에 있는 기름이 타오르고, 기름이 다 타면 장작불은 꺼져버린다. 그렇지만 불꽃은 계속 전해지기 때문에 다함이 없다.

사람의 몸과 생명은 계속 소모될 수 있다. 하지만 사람의 생각은 여전히 전파될 수 있다. 장자에게 있어서 사상의 전파는 자신의 생명보다 더 귀중하다.

이것이 바로 장자가 삶과 죽음이라는 형태에 대해 얻은 깨달음이다.

현대인의 수명은 고대인보다 훨씬 더 많이 연장되었다. 그러나 죽음에 대한 두려움, 생명에 대한 집착 역시 고대보다 훨씬 더 강해졌다. 현대인의 삶 속에는 너무나 많은 사생활과 너무나 많은 근심이 있다. 눈을 감고 잠을 이룰 수 없게 하는 너무 너무 많은 일들이 마음속에 뒤얽혀 있다.

한편 장자는 자신과 가족, 친구의 삶과 죽음에 대해 많은 이야기를 했지만, 삶과 죽음에 대해서는 현대인과 완전히 관점이 다르다. 스스로 초월한 이 생명에서 그가 중요하게 생각한 것은 불빛이지, 장작의 길이가 아니다. 인생의 사적은 기록되겠지만 이에 대한 사람들의 판단은 서로 다를 것이다.

공자는 이렇게 말했다. "삶이 무엇인지도 모르는데, 어찌 죽음에 대해서 논하리요?" 죽음에 대해서 알고 싶다면 먼저 생명에 대해 이해해야 한다는 말이다. 생명에 대한 이해가 서로 다른 사람은 사물에 대해서도 완전히 서로 안목이 다르다. 우리는 같은 사회 환경 속에서 같은 일을 하지만, 서로 다른 사람들이 완전히 다른 가치관으로 살아가는 것을 보아왔다. 왜 이런 현상이 발생할까?

이런 이야기가 있다.

사람의 몸과 생명은 계속 소모될 수 있다. 하지만 사람의 생각은 여전히 전파될 수 있다. 장자에게 있어서 사상의 전파는 자신의 생명보다 더 귀중하다.

위단의 명상

세 사람이 한 모퉁이를 지나가다가 동일한 광경을 목격했다. 작은 거미 한 마리가 벽을 타고 올라가는 광경이었다. 거미는 꼬물꼬물 올라가던 중 비에 젖은 부분을 지나가야 했다. 작은 거미는 젖은 곳에서는 더 올라가지 못하고 아래로 떨어졌다. 그러나 거미는 포기하지 않았다. 이번에는 벽의 가장자리 부분부터 올라갔다. 하지만 비에 젖은 그 부분에 이르자 어김없이 떨어졌다. 거미는 그렇게 한번 또 한번 도전을 반복하고 있었다.

그곳에서 거미의 도전을 바라보던 세 사람은 각자 자신의 삶을 떠올렸다.

첫 번째 사람은 생각했다. '이 거미를 보니까 꼭 나를 보는 것 같네. 나는 이 거미랑 정말 똑같아. 일생 동안 올라가려 하기만 하면 어김없이 떨어지잖아. 평생 아무런 성과도 없이 바쁘기만 하고, 계속 쓸데없는 일만 반복하고 있지.'

두 번째 사람도 생각했다. '거미가 벽을 타는 모습을 보니 인생과 비슷하군. 눈앞만 바라보면 한 가지 길밖에 없다고 생각하지. 사실 젖어 있던 부분도 그렇게 넓지는 않은데. 이 거미가 젖은 부분을 옆으로 돌아서 갔다면 금방 벽을 타고 더 높은 곳으로 올라갔을 거야. 그러니까 나는 더 똑똑한 인생을 살아야겠다. 인생은 때로 길을 돌아가는 지혜도 필요하다고.'

세 번째 사람은 거미를 본 후에 깊은 감동을 받았다. '거미 한 마리도 이렇게 패배에 굴복할 줄 모르는데, 도대체 나는 어떻게 살아왔지? 한 사람은 일생 동안 얼마나 많은 에너지를 발휘할 수 있을까? 또 얼마나 많은 기적을 일구어낼 수 있을까? 이 모든 기적은 전부 나 한 사람의 생명을 통해서 빚어지는 거야.'

이 광경을 바라보던 이들은 각자 마음속으로 서로 다른 결론을 내리고, 서로 다른 인생의 깨달음을 얻었다.

또 이런 이야기를 읽은 적이 있다.

한 수재[1]가 과거를 보러 가고 있었다. 과거 시험은 모든 선비에게 있어서 일생 중 가장 중대한 일이다. 이 수재의 마음은 계속 좌불안석이었다. '과거에 급제해 관리가 될 수 있을까? 어떤 결과가 기다리고 있을까?'라는 생각에만 골똘해 있었다.

과거를 보기 전날 밤, 수재는 세 가지 꿈을 꾸었다. 첫 번째는 자신이 담장 윗부분에 배추를 심는 꿈이었다. 두 번째는 자기가 비 오는 날 삿갓을 쓰고 우산을 들고 밖을 나서는 꿈이었다. 세 번째는 자신과 자신이 아주 좋아하는 여인이 침대에서 등을 맞대고 잠을 자는 꿈이었다.

꿈에서 깬 수재는 이 세 꿈이 모두 특별하다고 생각되었다. 그다음 날이 바로 과거 시험일이었다. 먼저 영험하다는 도사를 찾아가 해몽을 부탁했다. 도사는 꿈 이야기를 듣더니 말했다. "꿈 이야기를 들어보니 선비님의 인생이 참 암담하군요. 담장 윗부분에 배추를 심는다는 건 헛수고를 하고 있다는 뜻 아닙니까? 머리에 갓을 쓰고도 손에 우산을 들었다는 것은 불필요한 일을 한 가지 더

---

1 秀才, 명청대에 가장 낮은 등급의 시험을 통과한 선비

했다는 뜻 아닙니까? 좋아하는 여자와 침대에 같이 있는데, 등만 마주대고 있다는 건 더 기대할 게 없다는 뜻 아닙니까? 과거는 그만 보시죠. 짐이나 챙겨서 고향으로 돌아가는 편이 낫겠습니다."

꿈 해몽을 들은 수재는 서둘러 여관으로 돌아가 짐을 정리해 귀향할 채비를 했다.

그러자 여관 주인이 물었다. "왜 시험도 보지 않고 돌아가려고 하십니까?" 수재는 자신의 꿈과 꿈 해몽 이야기를 들려주었다. 여관 주인이 말했다. "아이고, 저도 꿈 해몽을 좀 할 줄 아는데, 저한테 말씀하지 그러셨어요? 제 생각에 이 세 가지 꿈은 길몽입니다. 담장 윗부분에 배추를 심었다는 것은 '높은 성적으로 급제한다'는 뜻이요, 삿갓을 쓰고 우산까지 들었다는 것은 '성공할 준비를 충분히 하고 간다'는 것이고, 선비님이 좋아하는 여인과 같은 침대에 있다는 건, '이제 몸을 뒤집어서 신세를 고칠 때가 왔다'는 뜻입니다."

주인의 이 해몽을 듣자 수재는 갑자기 자신감이 배가 되었다. 마음을 다잡고 과거 시험을 봤다. 그리고 마침내 높은 성적으로 급제하게 되었다.

이 꿈 해몽은 인생을 풀어가는 또 다른 방법이다.

현실적으로 수많은 선택의 기로에서 내 대신 꿈 해몽을 해줄 수 있는 사람은 없다. 그렇기에 우리는 매번 자신에게 물어볼 수밖에 없다. '나는 지금 어떤 단계에 처해 있는가? 나는 이 때에 마음속으로 어떤 결단을 해야 하는가?'

생사에 대한 유가와 도가의 개념은 확연히 다르다. 유가는

'생명을 버려 의로움을 취하는 것'을 추구하지만 도가는 '생명을 즐거워할 줄도 모르고, 죽음을 두려워할 줄도 모른다'를 강조한다. 양자는 서로 방법은 달라 보이지만 목적은 동일하다. 모두 우리 인생이 가치 있도록 하는 것이다.

그렇다면 어떤 인생이 진정 가치 있는 인생일까?

장자는 「대종사」편에서 진인을 추종했다. 장자가 묘사한 진인은 어떤 모습일까?

장자는 말했다.

고대의 진인이란 생명을 기뻐할 줄도 모르고, 죽음을 두려워할 줄도 모른다. 태어났지만 기뻐하지 않고, 죽는 것도 거절하지 않는다. 구속됨이 없이 왔다가, 구속됨이 없이 갈 뿐이다. 자신이 어디서 왔는지를 잊지 않지만, 자신이 돌아가야 할 곳도 추구하지 않는다. 일이 생기면 기쁘게 받아들이고, 생과 사를 잊으며 자연으로 돌아간다. 진인은 마음의 욕구 때문에 하늘의 도를 파괴하지 않고, 일부러 하늘이 하는 일을 도우려하지도 않는다.

장자는 또한 말한다.

이런 진인은 겉보기에는 고요하고 욕심이 없으며, 마음으로는 모든 것을 잊을 수 있는 사람이다. 희로애락의 성정은 사계절의 변화와 서로 통할 수 있으며, 인생에서 일어나는 어떤 일도 담담하게 대할 수 있다.

장자는 진인의 개념을 빌려 죽음에 대한 태도를 보여주고 있다. 즉, 첫째는 죽음을 두려워하지 않고, 둘째는 절대 자발적으로 죽음을 찾지 않는 태도다.

이런 관점은 유가사상과 다르다. 유가에서는 어진 사람, 뜻을 가진 선비는 '생명을 버려 의로움을 취할 수 있다'고 한다. 자신의 생명을 버림으로써 큰 도리를 지킬 수 있다고 한 것이다.

긴긴 인생길에서 유가와 도가는 두 가지 서로 다른 태도를 보여준다. 유가의 태도는 열사의 태도이며, 도가의 태도는 도사의 태도다. 유가는 시간과의 경주를 전제로, 유한한 시간을 빼앗아 인생을 세워나간다. 반면 도가는 흐르는 시간에 순응하며 시시각각을 놓치지 않고 생을 즐거워한다.

이 두 가지 인생관이 결국 도달하려는 목적지는 동일하다. 그곳은 어디일까? 그것은 더 가치 있는 인생의 완성이다.

그러나 인생의 가치판단에는 다양한 의견들이 있다.

어떤 이는 역사에 이름을 길이 남기는 명예로운 인생을 가장 중요하게 생각하기에 공훈을 세우고 업적을 쌓으며, 자신의 생명을 대가로 지불하는 한이 있더라도 사회에 공헌을 하려고 한다. 반면 어떤 이는 자기 내면의 자아의 완성, 평안과 도덕적인 인격도야를 더 중시한다.

만일 전자의 가치관을 따른다면 개인적인 삶의 부분에 아쉬움이 좀 더 많을 것이고, 후자의 가치관을 따른다면 성공과 성취에 대한 담담함이 더 많을 것이다. 이것이 바로 유가와 도가가 우리 마음에 작용하는 방식이다. 이 둘은 우리가 공유하는 동일한 시대에서 발생되는 각기 다른 삶의 방식이다.

사실 중국인들은 생과 사에 대해 두 가지 극단적인 모습을 보여주었다. 그 양 극단을 대표하는 인물이 이 바로 굴원과 사마천이다.

굴원은 강에 투신해 자살하는 삶을 선택했다. 왜 그랬을까?

굴원은 전국시대라는 난세에 태어나 초나라 왕과 성씨가 같은 귀족이요, 사대부였다. 초나라의 영도가 함락되고, 진나라의 장수 백기가 영도를 학살하던 때에, 자신은 영도 밖으로 탈출해 다른 나라로 도피할 수 있다고 아무리 강변하더라도 나라와 조국을 영원히 잃어버렸다는 사실만은 절대 바꿀 수 없었다. 그렇기에 굴원은 이 모든 것과 함께 역사 속으로 사라지는 것을 택했다.

굴원의 죽음은 나라를 사랑한 순국이긴 했지만, 다른 한편으로는 속절없음이다. 중국의 시인이자 극작가, 사학자인 곽말약 선생의 말을 빌리자면, 굴원은 자신의 아름다운 이상과 그 이상을 실현할 수 없는 현실 사이에서 '산산이 찢겨졌다'. 그러므로 이런 사람은 반드시 이런 비참하고 장렬하며 극단적인 결단으로 자신의 생명을 마감해야만 했던 것이다.

하지만 사마천은 생사의 갈림길에서 완전히 다른 길을 선택했다. 생사와 명분, 절개보다 더 중요한 것을 발견했기 때문이다.

사마천이 쓴 아주 유명한 서신 한 통이 현대까지 전해지는

데, 절친한 친구 임안에게 쓴 '보임안서報任安書'라는 이 편지에서 생사에 대한 자신의 태도를 절절하게 설명한다.

편지에서 사마천은 자신이 감옥에 갇히고 형을 받게 된 과정을 낱낱이 기술했다. 자신은 매우 억울하며, '어쩌면 지었을지도 모른다'는 죄명으로 모함을 받았는데도, 만조의 문무백관들 중 자신을 구하려는 사람이 아무도 없었다고 말한다. 이런 상황에서 사마천은 당연히 죽음으로써 자신의 결백을 주장해야 하는 것처럼 보인다.

그러나 죽음보다 더 어려운 선택을 했다. 남자로서 가장 용납하기 어려운 형벌을 받아들인 것이다. 부형腐刑은 생식기를 잘라내는 형벌이다.

사마천은 왜 이런 치욕을 참으면서까지 살기를 원했을까? 사마천에게는 반드시 완수해야 하는 더 중요한 일이 있었기 때문이다. 그 일은 바로 자신이 '하늘의 도와 사람의 일 사이의 관계를 연구해 고금의 변화를 통달하고 이를 통해 자신의 학설을 확립할 수 있기를 바란'『사기』를 완성하는 것이었다.

사마천의 부친 사마담은 사관이라는 큰 임무를 그에게 넘겨주면서, 주공² 사후 500년 후에 공자가 있었고, 공자가 죽은 지 500년이 지난 지금, 이 세상에 누구도 청명한 정치 시대를 계승하며 『춘추』³를 이어 이 시대를 기록하며 역사를 전승시키는 사명을 감당하지 못하고 있다고 말했다. 그러므로 사마담은 임종

---

2 문왕의 아들이자 무왕의 동생. 무왕이 죽자 조카 성왕을 도와 주나라의 기초를 다졌다.

3 중국 춘추시대 노의 은공 원년(BC 722년)에서 애공 14년(BC 481년)까지 12대 242년 동안의 역사를 편년체로 기록한 역사책

때에 『사기』를 편찬하는 중임을 사마천에게 넘겨주었다. 사마천은 500년 동안 적임자를 찾지 못해 완수하지 못했던 이 위대한 사명이 자신에게 맡겨졌을 때, '소자가 어찌 감히 거절하겠습니까?'라는 태도로 받아들였다. "하늘이 큰 사명을 나에게 내려주었다. 이런 큰일을 목전에 둔 사람은 차라리 수치를 당할지언정 절대 함부로 생명을 포기할 수 없다." 이것이 바로 사마천의 태도였다.

사실 이런 태도는 장자의 사상을 빛내주는 역할을 한다.

생명에 대한 장자의 태도는, 첫째 죽음을 두려워하지 않고, 둘째 자발적으로 죽음을 찾지 않는다.

그런데 주위를 살펴보면 인생에서 좌절을 겪거나, 스트레스를 느낄 때 자살을 선택하는 사람들이 있다.

이 세상에는 두 가지 종류의 자살이 있다. 하나는 누구의 눈에나 보이는 방식으로 자신을 폐품이나 쓰레기처럼 과감하게 던져버리는 것이다.

또 하나는 눈에 보이지 않는 자살이다. 즉, 자신의 삶을 함부로 대하는 것이다. 직장에서 진취적인 삶을 포기하고, 가정에서 가족들과 대화도 꺼리고, 흐리멍덩하게 살아가는 것이다. 이런 사람은 산송장이나 다름없다. 육체의 생명은 아직 사라지지 않았지만, 마음은 이미 죽은 것이나 마찬가지다. 고통이 극한에 다다른 그 마음은 이미 죽었다.

오늘 우리가 토론한 삶과 죽음의 문제가 자신과는 전혀 관계가 없는 이야기처럼 들리겠지만, 사실 죽음은 사람에게 매우 가까운 문제다.

생명에 대한 장자의 태도는, 첫째 죽음을 두려워하지 않고, 둘째 자발적으로 죽음을 찾지 않는다.

위단의 명상

우리 인생 중에서 얼마나 오래 생명력을 유지하게 될까? 우리의 마음속에 얼마나 많은 꿈들이 살아 있을까? 우리의 미래에는 과연 얼마나 많은 희망이 살아 있을까? 사람들의 대답은 완전히 다를 것이다.

그러므로 자기 마음속에 처음 가졌던 그 꿈을 굳게 간직하자. 장자의 깨인 생각으로 삶과 죽음의 큰 한계를 초월하는 것. 이것은 어쩌면 장자가 살던 그 시대보다 오늘날 더 중요할 문제가 될 것이다. 장자의 시대는 물질적으로 너무 빈곤하고 사람이 선택할 수 있는 길도 너무 적었다. 그렇기에 단순히 살아 있다는 것 자체가 어떤 소망이 될 수 있었다.

그러나 오늘날 사람들은 가진 것이 너무 많고, 선택이라는 유혹 속에서 오히려 더 큰 짐을 지게 되었다. 선택할 것이 너무 많기 때문에 인생의 고단함은 상대적으로 더 늘어났다.

그러므로 지금 이 순간 삶과 죽음이라는 외적인 선택뿐 아니라, 더욱 중요한 것은 자기 마음속 생명의 가치들을 계속 살아 숨 쉬게 하는 일이다.

『장자』는 얼핏 봐서는 전부 '허무맹랑하고 아득한 말이요, 황당하고 과장된 이야기, 도를 넘어선 발언'으로 여기기 쉽다. 그러나 이 말들을 우리의 현실과 연결시킨다면, 장자는 자신의 이야기를 통해 난국을 탄식하고 고통 받는 백성을 불쌍히 여겼으며, 그 마음은 모든 이의 마음과도 일맥상통함을 알 수 있다.

내가 생존하는 동안 내 마음속의 분투를 바라보자. 내가 살아갈 수 있다는 그 희망을 바라보자. 사실 우리는 삶의 매분 매초, 삶을 진정 즐거워하고 인생에 순응하며 삶의 맛을 음미할 수 있다. 이런 사람은 생사가 엇갈리는 생명의 변화 속에서 죽음을 향해 담담한 미소로 "내 인생에 아무런 후회도 없었다"고 말할 수 있을 것이다.

　사실 이것이 바로 우리 보통사람들이 이르기 원하는 경지이며, 이것이 바로 오늘날 장자를 읽는 방법이다.

불변과 순응

모든 사람들은 독립된 개체지만 동시에 사회의 한
구성원이다. 장자는 맹목적으로 타인을 따라 살기
보다 하늘이 부여한 천성을 끝까지 지키는 것이 바
람직하며, 외부세계에 대해서는 열린 마음과 순응
이 필수라고 여겼다. 우리는 어떻게 해야만 불변하
는 마음으로 외부세계에 순응할 수 있을까?

장자는 자신의 책 속에서 한 가지 인생의 가치관에 대해서 이야기하고 있다. 공자의 입을 빌어서 한 이 이야기는 「지북유知北遊」편에 나온다. "공자 선생님께서 말씀하시길, 옛 사람은 겉은 변해도 속은 변하지 않았는데, 요즘 사람들은 속은 변하면서 겉은 변하지 않는다."

이 구절은 도대체 무슨 뜻일까?

'겉은 변해도 속은 변하지 않았다'의 일차적인 뜻은, 겉은 사물의 변화에 따라 변하지만 마음은 고요함 가운데 불변하다는 것이다.

한 사람이 사회에서 생존하기 위해서는 규칙에 순응하고, 법도를 준수하며 사람과 인간관계를 맺어야 한다. 이런 현상은 모두 '외적 변화'라고 할 수 있다. 어떤 이는 외적으로 매우 유순해 모든 것을 다 내려놓고 타인과 하나가 될 수 있어, 입신의 경지에 이르렀다. 그러나 한 사람이 그 자신이 될 수 있는 근거, 자신만의 독특한 가치관과 독특한 모습으로 마음을 지켜낼 수 있는 것은 바로 그 내면 안에 '불변함'이 있기 때문이다.

즉, 생명은 불변함이 있어야만 하지만 생존은 외부의 변화에 적응하고 만족할 줄 알아야 한다. 우리가 정말 이렇게 할 수 있을까? 사실 이 명제는 현대인에게 점점 더 중요해지고 있다.

외재하는 복잡다단한 세계는 날마다 변하며 정보화 사회를 가져왔다. 날마다 벌어지는 새로운 상황, 새로운 규범들은 모든 사람에게 새로운 척도와 새로운 좌표가 되고 있다. 이 가운데서 옛 문화와 지식을 배우고 변화되지 않는 삶, 과거의 자신을 고집하고 기존의 규칙과 관례, 고수하던 준칙을 지키는 것이 좋을까? 아니면 이 시대와 함께 전진하기 위해 자신을 바꿔가는 것이 좋을까?

'겉은 변해도 속은 변하지 않았다'란 외재하는 세계에 대해서 반드시 열린 마음과 순응이 필요하다는 뜻이다. 반면 사람의 마음은 자신의 천성을 지키되 맹목적으로 타인을 좇을 필요는 없다.

그렇다면 외재하는 세계에 대해 반드시 열린 마음과 순응하는 태도가 필요할까?

이 넓은 세계에서 겪은 너무나 많은 어려움은 우리가 제어할 수 없다. 이 세계에서 위험을 겪을 수 있다. 곤경도 만날 수 있다. 갑작스레 닥친 변고에 도전을 맞이할 수 있다.

우리는 외적인 위기 속에서 불변하는 평안을 가질 수 있을까?

장자는 「추수」편에서 이런 이야기를 했다. 이 이야기의 주인공 역시 허구 속의 공자다.

생명은 불변함이 있어야만 하지만 생존은 외부의 변화에 적응하고 만족할 줄 알아야 한다.

위단의 명상

공자가 위나라의 광匡 지방을 주유할 때에 갑자기 위나라 사람들이 포위 공격을 받았다. 군사들이 공자를 겹겹이 둘러쌌다. 그러나 공자는 그곳에 앉아서 악기를 뜯으며 노래를 멈추지 않았다.

이때에 제자 자로[1]가 황망한 모습으로 들어왔다. 스승의 모습에 깜짝 놀라 스승께 물었다. "밖에서 사람들이 공격을 해오기 때문에, 우리는 죽을지도 모릅니다. 스승님께서는 어떻게 이런 상황에서 즐거울 수가 있으십니까?"

공자가 담담하게 말했다. "이리 오너라. 내가 왜 그런지 설명해 주겠다."

공자가 말했다. "자로야, 나를 보거라. 내 도는 곤경에 빠진 지 오래되었다. 이제껏 곤궁한 것을 싫어했지만 말이다. 왜 그런 것일까? 이것이 바로 내 운명이기 때문이다. 나의 도가 세상에 두루 퍼지기를 소망한 지도 오랜 시간이 흘렀다. 하지만 이 소망은 아직도 실현되지 않았다. 왜 그런 것일까? 그건 시기를 잘못 만났기 때문이다. 요순시대에는 정치가 깨끗해 천하에 뜻을 이루지 못한 사람이 없었다. 그건 그 사람들의 지혜가 뛰어나서가 아니다. 걸주[2]시대에는 폭군이 정권을 장악하니 천하에 뜻을 이루는 사람이 없었다. 이것 역시 그들이 재능이 없기 때문이 아니다. 모든 것은 시대의 기운이 만드는 일이기 때문이다!"

세계에는 다양한 용기가 있다. 물속을 다니며 교룡[3]을 피하지

---

1 중국 춘추시대 변나라 사람으로, 공자의 제자. 성은 중, 이름은 유. 공자의 제자 가운데 공자를 제일 잘 섬겼다고 하며, 정치 방면에 뛰어났고 지극한 효성으로 유명했다.

2 하왕(夏王) 걸(桀)과 상왕(商王) 주(紂)로, 폭군의 대명사

3 蛟龍, 비늘이 덮인 용

않는 사람, 이것은 어부의 용기다. 육지를 다니지만 코뿔소, 맹호를 피하지 않는 사람, 이것은 사냥꾼의 용기다. 서슬 퍼런 칼날이 눈앞을 날아다니는데도 죽음을 생명처럼 여기는 사람, 이것은 열사의 용기다. 성공과 실패의 도가 천명과 시운에 달려 있음을 믿고, 큰 어려움을 만났으나 두려워하지 않는 사람, 이것은 성인의 용기다.

결국 공자는 자로를 위로하며 말했다. "자로야! 조급해하지 말고 기다리거라. 좀 쉬려구나. 나에게는 정해진 운명이 있다."

조금 후, 과연 무기를 든 군관이 들어와 공자에게 말했다. "죄송합니다. 제가 사람을 잘못 보았군요. 저희가 포위하려던 사람은 양호입니다. 선생님께서 양호가 아니라는 걸 이제야 알았습니다. 정말 죄송합니다. 군대도 바로 철수시키도록 하겠습니다."

『논어』에서도 이 사건을 기재하고 있는데, 양호의 얼굴이 공자와 비슷하게 생겼다고 한다.

장자는 「추수」편에서 왜 이 우화를 인용했을까? 마음이 평안하고 내적인 용기가 있어야만 외적인 곤경에서도 전혀 두려워하지 않은 기백이 나타난다는 것을 알려주기 위해서다.

이것이 바로 마음에서 변하지 않는 부분이요, '내불화'다.

오늘날 세계에서 우리는 외적인 말에 너무나 많은 영향을 받는다. 물질이 풍부한 이 시대에서 몇 사람만 나서서 이야기를 해도 세 사람의 말이면 없던 호랑이도 만들어내고, 내 생각에도 영향을 미치게 된다. 예닐곱 명이 함께 와자지껄 떠들어댄다면, 한 사람의 생각을 바꾸는 것은 더욱 식은 죽 먹기다.

지인은 자신을 내세우지 않고, 신인은 공적을 생각하지 않으며, 성인은 명예를 마음을 두지 않는다.

『장자』 「소요유」

마음이 평안하고 내적인 용기가 있어야만 외적인 곤경에서도 전혀 두려워하지 않은 기백이 나타난다.

위단의 명상

이와 관련한 아주 재미있는 이야기를 읽은 적이 있다.

어떤 사람에게 친구가 말했다. "네가 오늘 집안에 빈 새장을 하나 걸어놓으면, 며칠 안 되어서 진짜 새를 기르게 될 거야." 그 사람이 말했다. "말도 안 돼. 새장을 걸어놓는 거랑 진짜 새가 생기는 건 전혀 상관 없는 일이잖아."

"그럼 우리 내기할래? 새장을 한 번 걸어놔 보라고."

그 사람은 집안에 진짜 새장을 걸어놓았다. 새장을 걸어놓으니 집에 온 손님의 눈길이 무의식적으로 새장에 머물렀다. 손님이 물었다. "새가 죽었나요? 아니면 없어졌나요? 옛날에는 어떤 새를 기르셨어요? 혹시 새 좋아하시면 제가 한 마리 선물해드릴까요?"

그래서 이 손님에게 자초지종을 설명했다. 그다음 날, 다른 손님이 또 물었다. "빈 새장만 여기 덩그러니 걸어두려니 마음이 많이 상하시죠? 기르시던 새가 죽은 지 얼마나 되었나요? 새를 잘 못 길러서 죽은 건 아닌가요? 새 기르기 백과사전을 사드릴 테니까 한 번 읽어보세요."

사흘째가 되자, 이번에는 아예 새끼 새를 들고 오는 손님까지 생겼다. 그 손님이 말했다. "다들 덩그러니 빈 새장만 보고 있자니 죽은 새 생각이 나서 너무 안타까웠어요. 제가 새 한 마리를 드릴게요. 새 모이도 같이 드릴 테니, 새를 기르는 방법을 모르면 언제든지 저한테 물어보세요. 어떻게 기르는지 제가 다 알려드릴게요." 새를 가져오는 사람, 모이를 주는 사람, 책을 사주는 사람, 오는 사람마다 정말 귀찮을 정도로 새장에 관심을 보였다.

일주일이 채 못 되어 그 사람은 선언했다. "이제 그만, 차라리 내가 새를 기르고 말지. 그럼 다른 사람들도 도대체 새가 어떻게 된 거냐고 시도 때도 없이 묻지 않을 거 아니야."

그래서 이 새장에서 진짜로 새를 기르게 되었다.

이것은 허구에 불과한 이야기일까? 실은, 우리의 삶과 정말 흡사하지 않은가?

젊었을 때 우리 마음에는 누구나 변하지 않는 것들을 간직하고 있었다. 그러나 일상생활은 항상 우리를 시험하고, 외부 세계는 항상 우리의 초심을 변질시키기 위해 호시탐탐 엿본다. 이는 빈 새장에서 결국 새를 기르게 된 이야기와 완전히 같다. 우리는 왜 좋은 습관을 지속하지 못하는가? '내불화'할 수 있는 힘이 너무 약하기 때문이다.

장자가 말하는 '내불화'란 외부 세계가 어떻게 변하든지 간에 한 사람의 마음은 외부의 영향을 받지 않고 반드시 지켜내야 한다는 뜻이다. 장자가 말하는 '외화'란 외부세계를 접할 때에 열린 마음을 가지고, 자신의 행동을 사회의 규범에 맞도록 순응시켜야 한다는 뜻이다.

하지만 항상 속세를 초월해 살던 장자가 갑자기 왜 외부 세계에 순응할 것을 주장한 걸까?

장자는 「인간세」편에서 공자의 입을 빌어 이야기한다. "인간 만사에는 수많은 규칙들이 있는데, 그중 두 가지는 반드시 준수해야 한다. 하나는 운명이며, 또 하나는 의義인데, 이 둘은 '천하

의 큰 계율'이다." 그렇다면 무엇을 큰 계율이라고 하는가? 충분
히 법으로 삼을 수 있는 것을 말한다. 자녀가 부모를 섬기고, 부
모에게 효를 다하는 것, 이것은 운명이다. 운명에 따라서 반드시
이렇게 해야 한다. 신하된 자가 군주를 섬기며, 국가에 대해서
충성을 다하는 것, 이것을 의라고 하는데, 피하지 말고 반드시
행해야만 할 일을 말한다.

우리가 이해하는 장자는 세속에 따르지 않고 스스로 믿는
바를 행하며, 세상을 두루 노닐고 마음은 만 길을 노니는 사람
이다. 여기서 장자는 '천하의 큰 계율'인 운명과 의를 준수해야
한다고 제창하고 있다. 우리가 생각하는 것과는 다른 면모다.

이 세상에서 타인과 전혀 관계를 맺지 않고 살아갈 수 있는
사람이 누가 있을까? 마음의 자부심과 불변하는 품격만을 가
지고 입신양명할 수 있는 사람이 과연 있을까?

다음의 이야기는 좋은 예를 보여준다.

하늘의 사자가 천국과 지옥을 방문했다. 지옥을 방문한 사자의
눈앞에 벌어진 광경은, 천벌을 받는 사람들은 하나같이 못 먹어서
얼굴은 누렇고 굶어 죽은 아귀처럼 고통스럽게 사는 모습이었다.
그럼 지옥에서는 민생고 문제도 해결해주지 않는단 말인가? 아니
다. 지옥에도 음식은 있다. 그렇지만 문제는 지옥에서 쓰는 숟가락
은 매우 불편하다는 점이다. 사람들은 손에 1미터나 되는 숟가락
을 쥐고 있었는데, 숟가락 안에 음식을 가득 담아 아무리 먹으려
노력해도 입속에 음식을 집어넣을 수 없었다. 그래서 지옥에 사는

진전석 〈강산독조도(江山獨釣圖)〉 부분화

사람들은 음식을 먹으려고 하면 할수록 더 괴롭고, 몸은 더 이쑤시개처럼 마르고 얼굴은 누렇게 떠갔다.

사자는 이번에 천국을 방문했다. 천국에 있는 사람들은 모두 혈색이 발그레하고 활기차 보였다. 천국이 그렇게 살기 좋은 곳인가? 하지만 천국의 사람들이 먹는 음식은 지옥에서 먹는 음식과 별 차이가 없었고, 사람들의 손에는 지옥과 똑같은 1미터짜리 숟가락이 들려 있었다.

그렇다면 천국 사람들은 왜 그렇게 아름답고 즐거운 걸까? 왜냐하면 천국 사람들은 긴 수저로 서로 다른 사람에게 음식을 먹여주었기 때문이다. 반대로 지옥에서는 긴 수저로 자기만 먹으려 했기 때문에 영원히 기아에 시달릴 수밖에 없었다.

이것이 바로 우리 사회의 참모습이다. 우리 손에는 모두 길이가 1미터인 숟가락을 들고 있다. 이것은 사회가 각 구성원에게 부여하고, 구성원도 반드시 받아들여야만 하는 규칙이다. 즉, 사회 준칙이다.

왜 사람이 '외화'되어야 한다고 주장하는 걸까? 긴 숟가락을 사용해 타인에게 음식을 먹여주려면, 내 마음속에 진정으로 변하지 않는 것이 있어야만 되기 때문이다. 서로 돕고 사랑할 때에만 삶이 화기애애해진다.

장자는 외재하는 세계에 순응하라고 주장한다. 그와 동시에 한 걸음 더 나아가, 사람들 사이에서 살 때 한층 더 주의해야 할 까다로운 문제가 있다고 한다. 바로 언어다.

언어는 인간관계에서 가장 기본적인 수단이다. 언어생활에서 주의해야 할 점은 무엇일까? 말해도 되는 것은 무엇이고, 말하면 안 되는 것은 무엇인가?

화법은 매우 주의가 필요한 예술이다. 말이 많으면 실수도 많아진다. 장자는 공자의 입을 빌어서 말한다. "그때에 두 나라가 외교를 하는데, 멀리 있는 나라에는 사자가 말을 전하고 가까이 있는 나라는 서신을 통해 왕래했다. 양국 간의 외교는 모두 신뢰성이 있고 충성을 보장해야 했다."

장자는 말한다. "가장 전하기 어려운 말은 어떤 유형일까?" 가장 전하기 어려운 말은 양쪽이 다 기뻐하거나 양쪽이 다 노여워할 말이다. 임금이 기뻐할 말은 전하는 사람이 듣기 좋은 말을 더 섞어 전하기도 한다. 임금이 분노할 말은 전하는 사람이 듣기 안 좋은 말을 더 섞어 전하기도 한다. 말이 진실을 잃으면 사람들이 믿어주지 않았고, 말을 전하는 사람도 화를 입는다.

그렇다면 말을 전하는 사람은 어떻게 해야만 진실을 가리지 않을 수 있을까? 전혀 꾸밈이 없는 말, 절대 미사여구를 더하지 않고 양념을 치지 않은 말을 전해야 한다. 그러므로 언어를 선택할 때 반드시 매우 신중해야만 한다.

이런 이야기를 들어본 적이 있는가?

아프리카 한 부족의 연로한 추장이 가장 지혜로운 젊은이를 찾아 자신의 지위를 물려주고자 했다. 추장은 자신이 평소 눈여겨보던 젊은이에게 물었다. "자네가 나한테 식사를 두 번만 준비해줄 수 있겠나? 내 입맛에 맞고 편안하게 먹을 수 있는 요리를 만들어야만 추장의 자리를 물려줄 수 있네. 첫 번째 식사는 천하에서 최고로 맛좋은 재료를 찾아서 만들어주게."

젊은이는 식사를 만들어 가져왔다. 추장이 뚜껑을 열어보니 혀로 만든 요리가 놓여 있었다. 추장이 물었다. "혀 요리를 가져온 이유가 무엇인가?" 젊은이가 대답했다. "세상에서 제일 감미로운 것은 혀에서 나오지요. 혀야말로 이 세상에서 가장 맛있는 재료입니다." 그러자 추장이 대답했다. "자네 말이 맞네." 추장은 곧 혀 요리를 먹었다.

식사를 마친 후 추장은 두 번째 문제를 냈다. "두 번째 식사는 천하에서 제일 맛없는 재료를 찾아서 만들어주게."

젊은이는 요리를 만들어왔다. 추장이 뚜껑을 열어보니 또 혀 요리가 있었다.

추장이 물었다. "자네는 왜 또 혀 요리를 만들었는가?" 이 젊은 이가 대답했다. "이 세계의 진정한 재난은 모두 혀 때문에 일어납니다. 혀만큼 말썽을 많이 일으키는 것은 세상에 없죠. 그래서 천하에서 제일 맛없는 재료는 바로 혀입니다." 추장이 동의했다. "그렇다네. 자네가 천하의 도리를 밝혀 통찰했으니 이 추장의 자리를 자네에게 물려주도록 하겠네."

이 전설은 장자가 말하는 도리에도 부합한다. "꾸밈없는 사실을 그대로 전하고, 사실보다 넘치는 말을 전해서는 안 된다."

어떻게 하면 이 혀가 세상에서 타인의 인정만을 구하는 거짓된 도구요, 허망하고 의미 없는 도구, 천하의 재난을 일으키는 발단이 되지 않도록 할 수 있을까? 바로 사건을 있는 그대로 가장 진실하게 전하는 데 있다.

현대인에게 있어서 가장 곤혹스러운 일은, 천태만상으로 변하는 외부 세계에 어떻게 적응하고, 불변하는 마음을 지키느냐 하는 것이다. 우리의 마음에 의지가 굳건하지 않으면 대다수의 생각에 휩쓸려 남의 장단에 춤추며, 자신을 잃어버릴 수밖에 없다. 그러나 만일 독불장군처럼 고집스럽게 순종할 줄 모른다면 그 역시도 사회에서 받아들여질 수 없다.

우리는 어떻게 해야만 평안하고 굳건한 마음을 가질 수 있을까? 어떻게 해야만 장자가 주장한 내면의 불변성을 유지하며 외부의 환경에 성공적으로 순응하는 삶을 살 수 있을까?

장자는 「대종사」편에서 다음과 같은 경험담을 이야기한다.

한 노인이 있었다. 나이는 아주 많았지만 얼굴은 어린아이 같았다. 다른 이들은 매우 신기해 이유를 물었다. "어르신께서는 어떻게 이렇게 젊어 보이시오?"

노인이 대답했다. "나는 도를 알기 때문이오."

성인의 도를 깊이 깨달으려면 반드시 불변성이 필요한데, 불변성을 지키고 깨달음을 얻는 데는 다음 일곱 단계가 필요하다.

첫째는 '외천하^{外天下}'다. 즉, 나 자신의 마음에 걸리는 모든 세상일을 잊어버리는 것이다. 예를 들어, 지금 살고 있는 집 문제라면, 그 집이 살기 편한지 불편한지, 혹은 음식이 맛있는지 없는지, 이 모든 것을 잊어버리라는 뜻이다. 사실 우리 몸 밖의 일들을 마음에 그렇게 무겁게 걸어둘 필요가 없다. 사회규칙, 인간관계 등을 포함한 외부의 모든 것을 모두 마음 밖으로 밀어내버리면, 세상사에서 멀어지고, 자신을 구속하는 수많은 규범과 제약에서도 멀어지게 된다. 이것이 바로 첫 단계다.

둘째는 '외물^{外物}'이다. 즉, 물질세계의 껍질을 최대한 벗기는 것이다. 사실 '외물'은 매우 어려운 단계다. 예를 들어, 배부르게 먹고 싶은 욕망을 실제로 잊어버린다는 것은 정말 어렵다. 근래에 어떤 이들이 돌고래 고기를 먹고 수은중독에 걸렸다고 한다. 그들은 맛좋은 돌고래 고기를 먹기 위해 자기 생명을 건 모험을 한 것이다. 그렇다면 이런 모험을 하는 사람들은 가족들의 근심과 걱정은 생각해보지 않았을까? 자기가 죽었을 때의 영향은? 내일 반드시 완성해야 할 그 일을 하지 못했다는 것은 생각 못했을까? 이런 것들이 바로 '외물'을 실천하지 못한 모습이다. 그래서 장자는 말했다. 외물은 둘째 단계로, 모든 물질적인 것들을 자신의 마음속에서 떨쳐내라고 말이다.

셋째 단계는 조금 어려운 '외생外生'이다. 즉, 생과 사를 추월한 경지다. 생과 사를 초월한다는 것은 결코 생명을 홀대하고, 인생을 함부로 여긴다는 뜻이 아니다. 자연의 규칙에 순응해 담담하고 자유로우며 소박하고 기쁘게 현재를 살아가며, 인생의 시시각각을 즐기면서 평안한 인생을 사는 것을 말한다.

넷째 단계에서는 철저한 깨달음이 필요한데, 이것을 '조철朝徹'이다. 마음이 맑고 깨끗하다. 외재하는 모든 것을 비워낸 후, 마음에는 영혼이 텅 빈 경지가 시작된다. 모두 알다시피 텅 비어 있고 넓은 집에만 빛을 담을 수 있다. '허실생백虛室生白', 즉 깨끗하고 비어 있는 방에 햇빛이 들어왔을 때에만 환하게 빛이 나는 일이 가능하다. 이는 따뜻하고 행복한 경지다.

다섯째 단계는 '견독見獨'이다. '독獨'이란 무엇인가? 바로 유일함을 말한다. 즉, 천지에 유일한 큰 도. 견독이란 사람이 천지 만물의 도리를 통찰할 수 있는 정신세계다. 천하의 혼란스러운 만사와 만물이 우리 눈에 더 이상 신비하게 보이지 않는 경지다. 세상의 사물들을 더 이상 폐쇄적인 시선으로 바라보지 않는다. 이때 우리의 사상은 더욱 투명하게 된다.

여섯째 단계는 '무고금無古今'이다. 이 단계에서 시간의 제한과 장애 없이 역사의 긴 강을 꿰뚫을 수 있다. 오늘 우리는 장자를 이야기하고, 공자, 선진의 제자백가를 이야기하며 무언지 모를 따뜻함을 느꼈을 것이다. '진정한 도는 사람에게서 멀지 않다'라는 말처럼 고대 위인들이 주장한 진정한 도리는 현재의 삶에도 적용이 될 뿐 아니라, 오늘날 우리에게 여전한 감격과 감동을 가져다준다. 오늘날의 시선으로 고금의 문인과 묵객들을 바라볼 때도, 그들의 시가는 여전히 우리의 가슴을 두근거리게 한다. 이것이 바로 고금이 없다는 이야기다.

옛사람들의 생생한 고뇌, 천지간의 한탄이 우리의 삶 속으로 들어올 때, 우리는 장자가 말한 일곱째 '불사불생'의 단계에 다다르며 인생의 영원함을 실현할 수 있다.

장자가 이야기하려는 불사불생이란 아마도, 인생은 물질적인 삶이 쇠락하면서 사라지는 것이 아니며 형체가 존재한다고 해서 생명의 본질도 망각할 수 있는 것은 아니라는 뜻이다!

도가는 정신적인 자유만을 갈구할 뿐, 질서 잡힌 순응은 없다는 생각은 금물이다. 도가는 절대 바람을 호흡하고 이슬을 마시며 오곡도 먹지 않고 천하를 노닐기만 하는 신선놀음이 아니다. 그들도 우리와 마찬가지로 사람일 뿐이다.

장자가 말한 '겉은 변해도 속은 변하지 않았다'는 우리의 심령을 점차 비워내고, 우리 마음속의 잡념을 점차 배출해 마음 깊은 곳이 진정 내화할 이유를 지키고 있을 때에야 가능하다. 반면 외재적인 면에서 내면의 관용과 명철한 통찰력에 근거해 변화에 순응하며 평안함을 누리고 세상과 다투지 않는다면, 우리는 현실의 순간순간을 더 알차게 살아갈 수 있다. 인생 동안 담담한 자세로 평안하게 지내며 분쟁과 갈등을 피하면, 결국엔 원만하며 도와 천지자연에 부합하는 자신만의 생명의 경지를 얻을 수 있다.

본성과 깨달음

장자는 인생 최고의 경지는 소요유라고 여겼다.

인간의 본성은 구속되고 속박되지 않은 것으로,
인간의 본성을 자유롭게 해방할 때에만 소요유의
경지에 다다른다고 생각했다.

인간의 본성은 외물에 따라서 움직이거나 좌우
되어서는 안 된다. 그러나 자연에 순응하면 인생의
행복과 즐거움을 얻을 수 있다!

『장자』를 읽은 독자들은 장자가 말하는 최고의 경지가 '소요유'라는 것을 알 것이다.

이 '유遊'는 장자가 매우 많이 사용한 글자다. 예를 들어, 장자는 천지 가운데서 '만물을 타고 마음이 노니는' 경지에 도달해야 한다고 주장했다. 그렇다면 '유'란 과연 무엇인가? 우리 모두가 '유'의 경지에 다다를 수 있을까?

『장자』「재유在宥」편에서 장자가 들려주는 이야기는 다음과 같다.

구름을 관장하는 장수 운장이 동쪽으로 유람을 하다가 신성한 나뭇가지인 부요를 지날 때 홍몽이라는 사람을 만났다. 홍몽은 자연의 원기가 응집되고 혼돈한 채 문명화되지 않은 늙은이다. 이때에 홍몽은 손으로 허벅지를 때리며 새처럼 땅을 경중거리며 뛰어놀고 있었다. 참새처럼 뛰어다니며 노는 모습이 아주 즐거워 보였다.

운장이 물었다. "어르신, 댁은 누구십니까? 지금 뭘 하고 계십니까?"

홍몽은 여전히 멈추지 않고 손으로 넓적다리를 때리며 새처럼 뛰어놀다가 대답했다. "놀고 있네!" 지금 자유를 만끽하며 노닐고 있다고 한 것이다.

운장이 말했다. "어르신한테 여쭙고 싶은 문제가 있습니다." 홍몽은 어린아이처럼 천진하게 운장의 얼굴을 마주보며 또다시 대답했다. "아!"

운장이 말했다. "지금 하늘의 기운은 조화를 이루지 못하고 땅의 기운은 뒤엉켜 있습니다. 여섯 가지 기후도 고르지 않고 사철도 절기에 맞지 않습니다."

운장이 또 말했다. "저는 천지 정화의 기운을 모두 모아 사람들을 기르고, 백성들의 생활을 순조롭고 풍요롭게 하고 싶습니다. 제가 가진 이 꿈을 어떻게 하면 이룰 수 있겠습니까?"

황당하게도 홍몽은 여전히 허벅지를 때리고 펄쩍펄쩍 뛰어다니면서 대답을 했다. "나는 몰라! 모른다고!"

운장은 어떤 대답도 얻어내지 못했다.

또다시 3년이 지나고 운장이 다시 동으로 여행을 하다가 송(宋)에서 공교롭게도 또다시 홍몽을 만나게 되었다. 이번에 운장은 매우 진지했다. 재빨리 홍몽에게 다가가 홍몽을 '하늘'이라고 부르며 말했다. "저를 아직도 기억하십니까? 드디어 다시 만나게 되었군요. 이번에는 제 질문에 꼭 대답을 해주셔야 합니다."

홍몽이 그에게 말했다. "나는 천지 사이를 떠다니고 놀면서 무엇을 추구하고 있는지 전혀 모르고 있소. 마음이 가는 대로 행하고, 자유로우며 어디로 가야 할지도 모르고 있소. 내가 할 줄 아는 것이라고는 이 번잡한 세계를 마음대로 여행하며 천지만물을 관찰하는 것뿐이오. 이런 내가 도리 같은 걸 어떻게 알겠소?"

결국은 운장이 끝끝내 뜻을 굽히지 않자, 홍몽은 마침내 철 안 든 개구쟁이 같던 모습을 벗어버리고, 마음 속 가장 순박한 진리를 말해주었다. 홍몽이 한 말은 단 두 글자다. 심양^{心養}. '심양'이란 '양심', 즉 마음을 수양하라는 뜻이다.

우리 마음속의 생각들, 깨달음들, 세상 최고의 진리들, 일생 중 가장 진실한 소망들이 자연스레 일어나게 하며, 이로써 자신을 직시하자.

작게는 각 사람의 생명, 크게는 자연과 사회, 만물의 이치까지, 이 모두는 마음을 어떻게 수양하느냐에 달려 있다.

홍몽은 운장에게 알려주었다. 육체를 잊어버리고, 총명함을 버려야 한다. 외재하는 일체의 것들을 전부 잊어버리고 대자연에 자신을 맡겨라. 자신이 소유한 더 풍성한 지혜로 대자연이 자신에게 준 모든 것을 느껴보라. 진정으로 자연에 순응할 때, 마음이 진정으로 날아가고 자유롭게 되기에, 마음의 집착을 풀고 정신의 속박을 벗어버릴 수 있다.

우리는 어떻게 해야 홍몽이 그랬듯 어린아이처럼 천진난만하게 뛰놀며, 허벅지를 때리면서 뛰어갔다 뛰어오기도 하는 자유로움의 경지에서 노닐 수 있을까? 장자는 오직 인간의 본성을 자

물오르는 목이 짧지만 목을 이어주면 근심하게 된다. 학은 목이 길지만 목을 잘라주면 슬퍼하게 된다.

『장자』「변무(騈拇)」

162

유롭게 해방시킬 때 소요유의 경지에 다다를 수 있다고 여겼다.

그러나 우리가 현대인으로 살면서 삶의 스트레스 속에 사회가 부여한 각종 역할에 처해 있을 때, 자기 마음속의 진정한 느낌을 생각해본 적이 있는가? 우리는 본성을 속박하고 있으면서 이를 전혀 느끼지 못하는 것이 아닐까?

우리가 진정 사회에 들어가 사회의 한 역할을 맡아 규범화될 때, 우리가 명예와 이익을 추구할 때, 우리는 이미 속박을 받은 것이다.

이 과정에서 자신을 도와줄 수 있는 사람은 아무도 없다. 오직 스스로 자신의 마음과 영혼을 해방시킬 때에만 모든 것들이 자연스럽고 순조로워진다. 바로 이때에 천하의 중생과 만물들은 자신의 뿌리를 회복하고, 사람은 더 이상 연약하거나 더 이상 강압적이지 않게 된다. 모든 강압이 제거되면 이 세계는 짙푸른 녹색으로 회복된다.

여러분들도 가지를 친 나무를 본 적이 있을 것이다. 나는 이런 모습을 볼 때마다 마음속에 의아함을 감출 수 없다. 식물은 동물이 아니고, 반대로 동물에게도 식물이 되라고 강요할 수 없는데, 왜 식물에게는 동물이 되라고 강요하는 걸까?

오늘날의 휘황한 물질세계가 충분히 아름답지 않은 것이 아니다. 그런데도 작금의 아름다움은 너무나 많은 인위적인 요소와 사회화의 표준으로 성형되어 있다. 자연을 가까이 접할 수 있는 곳이 너무나 적다. 그래서 우리는 허벅지를 때려가며 새처럼 팔짝 팔짝 뛰어다니는 즐거움을 잃어버린 것이다.

어떤 인생이야말로 지극한 인생일까?

홍몽이 운장에게 말했다.

천지와 만물이 번성하니 각각 자기의 본분으로 돌아가게 될 것이다. 각각 자기의 근본으로 돌아가고 마음의 꾀가 전혀 소용이 없어져야만 본성을 평생 유지할 수 있다. 마음의 꾀를 사용하면 본성을 잃어버리게 된다. 그들의 이름을 캐묻지 말 것이며, 그 가운데 있는 도리를 탐구할 필요도 없으니, 이 세계의 모든 것들이 자유롭게 성장하고 각종 생명이 자연히 번성하도록 하자. 이럴 때 바로 화합된 천지를 구성하게 된다.

우리는 이런 경지에서 너무나 멀어져 있다. 이미 너무나 오랫동안 캐묻고 탐구하는 데만 익숙해져, 자신의 본성은 잊어버리고 말았다.

청개구리와 지네가 주인공으로 나오는 우화가 있다.

청개구리는 지네가 걸어가는 모습이 너무 신기해서 지네에게 물었다. "나 좀 봐. 나는 다리가 네 개 있어서 앞뒤로 번갈아가면서 한 걸음 걸을 때마다 펄쩍 펄쩍 뛰어서 가거든. 그런데 너는 별명이 백발이 벌레인데다 다리도 이렇게 많잖아. 넌 걸어갈 때 도대체 어떤 다리부터 먼저 내미는 거니?"

이 질문을 들은 지네는 그 자리에 '우뚝' 멈추어 서서 길을 가지 못했다.

지네가 말했다. "나한테 그 질문은 하지 않았으면 좋겠다. 그리고 앞으로 다른 어떤 지네한테도 이 질문은 하지 않는 게 좋겠어. 나도 어떤 발을 먼저 내미는지 모르겠어. 그걸 알아내려고 생각을 하니까 발 하나 까딱할 수 없고, 어떻게 길을 걸어가야 할지도 모르겠거든."

우리의 삶과 얼마나 닮아 있는 이야기인가?

마음에서 갈라져 나온 생각의 줄기가 얼마나 많을까? 아마 지네의 다리보다 많으면 많았지 적지는 않을 것이다. 나의 삶, 나의 일, 나의 친구, 노인부터 아이, 상사부터 동료까지, 이 모든 것들이 너무나 순조롭게 내 삶을 구성하는 성분이 될 때, 우리는 더 이상 깊이 있는 사고가 불가능해진다.

이런 말을 들어본 적이 있을 것이다. "사람의 생각에 하나님은 파안대소하신다." 하나님은 어쩌면 자연의 진실을 거스르는 우리를 보며 웃을지도 모른다.

그러므로 장자는 이런 관점을 주장한다. '진정으로 이 천지와 세계를 소유한 사람은, 외물에 따라 부림을 당하거나 좌우되지 않는다.' 구속되지 않고 무엇인가를 일부러 할 필요가 없으며, 자연에 순응하는 것, 이것이 바로 장자의 가장 기본적인 관점이다.

장자는 자연에 순응해야 한다고 주장했지만 실제 현실은 수많은 사회적인 표준들이 우리의 언행을 규범 짓고, 수많은 명예와 이익이 눈앞에서 우리를 사로잡는다.

그렇다면 우리는 어떻게 해야 유혹을 처리하고 미혹을 감소시켜서 자신이 본성의 진실함과 투명함을 유지할 수 있을까?

장자는 영혼을 깨우치는 놀라운 한마디를 남겼다. "성현을 규범과 법도로 삼는 가치 표준에 따라 살아가며, 요·순·우 3대 제왕이 천하를 통치한 이후부터 외재하는 물질적인 기준으로 사람의 본성을 바꾸지 않는 사람이 없었다."

장자는 사람들이 모두 자신의 물건을 중요하게 여긴다고 말한다. "소인은 좁쌀만 한 이익 때문에 목숨을 버리기도 하며, 모두는 소인을 멸시한다. 선비는 명예를 지키기 위해 목숨을 버리며, 사람들은 당연히 해야 할 일을 했다고 여긴다. 사대부는 가문의 이익을 보호하기 위해 자신의 생명을 희생하며, 모두 이를 매우 대단한 일로 여긴다. 성인은 천하의 평안을 위해 자신의 생명을 버리며, 숭고한 행위로 추종한다." 아무리 동일하게 목숨을 버리는 일이라 하더라도, 각각의 경우가 아주 다르다.

하지만 장자가 볼 때 이 모든 것은 똑같다. "이룬 일이 다르고 명성이 다르지만, 몸을 바쳐 죽음으로써 그 본성을 해쳤다는 점에서는 하나다." 외재하는 물질로서 본성을 해쳤다는 점에서 말한다면, 모두 똑같은 행동이며, 해서는 안 될 일이다.

장자는 이 세계에는 많은 유혹과 미혹이 존재하는데, '작은 미혹은 인생의 방향을 바꾸지만, 큰 미혹은 사람의 본성을 바꿔버린다'고 말한다.

이 말은 오늘날 우리가 잘 음미해볼 가치가 있다.

오늘날 이 세계는 미혹이 적은가? 유혹이 적은가? 곤혹이 적은가? 의혹이 적은가? 천지를 가득 채운 이 '혹惑'이라는 글자는 고금을 통틀어 21세기에 가장 많이 쓰이고 있다!

이런 미혹 속에서 작은 미혹은 우리 인생의 방향을 변화시킬 수 있다. 그런 예로는 대학 전공을 들 수 있다. 어떤 학생은 "나는 물리를 배우고 싶어. 우주와 천체의 비밀, 블랙홀에 관심이 많거든"이라고 하지만 학부모는 이렇게 말하는 경우가 많다. "기초과학은 배워서 어디다 써먹으려고? 그냥 경영학과나 지원해라. 앞으로 전망도 좋고 직장 찾기도 좋으니까." 문과를 지원한 학생은 이런 소망이 있을 수 있다. "나는 시인이 되고 싶으니까 국문과에 지원해야지." 그러나 부모는 자녀의 소망에 재를 뿌린다. "시인이 되면 밥은 벌어먹고 살 수 있니? 차라리 법학과가 어떠니? 나중에 법관이 되면 돈도 많이 벌잖아." 이것이 바로 방향을 바꿔버리는 것이다. 실리적인 목적 때문에, 평소 바라던 장래희망까지 바꾼 것이다.

이것은 작은 미혹이다. 반면 큰 미혹은 사람의 본성까지 바꿔버린다. 즉, 사람이 본성을 거스르는 일까지 서슴없이 행하도록 만든다는 것이다. 그 예로는 이 세계에서 자행되는 불충성, 불효, 불의를 들 수 있다. 이 모든 것은 왜 일어나는가? 사리사욕에 눈이 어두워진다는 말은, 이익이 지혜의 눈을 가리면 마음에 분별력과 통찰력을 잃어버리게 된다는 뜻이다. 그렇다면 모든 미혹은 우리의 본래 성정을 변화시킬 수 있다.

이런 이야기가 있다.

천하에서 둘도 없는 활을 가진 사람이 있었다. 이 활은 수령이 오래된 자단 고목으로 만들어진, 묵직하고 손에 안정감을 주는 명궁이었다.

그 사람은 이 활을 너무나 아꼈지만, 활의 외양이 너무 소박해서 그다지 아름답지 못하다고 생각했다. 그래서 천하제일의 조각가를 찾아 이 명궁에 수렵도 한 폭을 조각해달라고 부탁했다.

이 조각가는 심혈을 기울였다. 완성된 수렵도를 보니, 과연 아름답기 그지없었다. 달리는 말이 있는가 하면, 쫓고 쫓기는 사냥감도 있었고, 활을 잡아당겨 화살을 쏘는 용사가 있는가 하면, 하늘의 태양, 지하의 토지를 포함해 활 전체에 아름다운 무늬가 가득 아로새겨져 있었다.

그 사람은 이 활을 매우 좋아했다. 이 활은 이제야말로 세상에서 가장 완벽한 활이 된 것 같았다. 그런데 힘껏 활시위를 당겨 화살을 쏘자마자, 활은 뚝 부러지고 말았다. 무늬를 너무나 많이 새긴 까닭이다.

활은 보기에는 아름다웠지만, 아름답기 때문에 좋은 활이 될 수 있는 가능성을 상실하고 말았다. 이런 외적인 화려함을 얻으려다가 생명 본래의 모습을 상실하는 경우가 얼마나 비일비재한가? 이것이 바로 '본말이 전도되었다'고 한다.

우리 자신이 바로 이런 명궁은 아닐까? 우리는 본래 지금 모습보다 더 힘차게 살아갈 수 있는데 진정한 생명의 본질을 발견하지 못해서, 혹은 아직 조각되지 않은 원시적인 모습과 마음속 소박한 소망을 제대로 보지 못해서, 자신도 모르게 본성을 해치고 생명을 상하게 한다.

탐욕은 사람의 본성을 손상시키고, 사람을 물질의 노예로 전락시킨다.

사람의 욕망은 끝이 없다. 인간이 자신의 본성을 잃어버린다면, 물질적인 이익과 쾌락을 미친 듯이 추구하고 그 순간 재난은 우리 곁을 찾아온다.

사람의 마음은 자연을 따르는 것이 순리다. 강제적인 속박이나 외적인 장식은 가급적 피해야 한다. 이렇게 할 때에만 자신을 잃지 않을 수 있다.

많은 사람들이 알고 있는 우화가 하나 있다.

강아지가 어미 개에게 물었다. "엄마, 친구가 내기를 걸면서 한 말이, 제가 한 가지 일만 해낸다면 세상에서 가장 행복하고 가장 기쁠 수 있대요. 그 한 가지 일이 뭔지 아세요? 바로 제 꼬리를 잡는 거예요! 그런데 저는 오늘 하루 종일 제 꼬리만 쫓아다녔는데도 도무지 잡을 수가 없었어요. 엄마, 이러다가 저는 평생 동안 전혀 행복하지도 기쁘지도 않은 것은 아닐까요? 왜 내 몸에 있는 것 하나 제대로 잡지 못하고, 이렇게 바보같이 살고 있는거죠?"

엄마 개는 웃으며 말했다. "행복이나 기쁨은 네 꼬리와 같은 거란다. 그걸 잡으려고 하지 않으면 너는 앞으로 나갈 수 있고 행복과 기쁨도 항상 네 뒤를 따르거든. 그런데 너는 왜 꼭 꼬리를 잡아야만 한다고 생각하는 거니? 그런 건 잊으렴!"

자신이 이미 가진 것과 절대 실랑이하지 말아야 한다.

강아지의 꼬리는 강아지 몸의 일부분이다. 우리가 앞으로 가기만 하면 모든 것은 저절로 따라오기 마련이다.

인생의 행복과 즐거움 역시 본래는 인생의 일부분일 뿐이다. 그것을 추구할 때, 오히려 행복과 즐거움을 빼앗기게 된다. 하지만 최선을 다해 인생을 살아갈 때, 행복과 즐거움은 영원히 당신을 따라오게 된다. 사실, 이것을 '무심득無心得'이라고 한다.

장자는 인간의 의지적인 추구와 억지를 전혀 숭상하지 않았다. 모든 생명이 천지 가운데 무성한 식물과 즐거운 동물처럼 진정한 본성으로 돌아가는 소박함 속에 자신을 드러내길 소망했다.

장자는 또, 우리의 마음이 거울과 같아야 한다고 주장했다.

"물이 고요하면 더 깊고 맑게 보이는데, 사람의 정신은 더 말할 필요가 있는가? 성인의 마음은 고요하구나."

물은 언제 천지 만물을 비출 수 있나? 오직 한 순간, 즉 물이 고요할 때에 만물을 비출 수 있다.

급류와 큰 파도 속에서 물이 만물을 비출 수 있는가? 우리 마음도 급류처럼 휘몰아치고, 큰 파도처럼 사나울 때, 세상의 만물 역시 우리의 마음에 비추어질 수 없다.

이 세상 최고의 도리를 깨닫는 방법은 무엇일까? 우선 우리의 마음이 고요해야 한다. 마음이 거울처럼 고요하고 미동도 없을 때, 하늘과 땅을 비추는 거울이며 만물을 비추는 거울이 될 수 있다.

이런 마음은 세상 만물을 적극적으로 맞이하지도 거절하지도 않는다. 고요히 솔직히 받아들이고 반사하고 비출 뿐이다.

거울은 어떤 물건인가? 세상 모든 거울은 다 유리 한 겹으로 만들어졌다. 그러나 거울과 유리는 다르다. 무엇이 다를까? 거울에는 아주 얇은 수은이 덧칠되어 있다.

유리 밑바닥에 수은이 덧칠되어 있지 않으면 이것을 통해 외부세계만 볼 수 있다. 그러나 유리에 수은을 한 겹 덧칠하면 자신을 볼 수 있고, 세계도 볼 수 있다.

우리의 마음에는 이런 수은 층이 있어야 한다. 그래야 우리 눈앞의 유리를 거울로 바꿀 수 있다. 밖으로는 세계를 바라볼 뿐 아니라 안으로는 자신의 마음을 바라볼 수 있는, 천지를 비추는 마음의 거울을 가진 사람은 우리 생명의 본질을 비출 수 있다.

장자는 사람의 마음은 반드시 자연적이어야 하며 강제적인 구속과 외적인 단련을 피해야 한다고 주장한다.

『장자』 「마제馬蹄」편에서는 이렇게 말한다.

"말의 굽은 서리와 눈을 밟을 수 있고, 털은 바람과 찬 기운을 막을 수 있다. 풀을 먹고 물을 마시며, 자유롭게 질주하며 즐겁게 뛰논다. 이것이 말의 본성이다. 말을 높고 웅장한 궁전에서 살게 한다 해도, 말은 이런 것에 관심을 갖지 않는다."

하지만 매우 불행히도 백락이 나타났다. 백락은 "나는 말을 잘 고칠 수 있다"고 말했다. 그는 말을 어떻게 대했는가? 그는 말

진전석 〈황금으로도 여유로운 일생은 살 수 없다〉 부분화

의 털을 잘라주었으며 말발굽은 태우거나 깎고 화인을 찍었다. 말에게 재갈을 물리고 족쇄를 채우고, 마구간에 가두고 기둥에 묶어두었다. 백락이 이렇게 말을 돌본 후, 말들은 열 중에 두세 마리 비율로 죽어나갔다.

게다가 백락은 훈련을 시켰다. 훈련을 받으며 말들은 배가 고프고, 목이 말랐다. 또한 달리고, 질주하고, 가지런히 줄을 맞추고 발걸음을 일치시켜야 했다. 입에는 재갈이 물려지고, 채찍이 말들을 쫓았다. 이 단계가 되자 말은 이미 반이 죽어나갔다.

장자는 우리에게 세상과는 완전히 차별화된 가치판단 기준을 보여준다.

사회의 필요성이라는 면에서 볼 때, 백락은 준마를 알아보고 훈련하는 우수한 인재 양성가라고 평가할 수 있다. 하지만 장자는 백락이야말로 말의 천성을 해친 최대의 원흉이라고 평가했다. 백락이 말의 선천적인 본성을 위반하고 말의 즐거움을 말살시켰기 때문이다.

장자는 모든 외재적인 아로새김과 다스림은 실제로는 자연 최초의 본성을 위반한다고 보았다. 즉, 모든 개별적인 생명은 스스로 존중을 요구할 권리가 있으며, 당연히 존중을 받아야 한다고 여겼다. 모든 생명이 최초에 가졌던 그 모습이야말로 현재 가져야 할 모습인 것이다.

그러므로 장자는 말한다.

"내가 말하는 '귀가 밝다'는 것은 세상의 모든 소리를 다 들을 수 있다는 뜻이 아니라 자신의 목소리를 들을 수 있다는 것이다. 내가 말하는 '눈이 밝다'는 것은 세상의 모든 사물을 다 볼 수 있다는 뜻이 아니라 자신을 볼 수 있다는 것이다."

진정으로 밝은 지혜를 가진 사람은 외재하는 세계에 영향을 받는 사람이 아니라, 마음을 고요히 해 자신의 생명이 최초에 가졌던 소망을 볼 수 있는 사람이다.

어리고 작은 갓난아기의 가치관은 지금 우리의 가치관과는 분명히 다를 것이다.

나는 이런 장면을 본 적이 있다. 주위가 온통 장난감으로 둘러싸인 생후 6,7개월이 된 영아가 있었다. 장난감 중에는 값비싼 레고며 예쁜 곰 인형, 전동 열차도 있었다. 그러나 아기는 주위에 눈길 한번 주지 않고 손에 든 빈 병만 만지작거리며 갖고 노는 데 정신이 팔려 있었다.

부모는 자기 생각대로 열성을 다해 아이를 구슬렸다. "이 움직이는 인형이 얼마나 예쁘니! 이 기차는 또 얼마나 비싸다고! 이 지능개발 완구는 설계가 정말 기발해! 이 병은 못 쓰는 물건이니까 버리자. 이건 그만 가지고 놀아."

그 빈 병은 정말 못 쓰는 물건일까? 이 아이가 그 빈 병을 가

진정으로 밝은 지혜를 가진 사람은 외재하는 세계에 영향을 받는 사람이 아니라, 마음을 고요히 해 자신의 생명이 최초에 가졌던 소망을 볼 수 있는 사람이다.

위단의 명상

지고 노는 시간이야말로 뇌가 개발되는 시간이요, 즐거움을 누리는 시간이었다. 값 비싸고 화려하고 두뇌개발에 유익한 장난감이야말로 아기의 눈에는 못 쓰는 물건일 뿐이다.

부모는 아이의 생각을 존중하고 있을까? 대부분의 부모는 '갓난아기도 좋아하는 게 있다는 사실을 누가 모른다고? 하지만 어찌되었든 아이는 반드시 어른의 훈련과 인도를 받아들여야 해'라고 생각한다.

집안에 있는 물건은 안전하고 깨끗하기만 하다면 어떤 것이라도 아이들의 장난감이 될 수 있다. 아이는 자신이 좋아하는 이 세상의 모든 것을 통해 즐거움을 얻는다.

화려하고 시끄러운 이 세상에서, 어떻게 해야만 자기 마음을 맑은 시냇물 들여다보듯 바라보며 자신의 본성을 발견할 수 있을까?

장자는 마음의 평안함과 고요함을 유지하기만 한다면, 무심하며 자연에 순응하는 태도로 세상을 대한다면, 아주 건강하고 불변하는 마음을 가질 수 있다고 말한다.

사람이건, 말이건, 식물이건, 심지어 자신에 대해서도, 우리는 고요한 마음으로 그 대상만이 가진 본성을 존중하는 법을 배워야 한다.

이런 이야기가 있다.

어떤 목수가 목공일을 하다가 손목에 차고 있던 시계를 떨어뜨리고 말았다. 사방으로 찾아보았으나 바닥은 온통 톱밥과 대패 가루 천지라 찾을 수가 없었다. 제자들도 와서 함께 찾았지만, 사람이 많을수록 방은 더욱 번잡하기만 했다. 방안은 너무 어지러웠고 땅에는 목공 쓰레기가 많았다. 아무리 이것저것을 들척여봐도 시계는 보이지 않았다. 날이 저물자 사람들은 내일 다시 찾아보자고 말했다.

당시 목수의 꼬맹이 아들이 목공실에서 혼자 놀고 있었다. 저녁이 되자 아들은 아버지를 찾아와 말했다. "아빠, 제가 아빠 시계를 찾았어요."

목공은 깜짝 놀라서 물었다. "날도 어두운데 네가 시계를 어떻게 찾았니?"

그러자 어린 아들이 대답했다. "어른들이 다 집에 가고, 나 혼자 거기 앉아서 놀고 있는데 째깍째깍 시계 소리가 들렸어요. 그 소리가 나는 곳을 따라서 톱밥하고 대패 가루를 파헤쳐 보니까 거기에 시계가 있었어요."

이것은 우리 삶 속에서 자주 일어나는 작은 에피소드지만, 그 안에는 작지 않은 뜻이 담겨 있다.

번잡하고 시끄러운 세상에 파묻혀 있을 때는 아무리 정신없이 찾아도, 아무리 온 열정을 들여 찾아도 결국 아무것도 얻지 못할 수 있다.

아이의 마음은 조용하고 천진한 마음이요, 가장 작은 소리까지 들을 수 있는 마음이다. 이런 마음이 바로 시계를 찾을 수 있게 한 것이다.

아주 거대한 돌이 있었다. 돌은 마치 아무것도 모른다는 듯, 오도카니 그곳에 놓여 있었다. 조각가는 작업을 시작했다. 미녀의 두상을 조각할 계획이었다.

그 곁에는 조각가의 손놀림을 바라보며 감탄에 마지않는 한 어린아이가 앉아 있었다. 정을 움직여 작은 돌덩이를 조금씩 쳐내자, 돌 속에서는 옥처럼 맑고 얼음처럼 투명한 미녀가 서서히 모습을 드러내기 시작했다.

눈동자는 소망에 가득차고 생기가 넘쳤다. 입은 금방이라도 말을 할 것 같았고, 두 뺨에서는 성결한 빛이 비치고 있었다.

아이는 너무나 신기한 나머지 조각가에게 물었다. "아저씨는 이 안에 미녀가 숨어 있는지 어떻게 아셨어요? 이 미녀를 어떻게 찾아내신 거예요?"

조각가가 대답했다. "사실은 나도 이 미녀가 돌 속에 숨어 있는지 몰랐단다. 솔직히 말하자면, 이 미녀는 내 마음속에 숨어 있었어. 나는 내 마음속의 미녀를 이 돌로 옮겨놓았을 뿐이란다."

우리는 날마다 반복하는 일상 업무를 직업이라고 여기며 한두 가지 일만을 완성할 뿐이지, 우리 마음의 열망과 꿈을 그 업무에 이입시키지는 않는다.

우리는 자기가 하고 있는 직업을 도구로 사용해 자신의 인생이 직업과 상호작용 속에서 결과물을 만들어가길 소망하지 않는다.

인생과 직업의 상호작용은 기교로 이루어지는 것이 아니라,

우리 마음속의 간절한 열망과 꿈을 통해 이루어진다.

이런 삶을 살기 위해서는 용기와 자아성찰이 필요하다. 진정 자기 마음이 자연의 본성에 부합하도록 마음을 가꿀 줄 알아야 한다. 장자의 한마디로 결론을 내린다면 다음과 같다.

"그대의 마음이 세상에 대한 무관심 속에서 노닐고, 기氣가 세상에 대한 담담함 속에 어울리며, 모든 일을 자연에 순응해 사사로움을 담지 않는다면, 그렇게 천하는 다스려지리라."

오늘날 세상에 대해 무관심하고 담담한 태도를 갖고 있다고 하면, 대개는 부정적으로 받아들여지는 것 같다. 그러나 장자가 말하는 세상에 대한 무관심과 담담함이란, 바로 평안한 마음과 청결한 행동을 말한다. 이 세계가 과도하게 시끄럽고 번잡할 때, 우리에게 필요한 것은 다름 아닌 작은 평안함과 청결함이다. 우리의 마음이 세계 만물을 담담하게 대할 때, 많은 것들이 본래의 모습을 간직할 수 있다.

아주 재미있는 이야기가 하나 있다.

어느 나라에서 세 사람이 각각 사람 모양으로 만든 금상 하나씩을 국왕에게 바쳤다. 이 세 금상은 모양도 똑같고 무게마저 조금도 오차가 없었다. 국왕이 물었다. "이 셋 중에서 어떤 것이 가장 아름답고 귀한가?"

지혜로운 대신이 국왕에게 아뢰었다. "풀 한 줄기를 가져다 금상의 귀로 집어넣어 풀이 어디로 나오는지를 보면 알 수 있습니다."

풀을 왼쪽 귀로 집어넣으니 첫 번째 금상은 오른쪽 귀로 나왔다. 두 번째 금상은 입으로 나왔다. 세 번째 금상은 배로 떨어진 후 밖으로 나오지 않았다.

국왕은 번뜩 큰 깨달음을 얻어 말했다. "알겠다. 세 번째 금상이 가장 귀중하구나."

왜 그런 결론을 얻었을까? 이 금상들은 각각 우리의 삶을 대표하기 때문에 이런 결론을 얻을 수 있었던 것이다.

오늘날 번잡한 세계에 사는 우리가 듣는 셀 수 없이 많은 말, 소식, 이야기, 도리는 왼쪽 귀로 들어갔다가 오른쪽 귀로 다시 나온다. 이것은 머리를 거치지 않고 그대로 모든 것을 잊어버리는, 절대 다수의 삶의 방식이다.

두 번째 유형은 귀로 들어가 입으로 나오는 것이다. 어떤 경로에서 전해진 소식을 들은 후, 자신은 믿든지 말든지 모두 타인에게 전달한다.

세 번째 유형은 귀로 들어가 배로 떨어져 더 이야기하지 않는다. 이런 사람은 침묵의 가치를 알고, 분별력을 갖췄다. 자신의 열망이 무엇인지 잘 알고 있으며, 세계의 참과 거짓도 분별할 수 있다. 많은 사물에 열중하지도 영합하지도 않고, 침묵으로 일관하며, 세상에 대한 무관심 속에서 마음이 노닐고 세상에 대한 담담함 속에 기氣가 어울리도록 한다.

나는 진정 명백하고 건전한 정신세계는 자연에 순응하며 소박하고 건강하며 활력이 충만한 우리 지체에 의존한다고 생각한다.

우리가 경쟁심, 번잡함과 조급함을 더 많이 내려놓고 먼 미래를 바라보며 장자가 말한 것처럼 무관심과 담담함을 가질 때, 불변하는 마음을 지켜낼 수 있다.

이런 무관심과 담담함은 우리 생명의 열정을 꺾지 못하며, 오히려 더욱 견고한 진정성 가운데, 우리 생명력이 영원히 지속되도록 도와준다. 이런 태도는 우리의 인생 마지막 날까지 자신의 본질을 유지할 수 있도록 해준다.

인생의 본성은 사회가 빚는 것이 아니고, 마음의 본질을 위배하지 않으며 마음속의 열망을 분명하게 바라보며 자신의 인생길을 진실하게 걸어갈 수 있도록 해준다. 이런 무관심과 담담함 속에서 진리를 위배하지 않으며, 천지의 큰 도와 합일하며 자아를 수련할 때 결국 하늘은 우리에게 위대한 조화를 이루어 줄 것이다.

마음의 상태와
삶의 모습

우리는 인생이 너무 고달프고 너무 짧다고 자주 한
탄한다. 이렇게 짧은 인생에서 어떻게 하면 자신의
재능을 최대한 발휘할 수 있을까?

장자는 한 가지 비밀을 알려준다. 바로 사람의 마
음 상태가 삶의 모습을 결정한다는 것이다. 마음을
항상 즐겁게 하는 비결은 무엇일까? 또 매 순간 인
생의 최고봉을 누리며 살아가는 비결은 무엇일까?

"태어나서 백년도 살지 못하는데, 마음속에는 항상 천 년의 근심이 떠나지 않는다."

"인생은 대대로 이어져 다함과 그침이 없는데, 강에 비친 달은 해마다 비슷해만 보인다. 강의 달이 누구를 비쳤는지는 모르겠고, 오직 강물을 흘려보내는 장강만 보인다."

인간의 수명은 길어야 백년이다. 인생에 부여된 이 시간은 끝없는 시간의 흐름과 비교한다면 보잘 것 없는 일부분에 불과하다.

장자는 이렇게 비유했다. "마치 한 마리 백마가 달려가는 모습을 문틈으로 보듯, 그렇게 순식간에 지나간다."

우리 손에 잡을 수 있는 시간이 이렇게 짧다면, 어떻게 하는 것이 진정 생명을 선대하는 길일까? 어떤 삶이야말로 가장 효과적인 삶일까?

장자는 이 문제에 대해, 우리에게 일종의 태도를 가르쳐준다. 그것은 바로 통달이다. 생을 마주하는 우리는 먼저 모든 것에 통달한 태도를 가져야 한다. 이런 태도는 우리 삶의 질을 결정한다. 마음의 상태가 삶의 모습을 결정하기 때문이다.

그렇다면 진정한 통달은 무엇일까?

장자는 말한다.

"인생의 참 모습에 통달한 사람은 타고난 본성에 필요 없는 일은 힘쓰지 않는다. 천명의 참 모습에 통달한 사람은 인생에서 스스로 좌우할 수 없는 것과 도달할 수 없는 목표는 추구하지 않는다."

'인생의 참 모습에 통달한 사람은 타고난 본성에 필요 없는 일은 힘쓰지 않는다'란 무슨 뜻일까? 즉, 우리 인생에 가치가 없는 것들은 이 생의 시간을 낭비해가며 추구할 필요가 없다는 뜻이다.

여러분은 되물을 것이다. "가치가 없다고 생각하면서도 꼭 그것을 추구하는 사람이 세상에 있단 말인가?" 당연히 그렇다. 때로 우리는 타인의 인정과 명성에 얽매이고 때로 사회의 대다수가 좇는 가치에 휩쓸린다. 인생에서 불필요한, 즉 '무이위無以爲'한 일 때문에, 자존심과 체면 때문에 무엇인가를 좇아가는 경우가 적지 않다.

때로 대입 수험생 중에서 자기가 원하지 않는 학과를 선택하는 사람이 적지 않다. 왜냐하면 그 학과가 명문대학에 있기 때문이다. 명문대학에만 갈 수 있다면 원하지 않는 과도 마다하지 않는 것이다. 학부모는 아주 자랑스럽게 이야기할 것이다. "우리 아들이 명문대에 합격했어요!" 그 아들도 말할 것이다. "나는 명문대 다녀요!" 사실 그 마음 깊은 곳에서 은근한 아픔이 느

생을 마주하는 우리는 먼저 모든 것에 통달한 태도를 가져야 한다. 이런 태도는 우리 삶의 질을 결정한다. 마음의 상태가 삶의 모습을 결정하기 때문이다.

위단의 명상

꺼지기도 한다. 자기가 정말 좋아하는 전공은 다른 학교에 있기 때문이다. 잘못된 길을 선택한 것이다.

때로 젊은이는 아름다운 여인을 아내로 맞이하기 위해, 혹은 돈 많은 사람에게 시집가기 위해, 마음속의 진정한 사랑을 포기하기도 한다. 뭇 사람들의 눈길과 자신의 허영심 때문에 잘못된 길을 선택한 것이다.

'인생의 참모습에 진정 통달'하고, 인생에서 불필요한 '무이위'를 추구하지 않는 것, 이는 결코 쉬운 일이 아니다.

'천명의 참 모습에 통달한 사람은 인생에서 스스로 좌우할 수 없는 것과 도달할 수 없는 목표는 추구하지 않는다'란 어떤 뜻일까? 이런 목표들은 우리 마음속에서 엎치락뒤치락 씨름을 하며 집착하는 것들을 내려놓으라고 알려준다.

알제리에서는 산 원숭이들이 자주 논밭에 뛰어 들어가 곡식을 망친다고 한다. 그래서 이 지역에서는 원숭이를 잡기 위해 독특한 방식을 고안했다. 농민들은 병에 쌀을 넣어 집 문 앞에 두고 원숭이들을 유인한다. 병은 병목이 아주 가늘되 원숭이가 손을 펴서 집어넣을 때 딱 맞을 정도인 것으로 준비한다. 이렇게 하면 원숭이가 손을 넣어 쌀을 움켜쥐면 손을 뺄 수 없다.

이때 만일 '통달'을 아는 원숭이라면, 얼른 쌀을 놓고 병에서 손을 뺄 것이다. 그러나 백이면 백, 원숭이들은 전부 쌀을 꼭 움켜쥐고만 있다. 원숭이들은 쌀을 훔치러 왔다가 쌀을 한 움큼씩 쥐고 병에서 손을 빼지 못해 낑낑대며 잡히는 것이다.

이것은 단순히 원숭이만의 모습일까? 아니다. 이것은 인간 군상의 자화상이다!

인생의 참 모습에
통달한 사람은 타고난
본성에 필요 없는
일에는 힘쓰지 않는다.

『장자』「달생(達生)」

184

진전석 〈반림상엽가련홍(半林霜葉可憐紅)〉 부분화

이 이야기를 들으면 모두 실소를 금치 못할 것이다. 그러나 손에 쌀을 한 움큼 쥐고 그 쌀을 놓지 못해 일생을 망치거나 일생 동안 해를 입는 경우가 얼마나 많은가?

장자는 말한다. "생이 오는 것을 물리칠 수도 없고, 가는 것을 막을 수도 없다. 그것은 슬픈 일이다."

부모도 우리의 동의를 구하지 않고 우리를 이 땅에 데려왔고, 우리 역시 이 초청을 거절할 방법이 없었다. 시간이 우리의 아름다움을 빼앗아갈 때도 마찬가지로 우리의 동의를 구하지 않으며 우리가 이를 막을 길은 없다. 결국 생명은 자연스레 우리를 떠나가게 된다.

우리 생명은 오는 길도 막을 수 없고, 가는 길도 잡을 수 없다. 얼마나 가슴 아픈 일인가! 그러므로 진정 중요한 것은 이 생명을 어떻게 대하느냐에 있다.

사람들은 인생이 짧다고 한탄한다. 이 짧은 인생 중에서 성공과 성취를 이루기를 바란다. 그렇다면 인생의 목표를 정하면서 우리는 어떤 일을 해야 하고, 어떤 일을 하지 말아야 할까?

장자는 자신의 우화로 답을 알려준다. 견문과 경험이 그 사람의 능력과 용기를 결정한다.

장자는 공자의 이름을 빌려 이런 이야기를 한 적이 있다.

공자가 가장 사랑하는 제자였던 안연이 공자에게 말했다. "저는 예전에 상심이라는 깊은 못을 건넌 적이 있는데, 배 모는 사공의 기술이 매우 뛰어났습니다. 그 사람은 정말로 '배 몰기의 신'인 양, 신의 도움을 받는 듯 배를 다루었습니다. 제가 너무 부러워 물었습니다. '배를 모는 것도 배울 수 있습니까?' 그러자 사공이 대답했습니다. '그럼요. 배울 수 있죠.' 하지만 비밀 한 가지를 알려주면서 이렇게 말했습니다. '수영을 할 수 있다면 아주 쉽게 배를 몰 수 있습니다. 잠수를 할 줄 안다면 평생 배를 본 적이 없다 해도 배를 몰 수 있습니다.' 그래서 제가 왜 그런지 이유를 물었는데 사공은 아무 대답도 하지 않았습니다. 사부님, 왜 그런 것입니까?"

공자는 듣고 대답했다. "헤엄을 잘 치는 사람이 쉽사리 배울 수 있다는 것은 물을 잊기 때문이다."

진정으로 수영을 잘하는 사람은 물을 무서워하지 않는다. 심지어 물이 있다는 것조차 잊어버린다. 배를 몰 때에도 무서워하지 않는다. 배가 뒤집혔다 할지라도 목숨을 잃을 염려가 없기 때문이다. 잠수를 하는 사람은 어떻게 평생 배를 본 적이 없어도 두려움 없이 배를 몰 수 있을까? 잠수하는 사람은 파도를 육지에 있는 구릉처럼 여길 수 있어 깊은 못도 앞에 있는 높은 산으로 여기고, 또 배가 뒤집힐지라도 마차가 잠시 뒤로 물러난 것으로 여기기 때문이다. 강바닥까지 잠수를 하는 사람인데 배가 뒤집히는 것을 두려워하겠는가?

공자는 자신의 제자에게 세상의 도리가 바로 이와 같다고 알려주었다. 경험이 많은 사람이 한 가지 기교를 더 배우는 것은 더 쉽기 마련이고, 경험이 부족한 사람은 마음이 불안하기 마련이다.

공자는 안연에게 심지어 이런 예까지 들어주었다. "도박을 한번 생각해봐라. 도박을 할 때 값비싼 물건을 거는 사람도 있고, 싼 물건을 거는 사람도 있다. 달랑 기와 한 장으로 내기를 하는 사람은 마음에 전혀 부담이 없다. 어쨌든 기와 한 장은 잃어도 큰 문제가 되지 않기 때문이다. 아름답고 귀중한 허리띠를 거는 사람은 물건을 잃을까 전전긍긍하고, 마음을 놓을 수 없고 걱정이 생기게 된다. 황금을 내기로 거는 사람은 정신이 아득하고 마음이 혼란스러워지기 마련이다."

왜 그럴까? 그것은 외물은 너무 중요시 여겼기 때문이다. 가진 기술은 변함이 없는데, 누구나 외물을 소중히 여기면 속마음은 예외 없이 어리석어지는 것이다.

사실, 오늘날 많은 사람들이 중대한 결정일수록 실수를 하고 있다. 이런 상황은 타인에게 진 것이 아니라, 자신에게 진 것이라고 할 수 있다.

많은 사람들이 실패를 하는 진정한 이유는 마음속 '집착'에 져버렸기 때문이다. 마음속에 '집착'이 있으면, 큰일에 부딪혔을 때에 전전긍긍하고, 속수무책이 되며 당황해 어찌할 바를 모르게 된다. 얻을 것에 대해서 지나치게 집착을 했기 때문에 잃을 것에 대해서도 집착을 하는 것이다.

그러므로 장자는 우리에게 말한다. "이 세상 유한한 인생 속에서 우리는 많은 것을 배울 수 있고, 많은 것을 경험할 수 있다. 하지만 마음속 깊은 곳의 집착과 내려놓음, 깨달음을 얻을 수 있는지가 인생의 효율을 결정한다."

인생 동안 우리는 성패와 승부를 가르는 것은 한 사람의 기술이나 지식 수준이 아니라 마음 상태라는 것을 배우게 된다.

이해득실을 놓고 고민할 때, 마음속에 근심걱정이 있을 때, 경험과 기술은 최고치로 발휘될 수 없다.

장자는 「전자방田子方」편에서 이런 이야기를 한다.

열어구(列禦寇)란 바로 바람을 부리며 날아갈 수 있다는 열자(列子)를 말한다. 열어구는 백혼무인[1]에게 자신의 활솜씨를 자랑했

이 세상 유한한 인생 속에서 우리는 많은 것을 배울 수 있고, 많은 것을 경험할 수 있다. 하지만 마음속 깊은 곳의 집착과 내려놓음, 깨달음을 얻을 수 있는지가 인생의 효율을 결정한다.

위단의 명상

---

[1] 伯昏無人, 열자의 스승. 「덕충부(德充符)」편에 신도가와 자산이 백혼무인에게서 함께 수학했다는 이야기가 나온다.

다. 활을 쏘며 자신감으로 가득했다. 의기양양하게 활을 힘껏 뒤로 당기고, 그 후에는 자기 팔꿈치에 가득 따른 물 한 잔을 올려놓은 후, 그 상태에서 화살을 쏘았다. 첫 번째 화살을 쏘자마자 두 번째 화살도 숨 돌릴 겨를 없이 활에 메어 순식간에 쏘았다. 어느새 세 번째 화살을 활에 올려놓은 채 쏘려 하고 있었다. 그때까지 팔꿈치에 올려놓은 물 잔에는 파문 하나 일지 않았다. 열어구는 마치 나무로 만든 허수아비처럼 그 자리에 그대로 우뚝 서 있었다.

열어구 같은 활 솜씨를 별것 아니라고 치부하기는 어려울 것 같다. 그렇다면 열어구가 정말 대단한 경지에 오른 것일까? 백혼무인은 전혀 그렇게 여기지 않았다.

백혼무인는 이렇게 말했다. "이런 활쏘기는 활쏘기를 의식한 활쏘기일 뿐이지, 활쏘기를 잊어버린 활쏘기가 아니다." 또 말했다. "높은 산에 올라 위태로운 바위를 밟고 서서 백 길이나 되는 깊은 못을 내려다보게 한 다음 그래도 활을 잘 쏠 수 있을까?"

백혼무인은 먼저 높은 산에 올라 풍화되어가는 위태로운 바위를 밟고 서서 백 장이나 되는 깊은 못을 내려다보았다. 그리고 다시 뒤를 돌아 열어구를 바라보며, 깊은 못을 향해 뒷걸음질을 쳐서 자기 발바닥의 일부분이 절벽의 끝자락에 걸쳐질 때까지 걸어갔다. 그제야 백혼무인은 걸음을 멈추고, 열어구에게 바로 이곳에 와서 활을 쏴달라고 요청했다.

그러나 열어구는 그 광경을 보기만 해도 오금이 저려 땅에 엎어졌는데, 비 오듯 땀을 흘려 발뒤꿈치까지 땀에 젖었다.

그러자 백혼무인이 말했다. "인간 세상에서 진정 고명한 사람은 위로는 푸른 하늘을 꿰뚫어볼 수 있고 아래로는 황천을 볼 수 있으며 세계 만물을 마음에 일목요연하게 담아놓고 언제 어디서도 얼굴색 하나 변함없이 평안함을 유지할 수 있다."

열어구에게 말했다. "지금 가슴이 벌렁거리고 눈앞이 빙글빙글 도는 이 상황에서 다시 활을 쏜다면, 명중시킬 확률은 아주 적다."

이 이야기는 이 세상에서 기술은 절대적으로 의지할 만한 것이 아님을 알려주고 있다. 즉, 환경의 영향을 받지 않고 단독적으로 생존할 수 있는 사람은 한 명도 없다는 뜻이다.

열악한 환경에 처할 때 우리 마음에 과연 어떤 변화가 일어나는지 잘 살펴야 한다. 마음 상태가 안정되어 외재하는 두려움을 극복할 수 있을 때에만 진정 용기 있는 자가 될 수 있고, 기술도 발휘할 수 있는 가능성이 생긴다. 마음 상태가 이미 환경 때문에 그로기 상태가 되었다면, 어떤 일도 제대로 해낼 수 없다.

어떤 사람이 이런 실험을 했다.

어느 교수가 실험참가자 10명과 함께 실험에 참여했다. 교수는 깜깜한 집 안에 외나무다리를 하나 설치해놓은 후 실험참가자들에게 말했다. "이 집은 아주 어두운데, 우리 앞에는 외나무다리가 하나 놓여 있습니다. 제가 지금 여러분을 데리고 다리를 건너보겠습니다. 여러분은 저를 따라 오기만 하면 됩니다."

열 사람은 모두 교수를 따라갔다. 그들은 마치 평지를 밟듯 전혀 주저함 없이 외나무다리를 건너갔다. 다리를 다 건너자 교수는 등불을 밝혔다. 주위를 살펴본 순간 사람들은 너무나 놀라 그대로 주저앉을 뻔 했다. 방금 전에 건너온 외나무다리 아래에 거대한 저수지가 있고 저수지 안에는 악어 십여 마리가 유유히 노닐고 있던 것이다.

교수가 말했다. "자, 보세요. 이 다리가 바로 방금 전에 우리가 건너왔던 다리입니다. 지금 제가 다시 다리를 건너서 왔던 곳으로 돌아갈 텐데, 저와 함께 건너갈 자원자가 있습니까?"

자원자는? 한 사람도 없었다! 모두 그 자리에서 꼼짝도 하지 못했다. 교수가 말했다. "반드시 저와 함께 돌아갈 자원자가 필요합니다. 정말 용기 있는 사람이라면 저를 따라 돌아갈 수 있습니다."

결국 어렵사리 세 사람이 자원했다. 그러나 이 세 사람 중 한 사람은 절반 정도 따라가다가 몸이 너무 부들거려 발바닥을 외나무다리에 딱 붙이고 비틀거리며 건너갔다. 또 한 사람은 몇 걸음 가지 못해 엎드리더니 결국은 기어서 건너갔다. 오직 한 사람만 걸어서 건너갔다. 교수는 남은 일곱 명에게도 다리를 건너자고 권했지만, 그들은 어떤 권유에도 요지부동이었다.

이때 교수는 또다시 등불을 몇 개 더 밝혔다. 밝은 불빛 아래서 보니 이 다리와 악어 사이에는 보호망이 쳐져 있었다. 교수가 물었다. "지금 저를 따라서 이 다리를 건널 사람이 있습니까?" 그러자 이번엔 다섯 명이 자원했다. 보호망이 있다는 걸 알고는 마음을 놓고 교수를 따라 다리를 건너갔다.

교수는 최후까지 남은 두 사람에게 물었다. "아까도 이 다리를 건너지 않았습니까? 왜 지금은 저를 따라 돌아가려고 하지 않는 거죠?" 최후에 남은 두 사람은 부들거리며 대답했다. "이 망이 정말로 생명을 보장할 수 있을 정도로 안전한지 계속 걱정이 되어서 발이 안 떨어져요."

이것이야말로 우리가 매일 마주하는 진정한 삶의 모습이다.

때로 인생의 깊은 골짜기를 똑똑히 볼 수 없을 때, 아무런 생각 없이 그대로 돌진해버릴 수 있다. 그러나 어렴풋이 그 모습을 가늠하는 순간, 완전히 두려움에 사로잡힌다. 그러나 인생의 안전한 항구와 위험을 확실하게 바라보고 이익과 희생을 계산할 수 있을 때, 우리는 용기를 내어 비록 조금은 두렵고 떨리지만 자신을 이겨내며 앞으로 나갈 수 있다.

이때 걸어가는 행위도 일종의 기술이다. 이것이 그렇게 중요할까? 우리 마음속에서 어떤 판단을 내리는지가 가장 중요하다고 할 수 있다.

마음 상태가 삶의 모습을 결정한다.

그렇다면 마음이 최고의 상태를 유지하려면 어떻게 해야 할까? 또 최고의 마음 상태에 이르는 방법은 무엇일까?

장자는 싸움닭 이야기를 들려준다.

기성자는 대왕을 위해 싸움닭은 기르는 사람이었다. 대왕은 닭싸움을 아주 좋아해서 기성자가 세계를 제패할 싸움닭 한 마리를 길러내어 대회에 출전할 날만을 손꼽아 기다리고 있었다.

싸움닭 조련을 시작한 지 열흘이 지나자, 대왕은 기성자를 찾아 물었다. "내 닭이 이제 싸울 수 있겠는가?"

기성자는 대답했다. "아직 안되겠습니다. 이 닭은 혈기가 가득해 사람을 무시하고, 깃털을 세우고 무서운 눈빛을 한 것이 매우 교만하며 가슴에는 자기 기운만 가득합니다."

보통 사람이라면, '싸움닭은 이런 상태가 가장 좋은 상태가 아닌가?'라고 생각할 것이다. 그러나 진정으로 싸움닭을 훈련하는 사람이라면 이런 상태로는 절대 승리할 수 없다고 말한다.

다시 열흘이 지나자 대왕이 또 찾아와 물었다. 기성자는 대답했다. "아직 안 되겠습니다. 자기 혈기는 조금 누그러들었지만, 다른 닭이 조금만 움직이거나 소리를 내도 반응을 하고 싸우려고 합니다. 아직 안 됩니다."

또 열흘이 지나, 대왕이 세 번째 방문했다. 기성자가 말했다. "아직도 안 되겠습니다. 지금은 외부의 반응에 크게 연연하지는 않지만 눈빛에 분노와 불만이 서려 있어서 안 되겠습니다. 조금 더 기다려야 할 것 같습니다."

다시 열흘이 지나고 대왕이 다시 기성자를 찾자 기성자는 마침내 대답했다. "이제 어느 정도 수준에 오른 것 같습니다. 다른 닭이 움직이며 울어대더라도, 전혀 반응을 하지 않게 되었습니다."

이 닭의 이런 상태를 무엇이라고 할 수 있을까? 이 고사는 우리가 평소에 자주 사용하는 사자성어의 기원이 되었다. '태약목계呆若木雞' 나무로 깎아놓은 닭처럼 멍하다는 뜻이다. 기성자는 말했다. "이 닭은 이제 나무 닭처럼 보일 정도로 훈련을 받았으며, 드디어 필요한 덕을 다 갖추게 되었습니다." 즉, 정신을 안으로 모아 덕성이 자기의 것으로 완전히 내재화되었다는 뜻이다. 그러므로 이 닭은 그 자리에 가만히 서 있기만 해도, 다른 닭이 힐끔 쳐다보고는 소름이 끼쳐 황망히 줄행랑을 칠 정도가 되었다. 이런 상태야말로 싸움에 임할 수 있는 상태인 것이다.

『장자』에 나오는 우화들은 모두 깊은 성찰을 안겨준다. 장자의 사상은 일반인들과는 완연히 다른 가치판단 기준을 제공하기 때문이다.

언뜻 생각할 때는 닭이 싸움을 잘 하려면, 큰 북이 둥둥 울릴 때 담대하게 전장에 나서는 장사처럼 용기백배하고 용감무쌍하며 파이팅이 넘쳐나야 할 것 같다.

그러나 장자가 알려준 경지는 외재하는 능력들을 한 꺼풀 한 꺼풀 모두 벗겨낸 뒤 모든 에너지를 마음에만 집중시키는 경지다. 이것은 결코 투지가 없는 상태가 아니라 투지를 모두 내적으로 응집한 모습이다. 바로 이럴 때에 모든 덕이 갖추어지게 된다.

진정한 싸움을 벌이고 승리를 획득하는 비결은 용맹이나 기교에 달려 있는 것이 아니라 자신의 덕행에 달려 있다.

장자는 「달생」편에서 어느 목수 이야기를 하고 있다.

진정한 싸움을 벌이고 승리를 획득하는 비결은 용맹이나 기교에 달려 있는 것이 아니라 자신의 덕행에 달려 있다.

위단의 명상

노나라에는 재경이라는 목공이 있었는데, 재경은 나무를 깎아 '거(鐻)'를 만들었다.

이 '거'는 종탑을 걸어놓는 지지대의 좌우측에 있는 기둥으로 표면에는 맹수가 조각되어 있었다. 또 어떤 학설에서는 이 '거'는 일종의 악기이며 표면에는 호랑이가 조각되어 있다고 한다.

이 목공이 거를 어찌나 잘 만들던지 보는 사람마다 모두 깜짝 놀라며 목공의 기술을 귀신의 솜씨라고 감탄했다! 기술이 어떻게 이렇게 좋을까? 조각해놓은 맹수는 마치 살아서 움직일 것만 같았다.

재경의 명성은 사방으로 퍼져 결국은 국왕의 귀에까지 들어가게 되었다. 결국 노나라 제후가 목공 재경을 불러 조각의 비결이 무엇인지 물어보았다.

재경은 아주 겸손하게 대답했다. "저는 평범한 목수에 불과합니다. 저한테 무슨 비결이 있겠습니까? 아무런 비결도 없습니다!"

다시 말했다. "저는 거를 만들기 전에 제 힘이 조금이라도 낭비되지 않도록 마음을 다해 재계를 합니다. 재계를 하는 목적은 '마음을 고요하게 하기' 위해서입니다. 제 마음이 진정으로 평안해지도록 말입니다. 재계를 하는 과정 중 사흘째에는 제가 받을 수 있는 '칭찬, 상, 작위, 녹봉'을 잊어버립니다. 이런 것들은 다 버릴 수 있습니다. 그러니까 재계한 지 사흘째 되는 날, 저는 이익에 대해서 잊어버리게 됩니다. 재계한 지 닷새가 되면 저는 다른 사람이 제 작품에 던질 비난이나 칭찬, 시시비비에 더 이상 집착하지 않게 됩니다. 제가 잘 만들었다고 해도 그만, 못 만들었다고 해도 그만, 그걸로 끝일 뿐입니다. 그러니까 제가 세상 사람들의 인정과 명예를 잊어버렸다고 할 수 있습니다. 그후에 재계를 계속합니다. 이레가 되면 저는 저 자신의 '사지형체(四肢形體)'를 잊어버리게 됩니다. 즉, 일주일이 지나면 나를 잊는 경지에 도달합니다. 이때에 제가 조정을 위해 세울 공헌을 잊어버리게 됩니다. 모두 아시다시피 조정을 위해 무엇이라고 하고 싶은 마음에 좇기다 보면 잡념이 생기게 되고, 결국 아무것도 하지 못하게 됩니다. 이때가 되어야 저는 산으로 올라갑니다. 산에 올라간 후에 마음을 가라앉히고 필요한 목재를 찾습니다. 나무의 질감을 관찰하고 형태가 적합한 나무를 발견하면, 마치 눈앞에서 완성품을 보듯 선명하게 떠올립니다. 그리고 가장 적합한 목재를 베어 가공을 하면 지금 같은 작품으로 탄생하게 됩니다."

재경은 마지막으로 말했다. "제가 하는 일은 결단코 '이천합천(以天合天)'이라고 말할 수 있습니다. 저의 자연스러운 본성이 나무의 자연스러운 본성에 부합하도록 하는 이것이 바로 저의 비밀입니다."

목공의 이야기를 통해 우리는 깨달음을 얻는다. 솔직하고 담담한 마음이 좋은 마음이요, 최고의 상태에 이르러 '이천합천' 해야 무슨 일이든 최고의 결과를 얻을 수 있다는 것이다.

그렇다면 '이천합천'이란 도대체 어떤 것일까? 우리는 어떻게 '이천합천'을 이룰 수 있을까? 재계라는 것은 과연 어떤 의미가 있을까?

이천합천, 이 네 글자는 기억할 만한 가치가 있다.

사람은 규칙을 논할 때 반드시 그 자체로 규칙에 가장 부합하는 것을 가지고 논해야만 한다. 이 말은 다른 말로 말하면, 사람은 절대로 규칙과 씨름을 하고 싸워서는 안 된다는 뜻이다. 규칙을 위반해서는 안 된다. 이런 헛수고를 해서는 안 된다. 그 대신 자신의 마음을 깨끗하고 고요하게 만들어 이 세계의 위대한 지혜를 통해, 어떤 방법이 과연 '이천합천'할 수 있는 방법인지를 찾아야 한다. 이것이 바로 고효율 인생을 살아가는 비결이다. 목공은 7일간 재계를 했지만, 실제로는 세 단계를 거쳤다. 첫 번째 단계는 이익을 잊어버린다. 내가 하는 일로 세상에서 큰 이익을 얻고자 노력하지 않는다. 두 번째 단계는 타인의 인정과 명예를 잊어버린다. 사람들이 나에 대해서 칭찬이나 비난을 하고, 시비를 가린다 해도 그것이 나에게 얼마나 중요한 것일지 더 이상 생각하지 않는다. 세 번째 단계는 자신을 잊어버린다. 자신을 잊어버리는 경지에 다다를 때에만 최고의 결과를 얻을 수 있다.

오늘날 온갖 정보가 난무하는 시대에, 진정 사람의 마음을 감동시킬 수 있는 소식은 과연 어디에 있을까? 각종 최신 뉴스를 전하는 현장에 있다. 그곳에는 분명히 자신의 목숨을 버리고 죽음을 잊은 기자들이 있기 마련이다. 그들은 자신의 존재를 잊어버리고, 뉴스의 전달만을 자신의 사명으로 여기고 살아간다.

그들이 전하는 보도야말로 가장 가치가 있다고 할 수 있다.

만일 기자가 '지금 내 화장이 잘 되었나? 카메라 앵글이 어떤 각도일 때 화면이 가장 멋있나? 어떤 질문을 던져야 내가 더 돋보일까?' 등을 생각한다면, 분명히 생동감 넘치는 뉴스를 전달하는 데 실패할 것이다. 그렇기에 진정 바람직한 업무상은 나를 잊어버리는 상태에 도달하는 것이다.

이 목공은 우리에게 소박하면서도 아주 신비한 도리를 알려주었다. 임무를 가장 잘 완수하기 위해서는 세 단계를 거쳐야 한다. 이익을 잊고, 명성을 잊고, 나를 잊는다. 이 세 가지를 해낸다면, 이 세상 진리의 큰 규칙을 깨달을 것이며 '이천합천'도 실천할 수 있다.

이 도리가 난해한가? 절대 난해하지 않다. 이것은 우리 마음속에서 잃어버렸던 소박함을 다시 회복하라는 말이다. 이것이 바로 '순박함을 드러내고 통나무 같은 질박함을 품는 것'이다. 세상의 수많은 처세방식을 부수어버린 후에야 인생의 참 맛을 음미할 수 있다.

이 도리에 딱 맞는 이야기가 하나 있다.

아주 평범한 정원사가 있었다. 정원사는 각종 과일을 키우는 데 온 힘을 다했다.

그렇게 노력하던 어느 여름날, 마침내 포도를 한 광주리 가득 수확했다. 이것은 그가 최선을 다해 얻은 성과고, 포도는 알이 굵고 달고 맛있었다. 정원사는 너무나 기쁜 나머지 모든 사람들과 함

일을 가장 잘 완수하기 위해서는 세 단계를 거쳐야 한다. 이익을 잊고, 명성을 잊고, 나를 잊는다.

위단의 명상

께 맛있는 포도를 나누고 싶었다. 포도를 안고, 집 문 앞에 서서 길을 지나가는 사람들에게 포도를 건네주며 맛보게 했다.

한 상인이 다가오자, 정원사는 포도를 품에 안고 다가가 물었다. "제 포도 맛 좀 봐주실 수 있겠습니까?" 상인은 포도를 먹어보더니 말했다. "포도가 너무 맛있군. 이 포도는 얼마짜리요? 내가 돈은 꼭 지불하리다." 정원사는 급히 손사래를 치며 말했다. "돈은 필요 없습니다. 그냥 포도 맛이 어떤지 드셔보시라는 뜻이었습니다." 상인이 말했다. "무슨 이유로 나한테 포도를 공짜로 주는 거요? 나한테 포도를 주었으니까, 나도 반드시 돈을 줘야 하오! 미안해할 필요 없소. 자, 자, 우선 돈을 드리리다. 이 포도는 내가 가지고 가서 두고두고 먹도록 하죠." 상인은 돈을 억지로 손에 쥐어주고 포도를 들고 사라져버렸다.

정원사는 매우 속이 상했다. 바로 이때, 관원이 한 명 다가왔다. 정원사는 얼른 포도를 한 움큼 들고 가 관원에게 주며 물었다. "이 포도 맛이 어떻습니까?" 관원은 포도 맛을 보더니 이렇게 대답했다. "나에게 무슨 부탁할 일이 있어서 찾아온 거요? 할 말이 있으면 빨리 말해보오. 내가 아무런 보답도 안 해드릴 수 없으니 주저할 필요 없소. 무슨 일이 있소이까?" 그러자 정원사가 대답했다. "전 부탁하고 싶은 일이 없습니다. 그냥 제 포도 맛이 어떤지 맛보았으면 합니다!" 관원이 말했다. "그래도 뭐라도 한 가지 도와드리겠소. 안 그러면 내가 포도를 뇌물로 받은 것이 되어서 적절하지 않거든. 아니면 이 포도는 받지 않겠소!" 관원은 포도를 그 자리에 정중히 내려놓고는 떠나버렸다.

이 정원사는 더 속이 상했다. 이어서 꿀이 떨어질 듯 다정한 신혼부부를 발견했다. 이 젊은 여성은 분명히 신선한 과일을 아주 좋아할 거라고 확신하며 친절한 목소리로 권했다. "이 포도 맛 좀 보시겠소?" 부인은 포도를 받아들고 맛을 보더니 얼굴에 활짝 웃음꽃을 피웠다. 그러나 부인이 채 입을 열기도 전에, 남편이 가자미눈을 하고 정원사를 노려보며 말했다. "당신 지금 뭐하는 거요?" 깜짝 놀란 정원사는 도망쳤다. 맛이 어땠는지는 미처 물어볼 겨를도 없었다.

정원사는 너무 화가 났다. 마음이 답답하던 차에, 저 멀리 낡아빠진 옷을 입고 지나가는 한 노인이 눈에 들어왔다. 포도를 한 아름 안고 다가가 권했다. "제 포도 맛 좀 한번 보시오." 노인은 포도 송이를 받더니 포도를 한 알 한 알 정성스레 맛보면서 입에 침이 마르도록 칭찬을 했다. "세상 최고의 맛이네. 포도가 즙도 많고, 새콤달콤한 게 다른 포도하고는 비교가 안 되는 걸." 노인은 신나게 포도를 다 먹고 나서 기쁘게 자리를 떠났다.

이 정원사는 너무나 기뻤다. 비록 하루 종일 수고했지만 결국 이 노인만은 자신의 포도 맛을 정말 알아주는 것 같았기 때문이다.

우리의 삶 속에는 얼마나 많은 포도들이 우리를 기다리고 있는가? 그러나 우리는 포도를 진지하게 음미한 지 오래다. 우리는 이 포도의 뒤에는 분명히 어떤 목적이 기다리고 있을 것이라고 생각한다. 그것이 이익이거나, 명예, 혹은 정욕일지도 모른다. 사람의 행동에 어떻게 모두 목적이 있을 수 있단 말인가? 그래서 이것저것을 따지다 보면 포도의 진정한 맛을 잃어버리게 된다.

이 이야기는 장자의 교훈과 동일한 말을 하고 있다.

2000여 년이 넘는 동안 장자가 우리에게 알려준 교훈은 무엇인가? 모든 세속적인 마음을 깨뜨려버리고, 자기 생명이 본래 가지고 있던 소망으로 이 세계를 마주할 때, 당신은 비로소 세계의 진정한 의미를 깨닫게 된다는 것이다.

이 세계에서 우리 눈앞의 기회와 인생의 달콤함은 변함없이 존재한다. 우리가 해야 할 단 한 가지는 우리의 인생을 과연 어떤 모습으로 풀어낼지 결정하는 것이다.

생명은 잠시 잠깐에 불과하다. 우리의 손에 주어진 시간은 절대적으로 적다. 아무리 장수한들 100년이 최대다.

그러나 우리 손에 주어진 인생의 질은 사람에 따라 확연하게 달라진다.

인생의 질이 우리가 단순하게 생각하는 것처럼, 지식이 더 많고, 돈이 더 많고, 관직이 더 높으면 더 좋아진다고 단언할 수 없다. 오히려 그와는 정반대로, 자연의 모습으로 돌아가 천진난만한 마음으로 세상을 대하며 우리 생명이 어린아이의 순수함을 회복할 때에야, 우리는 가슴을 활짝 열고 마음에 재계를 치른 듯 명예와 이익을 내려놓고 자신을 완전히 잊어버릴 수 있다. 이렇게 자신을 잊어버린 경지야말로 천인합일이라고 할 수 있다.

나의 생명이 대도^{大道} 자연과 합해 하나가 될 때 비로소 천인합일에 이르고, 가장 참되고 가장 순수한 생명의 기쁨을 누리게 될 것이다.

대도와 자연

『장자』는 수많은 우화와 에피소드를 다루고 있다. 장자의 도리는 매우 소박하며 자연에 부합한다. 그 중에 담겨진 비밀은 단 하나, 바로 '큰 도는 자연에 부합한다'는 것이다.

그렇다면 '큰 도는 자연에 부합한다'는 장자의 말을 어떻게 이해해야 할까?

『장자』를 전체적으로 꿰뚫어보면, 모든 이론과 모든 우화는 한 가지 비밀을 담고 있다. 그것은 바로 '큰 도는 자연에 부합한다'는 것이다.

도가의 이론에서 사람은 대지를 법으로 삼고, 땅은 하늘을 법으로 삼으며, 하늘은 도를 법으로 삼고, 도는 자연을 법으로 삼는다. 세상의 만물들은 법칙에 부합하는 것이 가장 좋다는 뜻이다. 즉, 사람들, 사건들 사이를 단순히 기술의 우열로 평가하는 것이 아니라, 다만 경지의 우열로 평가할 뿐이다. 그렇다면 경지의 우열은 어떤 기준으로 나눌까? 기준은 오직 하나다. '큰 도는 자연에 부합한다.'

장자는 「지북유」편에서 '지知(지식)'라는 사람을 빌려 질문을 던진다. 무엇이 인간의 도인가? '지知'는 '지智(지혜)'라고도 읽을 수 있으며, 실제로도 큰 지혜가 있는 사람을 말한다.

지는 북쪽으로 현수 위까지 유람을 하다가 '무위위'라는 고명한 현인을 만나게 되었다. 지는 이렇게 물었다. "인간은 어떻게 생각하고 고민해야만 큰 도를 알 수 있습니까? 어떻게 처신하고 도를 섬겨야 도에 편안히 거할 수 있습니까? 어떤 과정과 어떤 방법으로 도를 터득할 수 있습니까?"

무위위는 벙어리처럼 입도 벙긋하지 않았다.

그래서 지는 현수를 떠나 백수가 있는 남쪽으로 돌아가서 호결 언덕 위에 올라 또 다른 고명한 현인을 만났는데, 광굴이었다. 지는 또다시 동일한 질문을 던졌다.

광굴이 대답했다. "내가 답을 알고 있소! 방금 답을 알려주려고 했는데, 하려던 말을 잊어버렸소."

답을 얻지 못한 지는 황제에게 가서 같은 질문을 했다. 그러자 황제는 이렇게 대답했다.

"생각하지 말고 고민하지 말아야 비로소 큰 도를 알게 된다. 이 세상에서 어떻게 처신할지 생각하지 말아야만 큰 도에 편안히 거할 수 있다. 과정을 생각하지 말고, 방법을 묻지 말아야 비로소 도를 터득할 수 있을 것이다."

이 말을 요약하자면, 인생에서 참고하려는 각 단계의 이정표를 잊어버리고, 그 대신 자신의 내면을 깊이 통찰하는 사람만이 유일무이한 자신을 찾을 수 있다는 것이다.

우리는 너무나 많은 시간을 낭비해가면서 타인을 부러워한다. 장자는 「추수」편에서 이런 이야기를 한다.

인생에서 참고하려는 각 단계의 이정표를 잊어버리고, 그 대신 자신의 내면을 깊이 통찰하는 사람만이 유일무이한 자신을 찾을 수 있다.

위단의 명상

이 세계에는 외발인 신수 기(夔)가 있는데, 기는 노래기를 매우 부러워했다. 노래기는 자기보다 발이 많아서 걸어갈 수 있기 때문이었다. 노래기는 발이 아주 많이 달린 곤충이다. 그런데 노래기는 뱀을 부러워했다. 뱀은 발은 없지만 노래기보다 빨리 갈 수 있기 때문이다. 반면 뱀은 바람을 부러워했다. 바람은 뱀보다 더 빨리 움직이는데, 눈에 보이지 않기 때문이었다. 그렇다면 바람은 무엇을 부러워했을까? 바람은 사람의 눈을 부러워했다. 바람은 아직 가지도 못한 곳에 사람의 눈빛은 바람보다 더 빨리 도달하기 때문이다. 세상에서 제일 빠른 것은 사람의 눈빛일까? 눈빛도 부러워한 것이 있으니, 그것은 바로 사람의 마음이다. 눈빛이 아직 미치지 못할 때에도 마음은 닿아 있기 때문이다. 마음이 조금만 움직이면 생각과 그리움은 이미 아득한 곳에 가 있다.

천자는 큰 아름다움을 가지고 있지만 말하지 않는다.

『장자』「자북유」

우리는 어린 시절 롤 모델의 영향을 받으며 성장했다. 예전에는 이런 사람을 본받을 사람이라고 했고, 요즘에는 우상이라고 표현한다. 우리에게는 자기보다 더 우수하게 보이고, 부러워하며, 본보기로 삼아 닮고 싶은 자신만의 우상이 있다.

그런데 우리는 정말 다른 사람이 되고 싶어 한단 말인가? 이런 우화가 하나 있다.

자신이 너무 작은 것을 한탄하는 쥐 한 마리가 있었다. 쥐는 세상에서 제일 큰 것을 찾고 싶었다. 고개를 들어 하늘을 보았다. 하늘보다 더 큰 것이 세상에 있을까? 그래서 쥐는 다짐했다. "내 인생 최고의 경지는 하늘의 진리를 찾는 거야. 하늘은 두려워하는 것도 없고, 너무나 광활해서 온 사방을 다 뒤덮잖아." 쥐는 하늘을 향해 물었다. "하늘아, 너는 아무것도 두려워하지 않지? 이렇게 조그만 나한테 용기를 줄 수 있겠니?"

하늘은 쥐에게 말했다. "나도 무서워하는 것이 있어. 나는 구름을 무서워해. 구름은 태양을 가릴 수 있거든. 태양하고 하늘은 빽빽한 구름으로 구석구석까지 다 가려진단다."

쥐는 구름이 더 대단한 것 같아 구름을 찾아가 부탁했다. "너는 하늘도 가리고, 태양도 가릴 수 있으니까, 천하에서 힘이 제일 센 게 맞지?"

그러자 구름이 대답했다. "아니야. 나도 바람을 무서워해. 하늘을 빽빽하게 가려놓아도 바람이 한번 불면 전부 흩어져 버리거든. 그래서 나도 무서워하는 게 있단다."

쥐는 또다시 바람을 찾아가 물었다. "하늘에 있는 만물들이 다 너를 막을 수 없을 정도로 너는 힘이 아주 세잖아. 너는 무서워하는 것이 없지?"

바람은 대답했다. "나도 무서워하는 게 있어. 나는 담을 무서워해. 하늘의 구름은 불어서 흩어버릴 수 있지만, 담은 어찌할 수가 없어. 그래서 담이 나보다 더 대단하다고."

쥐는 담에게 쪼르르 달려가서 물었다. "너는 바람도 막을 수 있으니까, 세상에서 힘이 제일 센 것이 맞지?"

그러나 담이 한 대답은 쥐를 깜짝 놀라게 했다. 담은 말했다. "나도 세상에서 제일 무서워하는 게 있는데, 그건 바로 쥐야. 쥐가

담 밑을 갉아 먹어서 구멍이 많이 생겼거든. 나처럼 거대한 담도 쥐 구멍이 많아지면 언젠가는 무너져버리고 말거야."

이 말을 들은 쥐는 큰 깨달음을 얻었다. "알고 봤더니 이 세상에서 제일 대단한 것은 바로 나잖아."

사실 이런 탐색과 추구하는 과정은 어린 시절부터 커서까지 일생동안 자신의 우상을 찾고, 존경하는 롤 모델을 따라다가 결국 자신의 마음을 발견하게 되는 일련의 과정과 같지 않은가?

각 생명의 개체는 비록 외양은 다르지만, 본질은 서로 같다.

각 사람의 인생은 모두 독특하다. 우상만 좇기보다 자신을 똑바로 아는 것이 더 현명한 일이다. 우리는 절대 다른 사람과 같아질 수 없기 때문이다.

비록 우리 인생길에 고난과 어려움이 있다고 할지라도, 그 길에서 만나는 것이 고난이든 영광이든 이 모든 것은 지나간다.

우리는 삶에서 많은 일들을 겪는다. 그러나 기회는 여전히 올 것이고, 풍파는 지나갈 것이다. 삶의 모든 기회를 통해 자신을 깨닫는 것, 이것이 바로 도가가 말하는 천지에 부합하는 큰 도다.

장자는 마지막으로 우리에게 경종을 울린다. "물질세계 속에서 자신을 상실하고, 세속 가운데 자신의 성정까지 잃어버린다면, 이 사람은 삶 전체의 본말이 전도되게 된다."

우리가 진정 분별해야 하는 외재적인 장애물은 두 가지다. 하나는 물질이며, 또 하나는 세속의 가치관이다. 물질이란 대개

비록 우리 인생길에 고난과 어려움이 있다고 할지라도, 그 길에서 만나는 것이 고난이든 영광이든 이 모든 것은 지나간다.

위단의 명상

일종의 이익이며 우리의 판단력을 흐리게 한다. 세속의 가치관이란, 일종의 언어나 시선이며 우리의 가치관을 혼란하게 한다. 만일 물질세계 속에서 자신을 상실하고, 세속에서 자신의 성정까지 잃어버린다면, 이런 사람은 자신 안의 가치관과 힘을 철저히 상실하게 된다.

자신 안의 가치관과 힘을 잃지 않으려면 어떻게 해야 할까? 어떻게 해야 상실하지 않는 삶을 살 수 있을까? 이를 위해서 우리는 다음과 같은 사실을 알고 있어야 한다. 지금 만나는 모든 일들은 결국은 모두 지나갈 것이다. 현재 좋고 아름다운 것들을 많이 누리고 있다 하더라도, 이 좋고 아름다운 것도 지나간다. 현재 짊어지고 가야 할 힘겨운 고난도 너무나 많이 있지만, 이 고난 역시 지나갈 것이다.

이런 이야기가 있다.

어느 나라의 국왕이 꿈을 꾸었는데, 꿈속에서 이런 목소리를 들었다. "이 세상에서 이 한 구절만 잘 기억하고 있다면, 일생 동안 무엇을 얻고 잃을지 걱정하지 않고, 큰 영광이나 큰 수욕 없이 평안한 삶을 살 수 있을 것이다."

그런데 잠에서 깨어난 국왕은 그 말을 잊어버리고 말았다. 평생 동안 지키면 복을 받을 수 있는 중요한 계시인데, 국왕은 아무리 기억을 더듬어도 생각이 나지 않았다. 국왕은 거대한 다이아몬드 반지 하나를 만든 뒤, 백관들에게 명했다. "그 한마디 계시가 무엇인지 반드시 찾아오도록 해라. 누구든지 그 계시를 찾아오는 사람에게는 이 반지를 하사하겠노라."

어느 날 제일 지혜로운 노 대신이 국왕에게 말했다. "국왕님, 그 다이아몬드 반지를 우선 저에게 주십시오!"

국왕이 물었다. "네가 찾았느냐?"

노 대신은 대답 대신 다이아몬드 반지를 받아, 반지 안쪽에 글을 새겨 국왕에게 다시 돌려주고는 휑하니 자리를 떠났다.

글귀를 살펴보던 국왕은 꿈속에서 들었던 그 한마디 계시가 바로 이것임을 직감할 수 있었다. 반지에는 아주 담담한 한마디가 적혀 있었다. "이 모든 것은 지나가리라."

영광도 지나가고 치욕도 지나가며, 휘황함도 지나가고 고난도 지나갈 것이다. 우리 곁의 모든 것은 왔다가 사라지는 존재일 뿐이다. 그러므로 우리의 삶이 그 한가운데를 통과할 때 우리가 할 일이란, 매 순간 최선을 다하는 것이다.

장자는 말한다. "큰 도는 자연에 부합한다."

그렇다면 무엇이 진정한 '천지간의 큰 도'인가? 큰 도는 일종의 규칙이다.

우리는 나이도 다르고, 처지도 다르고, 학력도 다르고, 출신도 다르며, 걸어왔던 길도 다르고, 경험했던 세계도 서로 다르다. 그렇기에 더욱 천지 대도의 법에 부합해야만 한다. 다만 자신의 세계만 볼 수 있을 뿐, 다른 사람의 세계는 볼 수 없다. 다른 사람의 경험을 참고할 수 있겠지만 진정으로 이해하고, 느낄 수 있는 것은 자신의 마음뿐이다.

장자는 천지간에 진정 자신의 마음을 이해하는 사람이야말로 '선양생자'라고 불렀다. 그렇다면 진정으로 자신의 마음을 이해하는 사람은 누구일까?

장자는 진정한 선양생자는 목자, 양을 치는 사람과 같다고 했다. 목자는 비록 채찍을 휘두르기는 하지만 전체 양 무리에게는 아주 친절하다. 목자의 채찍은 어디로 향할까? 의심의 여지 없이 뒤로 처지는 양에게 향한다. 앞에서 잘 가는 양은 때릴 필요가 없다. 제일 마지막에 뒤쳐진 양이 빨리 전진해야만 전체 양 무리도 전진할 수 있다.

이 이야기는 현재 관리학에서 너무나 유명한 '나무통 이론'과도 맞물린다. 나무통은 높이가 다른 나뭇조각 여럿을 이어서 만드는데, 어떤 나뭇조각은 길고 어떤 나뭇조각은 짧기 마련이다. 이 물통에 얼마나 많은 물을 담을 수 있느냐는 가장 짧은 나뭇조각의 길이에 따라 결정된다.

양 무리이건 나무통이건, 어쨌든 가장 뒤처지는 양도 있고, 가장 짧은 나뭇조각도 있다. 내 양 무리 중에서 가장 뒤처지는 양은 무엇이고, 내 나무통에서 제일 짧은 조각은 과연 무엇인지는, 오직 자기 자신만이 알 수 있다.

어떤 사람은 자기의 가장 긴 나뭇조각에만 고정되어 있으며, 가장 앞장서서 달려가는 양 한 마리만 보고 있다. 이런 사람은 자기 자랑할 거리가 떨어지지 않는다. 사람들 앞에서 항상 우쭐대며 "내 인생의 하이라이트는 거기였어"라고 말할 수 있다.

---

1 善養生者, 양생을 잘하는 사람

뒤에 처진 양떼 중 산등성이에서 잃어버린 양이 도대체 몇 마리인지 알 수 없는 지경인데도, 앞장서는 양이 여전히 위풍당당하다는 이유로 여전히 앞장선 양만을 바라보며 희희낙락한다. 가장 긴 나뭇조각이 다른 사람들을 추월한 것만 보고 있다가는 가장 짧은 나뭇조각 때문에 나무통의 물이 다 샌 사실은 모를 수 있다.

그러므로 '내 인생에서 가장 뒤쳐진 양은 무엇인가? 나에게서 가장 짧은 나뭇조각은 무엇인가?'를 항상 자문해야 한다.

인생의 가장 큰 지혜는 위기에 처한 자신에게 해결책을 찾아주는 것이지, 비단 위에 금실로 수만 놓으려는 허영이 아니다. 금상첨화는 타인을 위한 보여주기일 뿐이다. 실제 자신을 위한다면 눈 오는 날에 쓸 수 있는 숯을 준비해야만 한다.

이런 도리로 이 세계를 바라보는 장자는 이렇게 말한다. "이 세상에서 사람들의 도덕이 마음에 견고하게 지켜진다면, 외재하는 예의와 규범이 필요하겠는가?! 사람들의 성정이 흩어지지 않고 사람의 참 본성을 거스르지 않았다면 외재하는 예악이 필요하겠는가?!"

현재 미디어에서 시도 때도 없이 선전하고 홍보하는 각종 도덕관념을 살펴보자. 표창과 상장은 넘쳐나고 있지만, 실제로 이는 우리 사회가 이미 도덕적인 마지노선을 뛰어넘었다는 반증이기도 하다. 예를 들어, 많은 기관에서 효자 선발을 하고 있다. 부모의 병상을 떠나지 않고 수발을 들었고, 노인을 공경했다고 표창한다. 그러나 이런 일들이 반드시 미디어가 나서서 칭찬을 해주어야만 하는 일일까? 부모를 공경하고 효도하는 것은 사람

진전석 〈평생심사(平生心事)〉 부분화

됨이라는 기준에서 최저선이 아닐까?

장자는 인간 세상에서 가장 소박한 것이란 바로 인간 마음속의 참 모습이기 때문에, 외재하는 시끄러운 소리로 의식적인 홍보나 계몽을 해서는 안 된다고 주장한다.

장자는 모든 도덕과 법규는 사람 마음속의 가장 자연적인 참모습에서 비롯된 것이기에, 외재적인 형식을 통해 의시적으로 행동을 할 필요가 없다고 말한다.

하지만 공자는 예의는 사람에게 있어서, 더 나아가 국가에 있어서 모두 매우 중요하다고 주장한다.

도대체 누가 맞고 누가 틀린 것일까? 우리는 유가와 도가의 다른 점을 어떻게 이해해야 할까?

여기서 도가와 유가의 진정 다른 점을 생각해보도록 하자.

유가는 예의를 중시한다. 외재적인 행위규범을 준수하고 예의로써 타인과 사회를 대하며, 외재적인 준칙과 규범을 통해 화합된 세계를 만들어가야 한다고 주장한다. 그러나 도가는 마음의 도덕을 따를 것을 주장한다. 외재적인 어떤 인위적인 시도가 필요 없는 대신 자기 마음속의 소리를 들으라고 한다.

유가는 인간이 세상에서 살아가는 방법을 가르쳐준다. 인간의 자아는 반드시 사회라는 토양에서 뿌리내려야 한다. 반면 도가는 우리가 이 세상을 초월하는 방법을 가르쳐준다. 초월적인 인격을 실현해주며 하늘로 비상하는 날개를 달아준다.

유가는 이 땅에서 실천할 수 있는 능력을 가르친다. 그렇기에 사람과 사람 간에 예의가 필요하다. 그러나 도가는 하늘을 비상하는 이상을 알려주기 때문에 자기 마음속의 도덕만 준수하면 된다.

사실 이 두 가지는 오늘날 현대인의 시각으로 볼 때 결코 어느 한쪽도 소홀이 할 수 없는 문제다. 유가와 도가 사이에는 충돌이 존재하고, 어떤 관점들은 모순되는 것 같지만 개인적인 삶에 응용할 때에는 상호보완 작용을 한다.

이 세계에서 자신을 아는 것만큼 중요한 것이 없다. 자신의 생명을 큰 도에 부합시킨다면, 인생의 수많은 길을 잘못 들어서지 않고 제대로 갈 수 있다.

우리가 실패하는 원인은 무엇일까? 결코 달리기 속도가 느려서가 아니라 지혜가 없기 때문이다.

이런 이야기가 있다.

영양은 가장 재빠르고 기민한 동물 중에 하나다. 어느 날 거북을 깔보아 거북에게 달리기 경주를 하자고 제안했다. 이 경기의 승부는 이미 결정된 것이 아닐까? 그러나 거북은 이 제안을 흔쾌하게 받아들이며 다음 날 아침 일찍 시합을 시작하자고 했다.

그다음 날 아침, 영양은 거북과 같은 출발선에 섰다. 경주가 시작되자마자, 영양은 거북은 거들떠보지도 않은 채 쏜살같이 튀어나갔다. 영양은 숨 가쁘게 한 구간을 내달린 후 짐짓 멈추어 서서 으스대며 외쳤다. "거북아, 너 어디까지 왔니?" 그런데 갑자기 멀지 않은 앞길 풀숲에서 거북의 느릿느릿한 목소리가 들려왔다. "나 여기 있는 걸. 너는 계속 달리렴."

영양은 놀라 자빠질 뻔했다. '거북이 무슨 재주로 나보다 더 앞서 간 거야?' 영양은 죽어라고 앞으로 달렸다. 한 구간을 달린 후, 영양은 다시 멈추어 서서 외쳤다. "거북아, 나를 따라왔니?" 그러자 갑자기 몇 걸음 떨어진 풀숲에서 또다시 거북의 느려터진 목소리가 들려왔다. "내가 너보다 더 빨리 달리고 있거든. 빨리 달려."

귀신이 곡할 노릇이라 생각한 영양은 심지어 두렵고 당황스럽기까지 했다. 영양은 또 한 구간을 달리고 다시 거북에게 물었다. 거북은 영양의 물음에 대답했는데, 여전히 자기보다 몇 걸음 더 빨리 달리고 있었다. 영양은 결승선까지 달려왔지만, 결승선에서 마저도 먼저 도착해 자기를 기다리고 있는 거북을 발견했다. 영양은 자신은 실패했다고, 자기의 속도는 아무런 소용도 없다고 인정할 수밖에 없었다.

어떻게 된 일일까? 경주 전날 저녁, 거북은 영양과 함께 달리기 시합을 하겠다고 한 후, 가족을 총동원해 가야 하는 길목마다 매

복시켜놓았다. 그래서 영양은 어디든 간에, 항상 자기 앞에서 기다리고 있는 거북을 볼 수 있었던 것이다. 결승선에서는 거북이 승리자로 영양을 맞이했다. 불쌍한 영양은 이런 허상에 자신이 졌다는 사실을 인정해야 했다.

지혜는 속도보다 더 중요하며, 판단력은 기술보다 더 뛰어난 무기다.

위단의 명상

이 이야기는 어떤 점을 알려주는가? 이 세계에서 지혜는 속도보다 더 중요하며, 판단력은 기술보다 더 뛰어난 무기임을 알려준다.

장자는 이 세계는 반드시 처음의 본질로 돌아가야 한다고 주장했다. 즉, 외재하는 도덕은 조금 적어도 된다. 기술을 너무 과도하게 신뢰하지 마라. 최고의 소박함으로 돌아가 본래의 참모습을 회복해야 한다.

현대 사회는 치열한 경쟁이 벌어지며, 심지어 어떤 이는 수단과 방법을 가리지 않고 자신의 이익과 명예를 추구한다.

장자가 우리 현대인에게 주는 의의는 내 안의 소박하고 자연적인 담담함을 조금 더 많이 가지고, 기회주의적이며 의식적인 행위는 조금 적게 하라는 데 있다. 그렇지 않는다면 우리는 이 세계에서 자신을 잃어버릴 것이다.

그렇다면 자신의 유한한 생명으로 자연의 큰 도에 합하도록 하는 방법이 있을까?

장자는 말한다. "자신의 행위를 비워내고 담담한 마음이 고요하며 더 이상 놀라지도 혼란스럽지도 않을 때, 이를 두고 '하늘의 덕에 합한다'고 말한다."

우리의 생명은 자주 각종 고비에 빠지게 된다. 고비에 빠졌을 때 명확한 판단력과 마음속 냉정함에 의지하는 것만이 고비에서 벗어날 수 있는 진정한 해결책이다. 이때에 과연 누가 우리의 마음을 이끌어줄 수 있을까?

다음과 같은 실화가 있다.

지질학과 학생들이 교수를 따라 천년이 넘은 고대 동굴에 지질조사를 하러 갔다. 이 고대 동굴에는 진귀한 수정석이 있다는 소문이 파다했기에, 학생들은 이 동굴에 수정석이 존재하는지 밝혀보고 싶은 생각이 간절했다. 그러나 그 동굴은 매우 깊었던 탓에 탐사 중 돌아오지 못한 사람도 적지 않았다. 모두는 이곳이 생사의 고비가 될 것이라고 생각했다.

학생들은 많은 장비를 가지고 들어갔다. 조명등, 횃불, 나침반 등 모든 것을 준비한 후, 교수의 인도에 따라 동굴에 들어갔다. 동굴은 과연 굽이굽이 돌고 도는 미로와 같았다. 동굴의 한 곳 한 곳을 차례대로 거치고, 한 층 한 층을 올라가 마침내 동굴 가장 깊은 곳에 도달해 꿈에도 그리던 수정석을 발견했다. 눈앞에 펼쳐진 눈부신 광경에 감탄을 마지않으며, 이곳에 오길 정말 잘했다고 자랑스러워했다. 조사 작업이 끝난 후 돌아가려는데 문제가 생겼다. 눈앞에 펼쳐진 많은 동굴의 입구는 거의 비슷하게 생긴데다 각 동굴은 어디가 끝인지 알 수 없을 정도로 깊어, 판단력이 모두 마비된 것이다.

바로 이때 교수가 담담하게 이야기했다. "이 곳에는 전에 왔던 탐험자들이 남긴 표지가 있다. 이 길목에 석회석으로 그린 기호가 보이지? 이곳을 따라 나가도록 하자." 그리고 모두 표지를 따라 걸어갔다. 교수는 등불을 들고 학생들을 데리고 앞장서서 걸었다. 일정 거리마다 표지를 발견한 교수는 외쳤다. "여기에 다른 탐사자들이 남긴 표지가 있다!" 교수는 이 표지를 어느 누구보다도 먼저 발견해냈다.

석회석으로 그린 표지를 따라 결국 동굴을 빠져나올 수 있었다. 동굴 입구를 나선 순간 학생들은 땅에 털퍼덕 주저앉았고, 어떤 학생은 심지어 대성통곡을 하기까지 했다. 어떤 이는 말했다. "정말 생사의 고비에서 죽다 살아왔다! 다른 탐사자들이 남긴 표지가 없었다면 우리는 절대 이곳을 빠져나오지 못했을 거야."

이때 교수는 묵묵히 주머니 속에서 토막이 된 석회석 조각을 꺼내 들었다. 사실 모든 표지는 이 교수가 탐사 길에 남겼던 것이다.

본래 그들은 생사의 고비가 결정되는 곳을 탐험했고, 절대 빠져나오지 못할 위험에 처해 있었으며, 그들을 인도해줄 탐사자는 아무도 없었던 것이다. 그러나 자신의 마음을 의지해, 마음의 길을 따랐을 때 교수는 학생들을 이 생사의 고비에서 구해낼 수 있었다.

이것은 마치 인생의 훈련과도 같다. 우리가 휘황한 목표를 추구하고, 물질과 이익에 유혹 당할 때, 우리는 위험까지도 잊어버린다. 가는 길 동안 아무런 표지도 하지 않고 한 번에 빠져들었다가는 결국 돌아올 길을 못 찾을 수도 있다. "문득 지나온 길

돌아보니, 아득한 안개가 푸르른 숲을 뒤덮고 있구나."[2]

우리가 왔던 길을 분별할 수 없을 때, 다시 처음으로 돌아갈 수 있을까? 이때가 되어서야 우리는 비로소 자신이 왜 열정 하나만 믿고 목표 하나만을 바라보고 앞으로 나가려고만 했지, 돌아갈 길을 미처 표시해두지 않았는지 후회한다. 이것은 바로 우리가 세상에서 길을 잃어버린 모습이다.

장자는 「천도天道」편에서 이런 이야기를 하고 있다. 요와 순은 함께 천하를 다스리는 문제를 토론했는데, 그 둘은 서로 다른 태도를 보였다.

순이 요에게 물었다. "당신은 어떤 마음으로 세계를 대하고, 천하를 다스립니까?"

요가 대답했다. "나는 의지할 데 없는 사람들을 절대로 무시하지 않으며, 가난하고 곤궁한 사람들을 절대 버리지 않습니다. 죽은 사람에 대해 자비와 연민의 마음을 가지며, 아이들을 사랑하고 여인들을 동정합니다. 이것이 바로 내가 마음을 쓰는 부분입니다."

요의 대답은 사실 유가의 관점을 대표한다고 할 수 있다. 유가는 관용과 온화함, 자비와 연민의 태도로 전 세계를 대하며,

---

2 卻顧所來徑(각고소내경), 蒼蒼橫翠微(창창횡취미). ─〈下終南山過斛斯山人宿置酒(하종남산과곡사산인숙치주)〉, 이백

특히 약자를 동정한다.

순은 요에게 말했다. "세상을 향한 당신의 마음 씀씀이는 선하고 좋다고 할 수는 있지만 위대한 경지라고 할 수는 없습니다." 그러자 요가 순에게 물었다. "당신께서 말씀하신 위대함이란 과연 어떤 것을 말합니까?"

순이 대답했다. "하늘이 바로 그곳에서 생성되며, 대지가 평안하고, 태양과 달이 돌아가며 이 세상을 비추고, 사시는 전혀 태만함 없이 운행이 되는데, 온 세상이 이렇게 돌아가는 것은 마치 낮이 끝나면 밤이 되는 것처럼, 또는 하늘에 구름이 있어야 비가 오는 것처럼, 변화의 규칙이 있는 것입니다."

간단히 말하자면, 세계 모든 자연의 자연적임, 이것이 바로 위대함이라는 것이다.

순의 말을 다 들은 요는 말했다. "알겠습니다. 제가 말한 마음 씀은 인간의 도에 부합하고, 당신께서 말한 그 마음 씀은 하늘의 도에 부합하는군요. 하늘의 도야말로 큰 도이지요."

외재하는 모든
세계야말로 인간의 가장
좋은 스승이다.

위단의 명상

외재하는 모든 세계야말로 인간의 가장 좋은 스승이다. 스스

220

로 그 가운데 빠져들 때에만 이 세계를 느낄 수 있고, 꽃잎 하나에도 철저한 깨달음을 얻을 때 우리는 만물의 이치를 통찰할 수 있다.

한 늙은 추장이 자기 부락의 젊은이들에게 한 이야기가 있다.

추장은 말했다. "자네들은 먼 곳으로 여행을 떠나, 자신의 인생을 개척하게. 내 일생 동안 나는 자네들에게 두 마디만 전달해주겠네. 내가 자네들에게 종이 한 장씩을 주고 한마디를 써줄 테니 자네들은 세상에서 경험을 쌓고, 공을 세우고 목표를 완성한 후에 다시 나를 찾아오게. 그러면 내가 나머지 한마디도 알려주지."

이렇게 젊은이들은 작은 종이 한 장씩을 손에 들고 사방 천지로 흩어졌다. 그들은 자신만의 영욕과 고난을 거치면서 매 순간마다 종이에 쓰인 그 한마디를 바라보았다. 종이에는 아주 간단한 말이 적혀 있었다. "두려워 마라." 사람은 두려워하지 않을 때 어떤 고난이라도 뛰어넘을 수 있다.

어느새 그들은 수많은 시행착오를 거치고, 혹은 수많은 역경을 거치며 중년의 나이를 훌쩍 넘기게 되었다. 그중 어떤 이들은 풍상을, 어떤 이들은 영광을 안고 고향을 찾았다. 추장은 그들에게 나머지 한마디를 전해주었다. "후회하지 마라."

인생의 전반기에는 두려워 말며, 후반기에는 후회하지 말아야 한다. 이 세계에서 우리는 두려움도 후회도 없어야 한다. 사실 인생은 최선을 다하는 것, 그것 외에는 아무것도 없다. 서양의 철학, 동양의 가르침, 천지의 큰 도는 이 도리에 부합한다.

이런 이야기가 있다.

어떤 젊은이가 지혜로운 노인과 내기를 했다. 젊은이는 새 한 마리를 손에 쥐고 말했다. "지혜로운 어르신, 어르신께서 모든 것을 통찰할 수 있으시다면 미래를 한번 예측해보시지요. 제 손 안에 있는 이 새는 죽을까요, 아니면 살까요?" 이 젊은이는 승리가 자기 손에 달려 있다고 여겼다. 노인이 만일 새가 살 거라고 하면 새를 죽이면 되고, 죽을 거라고 하면 주먹을 펴서 새가 날아가게 하면 되니까 노인을 이기는 것은 식은 죽 먹기라고 생각했다. 그러자 노인은 담담히 말을 건네었다. "생명은 바로 자네 손에 달려 있네."

내 생명도 이 한 마리 새와 다름없다. 나는 내 생명을 살릴 수도, 죽일 수도 있다. 그 결말은 천지에 합일하는 자신의 마음에 달려 있다.

생명은 유한하며, 흐르는 시간은 짧고도 고통스럽다. 그러나 천지 속에서 내 마음이 대자연의 큰 도에 합한다면, 내 마음은 결국 다음을 이룰 것이다. "내 생명은 내 손에 달려 있다."

부록

_『장자』 원문

『장자』「내편」「소요유」제1장

北冥有魚, 其名爲鯤. 鯤之大, 不知其幾千里也. 化而爲鳥, 其名爲鵬. 鵬之背, 不知其幾千里也. 怒而飛, 其翼若垂天之雲. 是鳥也, 海運則將徙於南冥. 南冥者, 天池也.

『齊諧』者, 志怪者也. 『諧』之言曰: "鵬之徙於南冥也, 水擊三千里, 摶扶搖而上者九萬里, 去以六月息者也." 野馬也, 塵埃也, 生物之以息相吹也. 天之蒼蒼, 其正色邪? 其遠而無所至極邪? 其視下也, 亦若是則已矣.

且夫水之積也不厚, 則負大舟也無力. 覆杯水於坳堂之上, 則芥爲之舟. 置杯焉則膠, 水淺而舟大也. 風之積也不厚, 則其負大翼也無力. 故九萬里則風斯在下矣, 而後乃今培風; 背負靑天而莫之夭閼者, 而後乃今將圖南.

蜩與鸒鳩笑之曰: "我決起而飛, 搶楡枋, 時則不至, 而控於地而已, 奚以之九萬里而南爲?" 適莽蒼者, 三湌而反, 腹猶果然; 適百里者, 宿舂糧; 適千里者, 三月聚糧. 之二蟲又何知!

小知不及大知, 小年不及大年. 奚以知其然也? 朝菌不知晦朔, 蟪蛄不知春秋, 此小年也. 楚之南有冥靈者, 以五百歲爲春, 五百歲爲秋; 上古有大椿, 以八千歲爲春, 八千歲爲秋. 而彭祖乃今以久特聞, 衆人匹之, 不亦悲乎!

湯之問棘也是已: 窮髮之北, 有冥海者, 天池也. 有魚焉, 其廣數千里, 未有知其修者, 其名爲鯤. 有鳥焉, 其名爲鵬, 背若泰山, 翼若垂天之雲, 摶扶搖羊角而上者九萬里, 絶雲氣, 負靑天, 然後圖南, 且適南冥也.

斥鴳笑之曰: "彼且奚適也? 我騰躍而上, 不過數仞而下, 翺翔蓬蒿之間, 此亦飛之至也, 而彼且奚適也? 此小大之辯也.

故夫知效一官, 行比一鄕, 德合一君, 而徵一國者, 其自視也, 亦若此矣. 而宋榮子猶然笑之. 且擧世而譽之而不加勸, 擧世而非之而不加沮, 定乎內外之分, 辯乎榮辱之竟, 斯已矣. 彼其於世, 未數數然也. 雖然, 猶有未樹也.

夫列子御風而行, 泠然善也. 旬有五日而後反. 彼於致福者, 未數數然也. 此雖免乎行, 猶有所待者也.

若夫乘天地之正, 而御六氣之辯, 以遊無窮者, 彼且惡乎待哉! 故曰: 至人無己, 神人無功, 聖人無名.

堯讓天下於許由, 曰: "日月出矣, 而爝火不息, 其於光也, 不亦難乎! 時雨降矣, 而猶浸灌, 其於澤也, 不亦勞乎! 夫子立而天下治, 而我猶尸之, 吾自視缺然. 請致天下." 許由曰: "子治天下, 天下旣已治也. 而我猶代子, 吾將爲名乎? 名者, 實之賓也, 吾將爲賓乎? 鷦鷯

巢於深林, 不過一枝; 偃鼠飲河, 不過滿腹. 歸休乎君, 予無所用天下爲! 庖人雖不治庖, 尸
祝不越樽俎而代之矣."

肩吾問於連叔曰: "吾聞言於接輿, 大而無當, 往而不返. 吾驚怖其言猶河漢而無極也.
大有逕庭, 不近人情焉." 連叔曰: "其言謂何哉?" "曰, '藐姑射之山, 有神人居焉, 肌膚若冰
雪, 淖約若處子. 不食五穀, 吸風飲露; 乘雲氣, 御飛龍, 而遊乎四海之外; 其神凝, 使物不疵
癘而年穀熟'. 吾以是狂而不信也." 連叔曰: "然! 瞽者無以與乎文章之觀, 聾者無以與乎鍾
鼓之聲. 豈唯形骸有聾盲哉? 夫知亦有之. 是其言也, 猶時女也. 之人也, 之德也, 將旁礴萬
物以爲一, 世蘄乎亂, 孰弊弊焉以天下爲事! 之人也, 物莫之傷. 大浸稽天而不溺, 大旱金石
流, 土山焦而不熱. 是其塵垢粃糠, 將猶陶鑄堯舜者也, 孰肯以物爲事!"

宋人資章甫而適諸越, 越人短髮文身無所用之.

堯治天下之民, 平海內之政. 往見四子, 藐姑射之山, 汾水之陽, 窅然喪其天下焉.

惠子謂莊子曰: "魏王貽我大瓠之種, 我樹之成而實五石. 以盛水漿, 其堅不能自擧也. 剖
之以爲瓢, 則瓠落無所容. 非不呺然大也, 吾爲其無用而掊之." 莊子曰: "夫子固拙於用大
矣. 宋人有善爲不龜手之藥者, 以世世以洴澼絖爲事. 客聞之, 請買其方百金. 聚族而謀曰:
'我世世以洴澼絖, 不過數金. 今一朝而鬻技百金, 請與之.' 客得之, 以說吳王. 越有難, 吳王
使之將. 冬, 與越人水戰, 大敗越人, 裂地而封之. 能不龜手一也; 或以封, 或不免於洴澼絖,
則所用之異也. 今子有五石之瓠, 何不慮以爲大樽. 而浮乎江湖, 而憂其瓠落無所容? 則夫
子猶有蓬之心也夫!"

惠子謂莊子曰: "吾有大樹, 人謂之樗. 其大本擁腫而不中繩墨, 其小枝卷曲而不中規矩.
立之塗, 匠者不顧. 今子之言, 大而無用, 衆所同去也." 莊子曰: "子獨不見狸狌乎? 卑身而
伏, 以候敖者; 東西跳梁, 不避高下; 中於機辟, 死於罔罟. 今夫斄牛, 其大若垂天之雲. 此能
爲大矣, 而不能執鼠. 今子有大樹, 患其無用, 何不樹之於無何有之鄉, 廣莫之野, 彷徨乎無
爲其側, 逍遙乎寢臥其下. 不夭斤斧, 物無害者, 無所可用, 安所困苦哉!"

『장자』「내편」「제물론」제2장

南郭子綦隱机而坐, 仰天而噓, 荅焉似喪其耦. 顏成子游立侍乎前, 曰: "何居乎? 形固可
使如槁木, 而心固可使如死灰乎? 今之隱机者, 非昔之隱机者也?" 子綦曰: "偃, 不亦善乎,
而問之也! 今者吾喪我, 汝知之乎? 女聞人籟而未聞地籟, 女聞地籟而未聞天籟夫!"

子游曰: "敢問其方." 子綦曰: "夫大塊噫氣, 其名爲風. 是唯無作, 作則萬竅怒呺. 而獨

不聞之蓼蓼乎? 山林之畏佳, 大木百圍之竅穴, 似鼻, 似口, 似耳, 似枅, 似圈, 似臼, 似洼者, 似污者; 激者, 謞者, 叱者, 吸者, 叫者, 譹者, 宎者, 咬者, 前者唱于而隨者唱喁. 泠風則小和, 飄風則大和, 厲風濟則眾竅爲虛. 而獨不見之調調, 之刁刁乎?”

子游曰:“地籟則眾竅是已, 人籟則比竹是已, 敢問天籟.”子綦曰:“夫吹萬不同, 而使其自己也, 咸其自取, 怒者其誰邪!”

大知閑閑, 小知閒閒, 大言炎炎, 小言詹詹. 其寐也魂交, 其覺也形開. 與接爲構, 日以心鬪. 縵者, 窖者, 密者. 小恐惴惴, 大恐縵縵. 其發若機栝, 其司是非之謂也; 其留如詛盟, 其守勝之謂也. 其殺若秋冬, 以言其日消也. 其溺之所爲, 之不可使復之也; 其厭也如緘, 以言其老洫也; 近死之心, 莫使復陽也. 喜怒哀樂, 慮嘆變慹, 姚佚啓態 樂出虛, 蒸成菌. 日夜相代乎前而莫知其所萌. 已乎, 已乎! 旦暮得此, 其所由以生乎!

非彼無我, 非我無所取. 是亦近矣, 而不知其所爲使. 若有眞宰, 而特不得其眹. 可行已信, 而不見其形. 有情而無形. 百骸九竅六藏, 賅而存焉. 吾誰與爲親? 汝皆說之乎? 其有私焉? 如是皆有爲臣妾乎? 其臣妾不足以相治乎? 其遞相爲君臣乎? 其有眞君存焉! 如求得其情與不得, 無益損乎其眞. 一受其成形, 不化以待盡. 與物相刃相靡, 其行進如馳, 而莫之能止, 不亦悲乎! 終身役役, 而不見其成功, 苶然疲役, 而不知其所歸, 可不哀邪! 人謂之不死, 奚益! 其形化, 其心與之然, 可不謂大哀乎? 人之生也, 固若是芒乎? 其我獨芒, 而人亦有不芒者乎?

夫隨其成心而師之, 誰獨且無師乎? 奚必知代, 而心自取者有之? 愚者與有焉. 未成乎心而有是非, 是今日適越而昔至也. 是以無有爲有. 無有爲有, 雖有神禹且不能知, 吾獨且奈何哉!

夫言非吹也, 言者有言. 其所言者特未定也. 果有言邪, 其未嘗有言邪? 其以爲異於鷇音, 亦有辯乎, 其無辯乎? 道惡乎隱而有眞僞? 言惡乎隱而有是非? 道惡乎往而不存? 言惡乎存而不可? 道隱於小成, 言隱於榮華. 故有儒墨之是非, 以是其所非, 而非其所是. 欲是其所非而非其所是, 則莫若以明.

物無非彼, 物無非是. 自彼則不見, 自知則知之. 故曰: 彼出於是, 是亦因彼. 彼是方生之說也. 雖然, 方生方死, 方死方生; 方可方不可, 方不可方可; 因是因非, 因非因是. 是以聖人不由而照之於天, 亦因是也. 是亦彼也, 彼亦是也. 彼亦一是非, 此亦一是非, 果且有彼是乎哉? 果且無彼是乎哉? 彼是莫得其偶, 謂之道樞. 樞始得其環中, 以應無窮. 是亦一無窮, 非亦一無窮也. 故曰: 莫若以明.

以指喻指之非指, 不若以非指喻指之非指也; 以馬喻馬之非馬, 不若以非馬喻馬之非馬也. 天地一指也, 萬物一馬也.

可乎可, 不可乎不可. 道行之而成, 物謂之而然. 惡乎然? 然於然. 惡乎不然? 不然於不然. 物固有所然, 物固有所可. 無物不然, 無物不可. 故爲是舉莛與楹, 厲與西施, 恢恑憰怪, 道通爲一.

其分也, 成也; 其成也, 毀也. 凡物無成與毀, 復通爲一. 唯達者知通爲一, 爲是不用而寓諸庸. 庸也者, 用也. 用也者, 通也. 通也者, 得也. 適得而幾矣. 因是已, 已而不知其然謂之道. 勞神明爲一, 而不知其同也, 謂之'朝三'. 何謂'朝三'? 狙公賦芧, 曰: "朝三而暮四.", 衆狙皆怒. 曰: "然則朝四而暮三". 衆狙皆悅. 名實未虧而喜怒爲用, 亦因是也. 是以聖人和之以是非而休乎天鈞, 是之謂兩行.

古之人, 其知有所至矣. 惡乎至? 有以爲未始有物者, 至矣, 盡矣, 不可以加矣! 其次以爲有物矣, 而未始有封也. 其次以爲有封焉, 而未始有是非也. 是非之彰也, 道之所以虧也. 道之所以虧, 愛之所以成. 果且有成與虧乎哉? 果且無成與虧乎哉? 有成與虧, 故昭氏之鼓琴也; 無成與虧, 故昭氏之不鼓琴也. 昭文之鼓琴也, 師曠之枝策也, 惠子之據梧也. 三子之知幾乎皆其盛者也, 故載之末年. 唯其好之也以異於彼. 其好之也欲以明之. 彼非所明而明之, 故以堅白之昧終. 而其子又以文之綸終, 終身無成. 若是而可謂成乎? 雖我亦成也; 若是而不可謂成乎, 物與我無成也. 是故滑疑之耀, 聖人之所圖也. 爲是不用而寓諸庸, 此之謂'以明'.

今且有言於此, 不知其與是類乎? 其與是不類乎? 類與不類, 相與爲類, 則與彼無以異矣. 雖然, 請嘗言之. 有始也者, 有未始有始也者, 有未始有夫未始有始也者. 有有也者, 有無也者, 有未始有無也者, 有未始有夫未始有無也者. 俄而有無矣, 而未知有無之果孰有孰無也. 今我則已有謂矣. 而未知吾所謂之其果有謂乎? 其果無謂乎?

天下莫大於秋毫之末, 而大山爲小; 莫壽於殤子, 而彭祖爲夭. 天地與我竝生, 而萬物與我爲一. 旣已爲一矣, 且得有言乎? 旣已謂之一矣, 且得無言乎? 一與言爲二, 二與一爲三. 自此以往, 巧曆不能得, 而況其凡乎! 故自無適有, 以至於三, 而況自有適有乎? 無適焉, 因是已.

夫道未始有封. 言未始有常, 爲是而有畛也. 請言其畛; 有左有右, 有倫有義, 有分有辯, 有競有爭, 此之謂八德. 六合之外, 聖人存而不論. 六合之內, 聖人論而不議. 春秋經世, 先王之志, 聖人議而不辯.

故分也者, 有不分也. 辯也者, 有不辯也. 曰: "何也?" "聖人懷之, 衆人辯之, 以相示也. 故曰: 辯也者, 有不見也." 夫大道不稱, 大辯不言. 大仁不仁, 大廉不嗛, 大勇不忮. 道昭而不道, 言辯而不及. 仁常而不成, 廉清而不信, 勇忮而不成. 五者圓而幾向方矣. 故知止其所不知, 至矣. 孰知不言之辯, 不道之道? 若有能知, 此之謂天府. 注焉而不滿, 酌焉而不竭, 而不知其所由來. 此之謂葆光.

故昔者堯問於舜曰: "我欲伐宗膾胥敖. 南面而不釋然, 其故何也?" 舜曰: "夫三子者, 猶存乎蓬艾之間. 若不釋然, 何哉? 昔者十日竝出, 萬物皆照. 而況德之進乎日者乎!"

齧缺問乎王倪曰: "子知物之所同是乎?" 曰: "吾惡乎知之!" "子知子之所不知邪?" 曰: "吾惡乎知之!" "然則物無知邪?" 曰: "吾惡乎知之! 雖然, 嘗試言之: 庸詎知吾所謂知之非不知邪? 庸詎知吾所謂不知之非知邪? 且吾嘗試問乎女: 民濕寢, 則腰疾偏死. 鰌然乎哉? 木處則惴慄恂懼, 猨猴然乎哉? 三者孰知正處? 民食芻豢, 麋鹿食薦, 蝍蛆甘帶, 鴟鴉嗜鼠, 四者孰知正味? 猨猵狙以爲雌, 麋與鹿交, 鰌與魚游. 毛嬙麗姬, 人之所美也; 魚見之深入, 鳥見之高飛, 麋鹿見之決驟. 四者孰知天下之正色哉? 自我觀之, 仁義之端, 是非之塗, 樊然殽亂. 吾惡能知其辯!" 齧缺曰: "子不知利害, 則至人固不知利害乎?" 王倪曰: "至人神矣! 大澤焚而不能熱. 河漢沍而不能寒. 疾雷破山, 飄風振海而不能驚. 若然者, 乘雲氣, 騎日月, 而遊乎四海之外, 死生無變於己, 而況利害之端乎!"

瞿鵲子問乎長梧子曰: "吾聞諸夫子: 聖人不從事於務, 不就利, 不違害, 不喜求, 不緣道, 無謂有謂, 有謂無謂, 而遊乎塵垢之外. 夫子以爲孟浪之言, 而我以爲妙道之行也. 吾子以爲奚若?"

長梧子曰: 是皇帝之所聽熒也, 而丘也何足以知之! 且女亦大早計. 見卵而求時夜, 見彈而求鴞炙. 予嘗爲女妄言之, 女以妄聽之. 奚旁日月, 挾宇宙, 爲其脗合, 置其滑涽, 以隸相尊? 衆人役役, 聖人愚芚. 參萬歲而一成純. 萬物盡然, 而以是相蘊. 予惡乎知說生之非惑邪! 予惡乎知惡死之非弱喪而不知歸者邪?

麗之姬, 艾封人之子也. 晉國之始得之也, 涕泣沾襟. 及其至於王所, 與王同筐牀, 食芻豢, 而後悔其泣也. 予惡乎知夫死者不悔其始之蘄生乎? 夢飲酒者, 旦而哭泣; 夢哭泣者, 旦而田獵. 方其夢也, 不知其夢也. 夢之中又占其夢焉. 覺而後知其夢也. 且有大覺而後知此其大夢也, 而愚者自以爲覺, 竊竊然知之. '君乎! 牧乎!'固哉! 丘也與女皆夢也. 予謂女夢亦夢也. 是其言也, 其名爲弔詭. 萬世之後而一遇大聖知其解者, 是旦暮遇之也.

既使我與若辯矣, 若勝我, 我不若勝, 若果是也, 我果非也邪? 我勝若, 若不吾勝, 我果是也? 而果非也邪? 其或是也? 其或非也邪? 其俱是也? 其俱非也邪? 我與若不能相知也. 則人固受其黮闇, 吾誰使正之? 使同乎若者正之, 既與若同矣, 惡能正之? 使同乎我者正之, 既同乎我矣, 惡能正之? 使異乎我與若者正之, 既異乎我與若矣, 惡能正之? 使同乎我與若者正之, 既同乎我與若矣, 惡能正之? 然則我與若與人俱不能相知也, 而待彼也邪?

"何謂和之以天倪?" 曰: "是不是, 然不然. 是若果是也, 則是之異乎不是也亦無辯; 然若果然也, 則然之異乎不然也亦無辯. 化聲之相待, 若其不相待. 和之以天倪, 因之以曼衍, 所

228

以窮年也. 忘年忘義, 振於無竟. 故寓諸無竟.

罔兩問景曰: "曩子行, 今子止; 曩子坐, 今子起. 何其無特操與?" 景曰: "吾有待而然者邪? 吾所待又有待而然者邪? 吾待蛇蚹蜩翼邪? 惡識所以然, 惡識所以不然?"

昔者莊周夢爲胡蝶, 栩栩然胡蝶也. 自喻適志與, 不知周也. 俄然覺, 則蘧蘧然周也. 不知周之夢爲胡蝶與, 胡蝶之夢爲周與. 周與胡蝶則必有分矣. 此之謂物化.

『장자』「내편」「양생주」제3장

吾生也有涯, 而知也無涯. 以有涯隨無涯, 殆已! 已而爲知者, 殆而已矣! 爲善無近名, 爲惡無近刑. 緣督以爲經, 可以保身, 可以全生, 可以養親, 可以盡年.

庖丁爲文惠君解牛. 手之所觸, 肩之所倚, 足之所履, 膝之所踦. 砉然嚮然, 奏刀騞然, 莫不中音, 合於桑林之舞, 乃中經首之會.

文惠君曰: "譆, 善哉! 技蓋至此乎?" 庖丁釋刀對曰: "臣之所好者道也, 進乎技矣. 始臣之解牛之時, 所見無非全牛者; 三年之後, 未嘗見全牛也; 方今之時, 臣以神遇而不以目視. 官知之而神欲行. 依乎天理, 批大郤, 導大窾, 因其固然, 技經肯綮之未嘗, 而況大軱乎? 良庖歲更刀, 割也; 族庖月更刀, 折也; 今臣之刀十九年矣, 所解數千牛矣, 而刀刃若新發於硎. 彼節者有間而刀刃者無厚, 以無厚入有間, 恢恢乎其於遊刃必有餘地矣. 是以十九年而刀刃若新發於硎. 雖然, 每至於族, 吾見其難爲, 怵然爲戒, 視爲止, 行爲遲, 動刀甚微, 謋然已解, 如土委地. 提刀而立, 爲之四顧, 爲之躊躇滿志, 善刀而藏之." 文惠君曰: "善哉! 吾聞庖丁之言, 得養生焉."

公文軒見右師而驚曰: "是何人也? 惡乎介也? 天與? 其人與?" 曰: "天也, 非人也. 天之生是使獨也. 人之貌有與也. 以是知其天也, 非人也."

澤雉十步一啄, 百步一飲, 不蘄畜乎樊中. 神雖王, 不善也.

老聃死, 秦失弔之, 三號而出. 弟子曰: "非夫子之友邪?" 曰: "然." "然則弔焉若此可乎?" 曰: "然." 始也吾以爲其人也, 而今非也. 向吾入而弔焉, 有老者哭之, 如哭其子; 少者哭之, 如哭其母. 彼其所以會之, 必有不蘄言而言, 不蘄哭而哭者. 是遁天倍情, 忘其所受. 古者謂之遁天之刑. 適來, 夫子時也; 適去, 夫子順也. 安時而處順, 哀樂不能入也. 古者謂是帝之懸解."

指窮於爲薪, 火傳也, 不知其盡也.

『장자』 「내편」 「인간세」 제4장

顔回見仲尼, 請行. 曰: "奚之?" 曰: "將之衛." 曰: "奚爲焉?" 曰: "回聞衛君, 其年壯, 其行獨. 輕用其國而不見其過. 輕用民死, 死者以國量, 乎澤若蕉. 民其無如矣! 回嘗聞之夫子曰: '治國去之, 亂國就之, 醫門多疾.' 願以所聞思其則, 庶幾其國有瘳乎!"

仲尼曰: "譆! 若殆往而刑耳. 夫道不欲雜. 雜則多, 多則擾. 擾則憂, 憂而不救. 古之至人, 先存諸己而後存諸人. 所存於己者未定, 何暇至於暴人之所行! 且若亦知夫德之所蕩而知之所爲出乎哉? 德蕩乎名? 知出乎爭. 名也者, 相軋也; 知者也, 爭之器也. 二者凶器, 非所以盡行也.

且德厚信矼, 未達人氣; 名聞不爭, 未達人心. 而强以仁義繩墨之言術暴人之前者, 是以人惡有其美也, 命之曰菑人. 菑人者, 人必反菑之. 若殆爲人菑夫.

且苟爲悅賢而惡不肖, 惡用而求有以異? 若唯無詔, 王公必將乘人而鬪其捷. 而目將熒之, 而色將平之, 口將營之, 容將形之, 心且成之. 是以火救火, 以水救水, 名之曰益多. 順始無窮. 若殆以不信厚言, 必死於暴人之前矣!"

"且昔者桀殺關龍逢, 紂殺王子比干, 是皆修其身以下傴拊人之民, 以下拂其上者也, 故其君因其修以擠之. 是好名者也.

昔者, 堯攻叢枝胥敖, 禹攻有扈. 國爲虛厲, 身爲刑戮. 其用兵不止, 其求實無已, 是皆求名實者也. 而獨不聞之乎? 名實者, 聖人之所不能勝也. 而況若乎? 雖然, 若必有以也, 嘗以語我來."

顔回曰: "端而虛, 勉而一, 則可乎?" 曰: "惡! 惡可! 夫以陽爲充孔揚, 采色不定, 常人之所不違. 因案人之所感, 以求容與其心. 名之曰日漸之德不成. 而況大德乎! 將執而不化, 外合而內不訾, 其庸詎可乎!"

"然則我內直而外曲, 成而上比. 內直者, 與天爲徒. 與天爲徒者, 知天子之與己, 皆天之所子. 而獨以己言蘄乎而人善之, 蘄乎而人不善之邪? 若然者, 人謂之童子. 是之謂與天爲徒. 外曲者, 與人之爲徒也. 擎跽曲拳, 人臣之禮也. 人皆爲之, 吾敢不爲邪? 爲人之所爲者, 人亦無疵焉. 是之謂與人爲徒. 成而上比者, 與古爲徒. 其言雖教, 古之有也, 非吾有也. 若然者, 雖直而不病. 是之謂與古爲徒. 若是則可乎? 仲尼曰: "惡! 惡可! 大多政法而不諜. 雖固, 亦無罪. 雖然, 止是耳矣, 夫胡可以及化! 猶師心者也."

顔回曰: "吾無以進矣, 敢問其方?" 仲尼曰: "齋, 吾將語若. 有心而爲之, 其易邪? 易之者, 暤天不宜." 顔回曰: "回之家貧, 唯不飮酒不茹葷者數月矣. 如此則可以爲齋乎?" 曰: "是祭祀之齋, 非心齋也."

230

顏回曰: "敢問心齋?"仲尼曰: "若一志, 無聽之以耳而聽之以心; 無聽之以心而聽之以氣. 聽止於耳, 心止於符. 氣也者, 虛而待物者也. 唯道集虛. 虛者, 心齋也."

顏回曰: "回之未始得使, 實自回也; 得使之也, 未始有回也. 可謂虛乎?"夫子曰: "盡矣! 吾語若. 若能入遊其樊而無感其名. 入則鳴, 不入則止. 無門無毒, 一宅而寓於不得已, 則幾矣. 絕迹易, 無行地難. 爲人使易以僞, 爲天使難以僞. 聞以有翼飛者矣, 未聞以無翼飛者也. 聞以有知知者矣, 未聞以無知知者也. 瞻彼闋者, 虛室生白, 吉祥止止, 夫且不止, 是之謂坐馳. 夫徇耳目內通而外於心知. 鬼神將來舍, 而況人乎! 是萬物之化也. 禹舜之所紐也. 伏羲, 几蘧之所行終, 而況散焉者乎!

葉公子高將使於齊, 問於仲尼曰: "王使諸梁也甚重. 齊之待使者, 蓋將甚敬而不急. 匹夫猶未可動, 而況諸侯乎! 吾甚慄之. 子常語諸梁也, 曰: '凡事若小若大, 寡不道以歡成. 事若不成, 則必有人道之患; 事若成, 則必有陰陽之患. 若成若不成而後無患者, 唯有德者能之.' 吾食也執粗而不臧, 爨無欲清之人. 今吾朝受命而夕飮氷, 我其內熱與! 吾未至乎事之情而既有陰陽之患矣! 事若不成, 必有人道之患. 是兩也. 爲人臣者不足以任之, 子其有以語我來!"

仲尼曰: "天下有大戒二: 其一命也, 其一義也. 子之愛親, 命也. 不可解於心. 臣之事君; 義也, 無適而非君也. 無所逃於天地之間. 是之謂大戒. 是以夫事其親者, 不擇地而安之, 孝之至也. 夫事其君者, 不擇事而安之, 忠之盛也. 自事其心者, 哀樂不易施乎前, 知其不可奈何而安之若命, 德之至也. 爲人臣子者, 固有所不得已. 行事之情而忘其身. 何暇至於悅生而惡死! 夫子其行可矣!

"丘請復以所聞: 凡交近則必相靡以信, 遠則必忠之以言. 言必或傳之. 夫傳兩喜兩怒之言, 天下之難者也. 夫兩喜必多溢美之言, 兩怒必多溢惡之言. 凡溢之類妄, 妄則其信之也莫, 莫則傳言者殃. 故法言曰: '傳其常情, 無傳其溢言, 則幾乎全.'

"且以巧鬪力者, 始乎陽, 常卒乎陰, 泰至則多奇巧; 以禮飲酒者, 始乎治, 常卒乎亂. 泰至則多奇樂. 凡事亦然, 始乎諒, 常卒乎鄙; 其作始也簡, 其將畢也必巨. 言者, 風波也; 行者, 實喪也. 夫風波易以動, 實喪易以危. 故忿設無由, 巧言偏辭. 獸死不擇音. 氣息茀然, 於是竝生心厲. 剋核太至, 則必有不肖之心應之而不知其然也. 苟爲不知其然也, 孰知其所終! 故法言曰: '無遷令, 無勸成. 過度益也.' 遷令勸成殆事. 美成在久, 惡成不及改, 可不愼與! 且夫乘物以遊心, 託不得已以養中, 至矣. 何作爲報也! 莫若爲致命. 此其難者?

顏闔將傅衛靈公太子, 而問於蘧伯玉曰: "有人於此, 其德天殺. 與之爲無方則危吾國. 與之爲有方則危吾身. 其知適足以知人之過, 而不知其所以過. 若然者, 吾奈之何?"蘧伯玉曰: "善哉問乎! 戒之, 愼之, 正女身哉! 形莫若就, 心莫若和. 雖然, 之二者有患. 就不欲入,和不欲出. 形就而入, 且爲顚爲滅, 爲崩爲蹶; 心和而出, 且爲聲爲名, 爲妖爲孽. 彼且爲嬰兒, 亦與之爲嬰兒. 彼且爲無町畦, 亦與之爲無町畦; 彼且爲無崖, 亦與之爲無崖; 達之, 入於無疵."

"汝不知夫螳螂乎? 怒其臂以當車轍, 不知其不勝任也. 是其才之美者也. 戒之, 愼之! 積伐而美者以犯之, 幾矣!

汝不知夫養虎者乎? 不敢以生物與之, 爲其殺之之怒也; 不敢以全物與之, 爲其決之之怒也. 時其飢飽, 達其怒心. 虎之與人異類, 而媚養己者, 順也; 故其殺者, 逆也.

夫愛馬者, 以筐盛矢, 以蜄盛溺. 適有蚊虻僕緣, 而拊之不時, 則缺銜毁首碎胸. 意有所至而愛有所亡. 可不愼邪!"

匠石之齊, 至乎曲轅, 見櫟社樹. 其大蔽數千牛, 絜之百圍. 其高臨山十仞而後有枝. 其可以爲舟者旁十數. 觀者如市. 匠伯不顧, 遂行不輟. 弟子厭觀之, 走近匠石, 曰: "自吾執斧斤以隨夫子, 未嘗見材如此其美也. 先生不肯視, 行不輟, 何邪?" 曰: "已矣, 勿言之矣! 散木也. 以爲舟則沈. 以爲棺槨則速腐. 以爲器則速毁. 以爲門戶則液樠. 以爲柱則蠹. 是不材之木也. 無所可用, 故能若是之壽."

匠石歸, 櫟社見夢曰: "女將惡乎比予哉? 若將比予於文木邪? 夫柤梨橘柚果蓏之屬, 實熟則剝, 剝則辱. 大枝折, 小枝泄. 此以其能苦其生者也. 故不終其天年而中道夭. 自掊擊於世俗者也. 物莫不若是. 且予求無所可用久矣! 幾死, 乃今得之, 爲予大用. 使予也而有用, 且得有此大也邪? 且也若與予也皆物也. 奈何哉其相物也? 而幾死之散人, 又惡知散木!" 匠石覺而診其夢. 弟子曰: 趣取無用, 則爲社何邪? 曰: "密! 若無言! 彼亦直寄焉, 以爲不知己者詬厲也. 不爲社者, 且幾有翦乎! 且也彼其所保與衆異, 而以義喩之, 不亦遠乎?"

南伯子綦遊乎商之丘, 見大木焉, 有異: 結駟千乘, 隱將芘其所藾. 子綦曰: "此何木也哉? 此必有異材夫. 仰而視其細枝, 則拳曲而不可以爲棟樑. 俯而視其大根, 則軸解而不可以爲棺槨; 咶其葉, 則口爛而爲傷; 嗅之, 則使人狂酲三日而不已. 子綦曰: "此果不材之木也, 以至於此其大也. 嗟乎! 神人以此不材."

宋有荆氏者, 宜楸柏桑. 其拱把而上者, 求狙猴之杙者斬之; 三圍四圍, 求高名之麗者斬之; 七圍八圍, 貴人富商之家, 求樿傍者斬之. 故未終其天年而中道之夭於斧斤. 此材之患也. 故解之以牛之白顙者, 與豚之亢鼻者, 與人有痔病者, 不可以適河. 此皆巫祝以知之矣, 所以爲不祥也. 此乃神人之所以爲大祥也.

支離疏者, 頤隱於臍, 肩高於頂, 會撮指天, 五管在上, 兩髀爲脇, 挫鍼治繲, 足以餬口; 鼓筴播精, 足以食十人. 上徵武士, 則支離攘臂而遊於其間. 上有大役, 則支離以有常疾不受功; 上與病者粟, 則受三鍾與十束薪. 夫支離其形者, 猶足以養其身, 終其天年. 又況支離其德者乎!

孔子適楚, 楚狂接輿遊其門, 曰: "鳳兮鳳兮, 何如德之衰也. 來世不可待, 往世不可追也. 天下有道, 聖人成焉; 天下無道, 聖人生焉. 方今之時, 僅免刑焉! 福輕乎羽, 莫之知載. 禍重乎地, 莫之知避. 已乎!, 已乎!, 臨人以德. 殆乎!, 殆乎!, 畫地而趨. 迷陽迷陽, 無傷吾行. 吾行卻曲, 無傷吾足."

山木, 自寇也; 膏火, 自煎也. 桂可食, 故伐之; 漆可用, 故割之. 人皆知有用之用, 而莫知無用之用也.

『장자』「내편」「덕충부」 제5장

魯有兀者王駘, 從之遊者與仲尼相若. 常季問於仲尼曰: "王駘, 兀者也. 從之遊者, 與夫子中分魯. 立不教, 坐不議. 虛而往, 實而歸. 固有不言之教, 無形而心成者邪? 是何人也?" 仲尼曰: "夫子, 聖人也. 丘也直後而未往耳! 丘將以爲師. 而況不若丘者乎! 奚假魯國, 丘將引天下而與從之."

常季曰: "彼兀者也, 而王先生, 其與庸亦遠矣. 若然者, 其用心也, 獨若之何?" 仲尼曰: "死生亦大矣, 而不得與之變; 雖天地覆墜, 亦將不與之遺; 審乎無假, 而不與物遷, 命物之化而守其宗也."

常季曰: "何謂也?" 仲尼曰: "自其異者視之, 肝膽楚越也; 自其同者視之, 萬物皆一也. 夫若然者, 且不知耳目之所宜, 而遊心乎德之和. 物視其所一, 而不見其所喪. 視喪其足猶遺土也."

常季曰: "彼爲己, 以其知得其心, 以其心得其常心. 物何爲最之哉?" 仲尼曰: "人莫鑑於流水而鑑於止水. 唯止能止衆止. 受命於地, 唯松柏獨也正, 冬夏青青; 受命於天, 唯堯, 舜獨也正, 在萬物之首. 幸能正生, 以正衆生. 夫保始之徵, 不懼之實. 勇士一人, 雄入於九軍. 將求名而能自要者而猶若是. 而況官天地, 府萬物, 直寓六骸, 象耳目, 一知之所知而心未嘗死者乎! 彼且擇日而登假, 人則從是也. 彼且何肯以物爲事乎?

申徒嘉, 兀者也, 而與鄭子産同師於伯昏無人. 子産謂申徒嘉曰: "我先出則子止. 子先出則我止." 明其日, 又與合堂同席而坐. 子産謂申徒嘉曰: "我先出則子止, 子先出則我止. 今我將出, 子可以止乎, 其未邪? 且子見執政而不違, 子齊執政乎?" 申徒嘉曰: "先生之門, 固有執政焉如此哉? 子而悅子之執政而後人者也. 聞之曰: '鑑明則塵垢不止, 止則不明也. 久與賢人處則無過.' 今子之所取大者, 先生也, 而猶出言若是, 不亦過乎!"

子產曰:"子旣若是矣, 猶與堯爭善. 計子之德, 不足以自反邪?"申徒嘉曰:"自狀其過以不當亡者衆; 不狀其過, 以不當存者寡. 知不可奈何而安之若命, 唯有德者能之. 遊於羿之彀中, 中央者, 中地也; 然而不中者, 命也. 人以其全足笑吾不全足者多矣. 我怫然而怒, 而適先生之所, 則廢然而反. 不知先生之洗我以善邪? 吾之自寤邪? 吾與夫子遊十九年矣, 而未嘗知吾兀者也. 今子與我遊於形骸之內, 而子索我於形骸之外, 不亦過乎!"子產蹴然改容更貌, 曰:"子無乃稱!"

魯有兀者叔山無趾, 踵見仲尼. 仲尼曰:"子不謹, 前旣犯患若是矣. 雖今來, 何及矣!"無趾曰:"吾唯不知務而輕用吾身, 吾是以亡足. 今吾來也, 猶有尊足者存, 吾是以務全之地. 夫天無不覆, 地無不載, 吾以夫子爲天地, 安知夫子之猶若是也!"孔子曰:"丘則陋矣! 夫子胡不入乎? 請講以所聞."無趾出, 孔子曰:"弟子勉之! 夫無趾, 兀者也, 猶務學以複補前行之惡, 而況全德之人乎!"

無趾語老聃曰:"孔丘之於至人, 其未邪? 彼何賓賓以學子爲? 彼且蘄以諔詭幻怪之名聞, 不知至人之以是爲己桎梏邪?"老聃曰:"胡不直使彼以死生爲一條, 以可不可爲一貫者, 解其桎梏, 其可乎?"無趾曰:"天刑之, 安可解?"

魯哀公問於仲尼曰:"衛有惡人焉, 曰哀駘它. 丈夫與之處者, 思而不能去也; 婦人見之, 請於父母曰:'與爲人妻, 寧爲夫子妾'者, 十數而未止也. 未嘗有聞其唱者也, 常和人而已矣. 無君人之位以濟乎人之死, 無聚祿以望人之腹. 又以惡駭天下, 和而不唱, 知不出乎四域, 且而雌雄合乎前, 是必有異乎人者也. 寡人召而觀之, 果以惡駭天下. 與寡人處, 不至以月數, 而寡人有意乎其爲人也; 不至乎期年, 而寡人信之. 國無宰, 寡人傳國焉. 悶然而後應, 汜若辭. 寡人醜乎, 卒授之國. 無幾何也, 去寡人而行. 寡人卹焉若有亡也, 若無與樂是國也. 是何人者也!"

仲尼曰:"丘也嘗使於楚矣. 適見㹠子食於其死母者. 少焉眴若, 皆棄之而走. 不見己焉爾, 不得類焉爾. 所愛其母者, 非愛其形也, 愛使其形者也. 戰而死者, 其人之葬也不以翣資. 刖者之屨, 無爲愛之. 皆無其本矣. 爲天子之諸御; 不爪翦, 不穿耳; 取妻者止於外, 不得復使. 形全猶足以爲爾, 而況全德之人乎? 今哀駘它, 未言而信, 無功而親. 使人授己國, 唯恐其不受也. 是必才全而德不形者也."

哀公曰:"何謂才全?"仲尼曰:"死生, 存亡, 窮達, 貧富, 賢與不肖, 毀譽, 飢渴, 寒暑, 是事之變, 命之行也. 日夜相代乎前, 而知不能規乎其始者也. 故不足以滑和, 不可入於靈府. 使之和豫, 通而不失於兌. 使日夜無郤, 而與物爲春, 是接而生時於心者也. 是之謂才全.""何爲德不形?"曰:"平者, 水停之盛也. 其可以爲法也. 內保之而外不蕩也, 德者, 成和之修也. 德不形者, 物不能離也."

哀公異日以告閔子, 曰:"始也吾以南面而君天下, 執民之紀而憂其死, 吾自以爲至通矣. 今吾聞至人之言, 恐吾無其實, 輕用吾身而亡其國. 吾與孔丘非君臣也, 德友而已矣!"

闉跂支離無脤說衛靈公, 靈公悅之. 而視全人: 其脰肩肩. 甕㼜大癭說齊桓公, 桓公悅之. 而視全人: 其脰肩肩. 故德有所長而形有所忘. 人不忘其所忘而忘其所不忘, 此謂誠忘.

故聖人有所遊. 而知爲孽, 約爲膠, 德爲接, 工爲商. 聖人不謀, 惡用知? 不斲, 惡用膠? 無喪, 惡用德? 不貨, 惡用商? 四者, 天鬻也. 天鬻者, 天食也. 旣受食於天, 又惡用人!

有人之形, 無人之情. 有人之形, 故羣於人; 無人之情, 故是非不得於身. 眇乎小哉, 所以屬於人也; 謷乎大哉, 獨成其天!

惠子謂莊子曰:"人故無情乎?" 莊子曰:"然." 惠子曰:"人而無情, 何以謂之人?" 莊子曰: "道與之貌, 天與之形, 惡得不謂之人?" 惠子曰:"旣謂之人, 惡得無情?" 莊子曰:"是非吾所謂情也. 吾所謂無情者, 言人之不以好惡內傷其身, 常因自然而不益生也." 惠子曰:"不益生, 何以有其身?" 莊子曰:"道與之貌, 天與之形, 無以好惡內傷其身. 今子外乎子之神, 勞乎子之精. 倚樹而吟, 據槁梧而瞑. 天選子之形, 子以堅白鳴."

『장자』「내편」「대종사」제6장

知天之所爲, 知人之所爲者, 至矣! 知天之所爲者, 天而生也; 知人之所爲者, 以其知之所知以養其知之所不知, 終其天年而不中夭者, 是知之盛也. 雖然, 有患; 夫知有所待而後當, 其所待者特未定也. 庸詎知吾所謂天之非人乎? 所謂人之非天乎? 且有眞人而後有眞知.

何謂眞人? 古之眞人, 不逆寡, 不雄成, 不謨士. 若然者, 過而弗悔, 當而不自得也. 若然者, 登高不慄, 入水不濡, 入火不熱, 是知之能登假於道者也若此.

古之眞人, 其寢不夢, 其覺無憂, 其食不甘, 其息深深. 眞人之息以踵, 衆人之息以喉. 屈服者, 其嗌言若哇. 其耆欲深者, 其天機淺.

古之眞人, 不知說生, 不知惡死. 其出不訢, 其入不距. 翛然而往, 翛然而來而已矣. 不忘其所始, 不求其所終. 受而喜之, 忘而復之. 是之謂不以心損道, 不以人助天, 是之謂眞人. 若然者, 其心志, 其容寂, 其顙頯. 凄然似秋, 煖然似春, 喜怒通四時, 與物有宜而莫知其極. 故聖人之用兵也, 亡國而不失人心. 利澤施乎萬世, 不爲愛人. 故樂通物, 非聖人也; 有親, 非仁也; 天時, 非賢也; 利害不通, 非君子也; 行名失己, 非士也; 亡身不眞, 非役人也. 若狐不偕, 務光, 伯夷, 叔齊, 箕子, 胥餘, 紀他, 申徒狄, 是役人之役, 適人之適, 而不自適其適者也.

古之眞人, 其狀義而不朋, 若不足而不承; 與乎其觚而不堅也. 張乎其虛而不華也; 邴邴乎其似喜也, 崔崔乎其不得已也, 滀乎進我色也, 與乎止我德也. 廣乎其似世乎. 謷乎其未可制也. 連乎其似好閉也. 悗乎忘其言也; 以刑爲體, 以禮爲翼, 以知爲時, 以德爲循. 以刑爲體者, 綽乎其殺也; 以禮爲翼者, 所以行於世也, 以知爲時者, 不得已於事也; 以德爲循者, 言其與有足者至於丘也, 而人眞以爲勤行者也. 故其好之也一, 其弗好之也一, 其一也一, 其不一也一. 其一與天爲徒, 其不一與人爲徒. 天與人不相勝也, 是之謂眞人.

死生, 命也; 其有夜旦之常, 天也. 人之有所不得與, 皆物之情也. 彼特以天爲父, 而身猶愛之, 而況其卓乎! 人特以有君爲愈乎己, 而身猶死之, 而況其眞乎!

泉涸, 魚相與處於陸, 相呴以濕, 相濡以沫, 不如相忘於江湖. 與其譽堯而非桀也, 不如兩忘而化其道.

夫大塊載我以形, 勞我以生. 佚我以老, 息我以死. 故善吾生者, 乃所以善吾死也. 夫藏舟於壑, 藏山於澤, 謂之固矣! 然而夜半有力者負之而走, 昧者不知也. 藏小大有宜, 猶有所遯. 若夫藏天下於天下而不得所遯, 是恒物之大情也. 特犯人之形而猶喜之, 若人之形者, 萬化而未始有極也, 其爲樂可勝計邪? 故聖人將遊於物之所不得遯而皆存. 善夭善老, 善始善終, 人猶效之, 又況萬物之所係而一化之所待乎!

夫道有情有信, 無爲無形; 可傳而不可受, 可得而不可見; 自本自根, 未有天地, 自古以固存; 神鬼神帝, 生天生地; 在太極之先而不爲高, 在六極之下而不爲深, 先天地生而不爲久, 長於上古而不爲老. 狶韋氏得之, 以挈天地; 伏羲氏得之, 以襲氣母; 維斗得之, 終古不忒; 日月得之, 終古不息; 堪坏得之, 以襲崑崙; 馮夷得之, 以遊大川; 肩吾得之, 以處大山; 皇帝得之, 以登雲天; 顓頊得之, 以處玄宮; 禺强得之, 立乎北極; 西王母得之, 坐乎少廣, 莫知其始, 莫知其終; 彭祖得之, 上及有虞, 下及五伯; 傅說得之, 以相武丁, 奄有天下, 乘東維, 騎箕尾而比於列星.

南伯子葵問乎如偊曰: "子之年長矣, 而色若孺子, 何也?" 曰: "吾聞道矣", 南伯子葵曰: "道可得學邪?" 曰: "惡! 惡可! 子非其人也, 夫卜梁倚有聖人之才而無聖人之道, 我有聖人之道而無聖人之才, 吾欲以敎之, 庶幾其果爲聖人乎? 不然, 以聖人之道告聖人之才, 亦易矣. 吾猶告而守之, 參日而候能外天下; 已外天下矣, 吾又守之, 七日而後能外物, 已外物矣, 吾又守之, 九日而後能外生; 已外生矣, 而後能朝徹; 朝徹而後能見獨; 見獨而後能無古今; 無古今而後能入於不死不生. 殺生者不死, 生生者不生. 其爲物無不將也, 無不迎也, 無不毀也, 無不成也. 其名爲攖寧. 攖寧也者, 攖而後成者也."

南伯子葵曰: "子獨惡乎聞之?" 曰: "聞諸副墨之子, 副墨之子聞諸洛誦之孫, 洛誦之孫聞之瞻明, 瞻明聞之聶許, 聶許聞之需役, 需役聞之於謳, 於謳聞之玄冥, 玄冥聞之參寥, 參寥聞之疑始."

子祀, 子輿, 子犁, 子來四人相與語曰: "孰能以無爲首, 以生爲脊, 以死爲尻; 孰知死生存亡之一體者, 吾與之友矣!" 四人相視而笑, 莫逆於心, 遂相與爲友. 俄而子輿有病, 子祀往問之, 曰: "偉哉, 夫造物者將以予爲此拘拘也." 曲僂發背, 上有五管, 頤隱於齊, 肩高於頂, 句贅指天, 陰陽之氣有沴, 其心閒而無事, 跰𨇭而鑑於井, 曰: "嗟乎! 夫造物者又將以予爲此拘拘也."

子祀曰: "女惡之乎?" 曰: "亡, 予何惡? 浸假而化予之左臂而爲鷄, 予因以求時夜; 浸假而化予之右臂以爲彈, 予因以求鴞炙; 浸假而化予之尻以爲輪, 以神爲馬, 予因以乘之. 豈更駕哉! 且夫得者, 時也. 失者, 順也. 安時而處順, 哀樂不能入也, 此古之所謂縣解也. 而不能自解者, 物有結之. 且夫物不勝天久矣. 吾又何惡焉!"

俄而子來有病. 喘喘然將死. 其妻子環而泣之. 子犁往問之, 曰: "叱! 避! 無怛化!" 倚其戶與之語曰: "偉哉造化! 又將奚以汝爲? 將奚以汝適? 以汝爲鼠肝乎? 以汝爲蟲臂乎?" 子來曰: "父母於子, 東西南北, 唯命之從. 陰陽於人, 不翅於父母. 彼近吾死而我不聽, 我則悍矣, 彼何罪焉? 夫大塊載我以形, 勞我以生, 佚我以老, 息我以死. 故善吾生者, 乃所以善吾死也. 今大冶鑄金, 金踊躍曰: '我且必爲鏌鋣!' 大冶必以爲不祥之金. 今一犯人之形而曰: '人耳! 人耳!' 夫造化者必以爲不祥之人, 今一以天地爲大鑪, 以造化爲大冶, 惡乎往而不可哉!" 成然寐, 蘧然覺.

子桑戶, 孟子反, 子琴張三人相與語曰: "孰能相與於無相與, 相爲於無相爲? 孰能登天遊霧, 撓挑無極, 相忘以生, 無所終窮?" 三人相視而笑, 莫逆於心. 遂相與爲友.

莫然有間, 而子桑戶死, 未葬. 孔子聞之, 使子貢往侍事焉. 或編曲, 或鼓琴, 相和而歌曰: "嗟來桑戶乎! 嗟來桑戶乎! 而已反其眞, 而我猶爲人猗!" 子貢趨而進曰: "敢問臨尸而歌, 禮乎?" 二人相視而笑曰: "是惡知禮矣?" 子貢反, 以告孔子曰: "彼何人者邪? 修行無有而外其形骸, 臨尸而歌, 顏色不變, 無以命之. 彼何人者邪?" 孔子曰: "彼遊方之外者也, 而丘遊方之內者也. 外內不相及, 而丘使女往弔之, 丘則陋矣! 彼方且與造物者爲人, 而遊乎天地之一氣. 彼以生爲附贅縣疣, 以死爲決疪潰癰. 夫若然者, 又惡知死生先後之所在! 假於異物, 托於同體; 忘其肝膽, 遺其耳目; 反覆終始, 不知端倪; 芒然彷徨乎塵垢之外, 逍遙乎無爲之業, 彼又惡能憒憒然爲世俗之禮, 以觀衆人之耳目哉!"

子貢曰: "然則夫子何方之依?" 孔子曰: "丘, 天之戮民也. 雖然, 吾與汝共之." 子貢曰: "敢問其方?" 孔子曰: "魚相造乎水, 人相造乎道. 相造乎水者, 穿池而養給; 相造乎道者, 無事而生定. 故曰: 魚相忘乎江湖, 人相忘乎道術." 子貢曰: "敢問畸人?" 曰: "畸人者, 畸於人而侔於天. 故曰: 天之小人, 人之君子; 天之君子, 人之小人也."

顏回問仲尼曰:"孟孫才, 其母死, 哭泣無涕, 中心不戚, 居喪不哀. 無是三者, 以善處喪蓋魯國, 固有無其實而得其名者乎? 回壹怪之." 仲尼曰:"夫孟孫氏盡之矣, 進於知矣. 唯簡之而不得, 夫已有所簡矣, 孟孫氏不知所以生, 不知所以死, 不知就先, 不知就後. 若化爲物, 以待其所不知之化已乎? 且方將化, 惡知不化哉? 方將不化, 惡知已化哉? 吾特與汝, 其夢未始覺者邪! 且彼有駭形而無損心, 有旦宅而無情死. 孟孫氏特覺, 人哭亦哭, 是自其所以乃. 且也相與 '吾之'耳矣. 庸詎知吾所謂 '吾之'乎? 且汝夢爲鳥而厲乎天, 夢爲魚而沒於淵, 不識今之言者, 其覺者乎? 其夢者乎? 造適不及笑, 獻笑不及排, 安排而去化, 乃入於寥天一.

意而子見許由, 許由曰:"堯何以資汝?" 意而子曰:"堯謂我: 汝必躬服仁義而明言是非." 許由曰:"而奚來爲軹? 夫堯旣已黥汝以仁義, 而劓汝以是非矣, 汝將何以遊夫遙蕩恣睢轉徒之塗乎?"

意而子曰:"雖然, 吾願遊於其藩." 許由曰:"不然. 夫盲者無以與乎眉目顏色之好, 瞽者無以與乎靑黃黼黻之觀." 意而者曰:"夫無莊之失其美, 據梁之失其力, 皇帝之亡其知, 皆在鑪捶之間耳. 庸詎知夫造物者之不息我黥而補我劓, 使我乘成以隨先生邪?" 許由曰:"噫! 未可知也. 我爲汝言其大略; 吾師乎! 吾師乎! 𩱲萬物而不爲義, 澤及萬世而不爲仁, 長於上古而不爲老, 覆載天地, 刻雕衆形而不爲巧. 此所遊已!"

顏回曰:"回益矣." 仲尼曰:"何謂也?" 曰: 回忘仁義矣." 曰:"可矣, 猶未也. 他日復見, 曰:"回益矣." 曰: 何謂也? 曰: 回忘禮樂矣!" 曰:"可矣, 猶未也." 他日復見, 曰:"回益矣." 曰: 何謂也? 曰: 回坐忘矣!" 仲尼蹴然曰:"何謂坐忘?" 顏回曰:"墮肢體, 黜聰明, 離形去知, 同於大通, 此謂坐忘." 仲尼曰:"同則無好也, 化則無常也. 而果其賢乎! 丘也請從而後也."

子輿與子桑友. 而霖雨十日, 子輿曰:"子桑殆病矣!" 裹飯而往食之. 至子桑之門, 則若歌若哭, 鼓琴曰:"父邪! 母邪! 天乎! 인호!"有不任其聲而趨擧其詩焉, 子輿入, 曰:"子之歌詩, 何故若是?" 曰:"吾思夫使我至此極者而弗得也. 父母豈欲吾貧哉? 天無私覆, 地無私載. 天地豈私貧我哉? 求其爲之者而不得也! 然而至此極者, 命也夫!"

『장자』「내편」「응제왕」제7장

齧缺問於王倪, 四問而四不知. 齧缺因躍而大喜, 行以告蒲衣子. 蒲衣子曰, "而乃今知之乎? 有虞氏不及泰氏. 有虞氏, 其猶藏仁以要人, 亦得人矣, 而未始出於非人. 泰氏其臥徐徐, 其覺于于, 一以己爲馬, 一以己爲牛, 其知情信, 其德甚眞, 而未始入於非人."

肩吾見狂接輿, 狂接輿曰: "日中始何以語女?" 肩吾曰: "告我君人者以己出經式義度, 人孰敢不聽而化諸!" 狂接輿曰: "是欺德也. 其於治天下也, 猶涉海鑿河, 而使蚊負山也. 夫聖人之治也, 治外乎! 正而後行, 確乎能其事者而已矣. 且鳥高飛以避矰弋之害, 鼷鼠深穴乎神丘之下, 以避熏鑿之患, 而曾二蟲之無如!"

天根遊於殷陽, 至蓼水之上, 適遭無名人而問焉, 曰: "請問爲天下" 無名人, 曰: "去! 汝鄙人也. 何問之不豫也! 予方將與造物者爲人, 厭, 則又乘夫莽眇之鳥, 以出六極之外, 而遊無何有之鄉, 以處壙埌之野. 汝又何帠以治天下感予之心爲?" 又復問, 無名氏, 曰: "汝遊心於淡, 合氣於漠, 順物自然, 而無容私焉, 而天下治矣?"

陽子居見老聃, 曰: "有人於此, 嚮疾强梁, 物徹疏明, 學道不倦. 如是者, 可比明王乎?" 老聃 曰: "是於聖人也, 胥易技係, 勞形怵心者也. 且也虎豹之文來田, 猿狙之便來藉. 如是者, 可比明王乎?" 陽子居蹴然, 曰: "敢問明王之治." 老聃曰: "明王之治. 功蓋天下而似不自己, 化貸萬物而民弗恃. 有莫擧名, 使物自喜. 立乎不測, 而遊於無有者也."

鄭有神巫曰季咸, 知人之死生存亡, 禍福壽夭, 期以歲月旬日, 若神. 鄭人見之, 皆棄而走. 列子見之而心醉, 歸, 以告壺子, 曰: "始吾以夫子之道爲至矣, 則又有至焉者矣." 壺子曰, "吾與汝旣其文, 未旣其實, 而固得道與? 衆雌而無雄, 而又奚卵焉! 而以道與世亢, 必信, 夫故使人得而相汝. 嘗試與來, 以予示之."

明日, 列子與之見壺子. 出而謂列子曰. "嘻! 子之先生死矣! 弗活矣! 不以旬數矣! 吾見怪焉, 見濕灰焉." 列子入, 泣涕沾襟以告壺子. 壺子曰: "鄉吾示之以地文, 萌乎不震不止. 是殆見吾德機也. 嘗又與來." 明日, 又與之見壺子. 出而謂列子曰: "幸矣, 子之先生遇我也! 有瘳矣, 全然有生矣! 吾見其杜權矣." 列子入, 以告壺子. 壺子曰, "鄉吾示之而天壤, 名實不入, 而機發於踵. 是殆見吾善者機也. 嘗又與來." 明日, 又與之見壺子. 出而謂列子曰, "子之先生不齊, 吾無得而相焉. 試齊, 且復相之." 列子入, 以告壺子. 壺子曰, "鄉吾示之以太沖莫勝. 是殆見吾衡氣機也. 鯢桓之審爲淵, 止水之審爲淵, 流水之審爲淵. 淵有九名, 此處三焉. 嘗又與來." 明日, 又與之見壺子. 立未定, 自失而走. 壺子曰: "追之!" 列子追之不及. 反, 以報壺子曰, "已滅矣, 已失矣, 吾弗及已." 壺子曰: "鄉吾示之以未始出吾宗. 吾與之虛而委蛇, 不知其誰何, 因以爲弟靡, 因以爲波流, 故逃也." 然後列子自以爲未始學而歸, 三年不出. 爲其妻爨, 食豕如食人. 於事無與親, 雕琢復朴, 塊然獨以其形立. 紛而封哉, 一以是終.

無爲名尸, 無爲謀府, 無爲事任, 無爲知主. 體盡無窮, 而遊無朕, 盡其所受於天, 而無見得, 亦虛而已. 至人之用心若鏡, 不將不迎, 應而不藏, 故能勝物而不傷.

南海之帝爲儵, 北海之帝爲忽, 中央之帝爲渾沌. 儵與忽時相與遇於渾沌之地, 渾沌待之甚善. 儵與忽謀報渾沌之德, 曰: '人皆有七竅以視聽食息, 此獨無有, 嘗試鑿之.' 日鑿一竅, 七日而渾沌死.

『장자』「외편」「변무」제8장

騈拇枝指, 出乎性哉! 而侈於德; 附贅縣疣, 出乎形哉! 而侈於性; 多方乎仁義而用之者, 列於五藏哉! 而非道德之正也. 是故騈於足者, 連無用之肉也; 枝於手者, 樹無用之指也; 多方騈枝於五藏之情者, 淫僻於仁義之行, 而多方於聰明之用也.

是故騈於明者, 亂五色, 淫文章, 青黃黼黻之煌煌非乎? 而離朱是已! 多於聰者, 亂五聲, 淫六律, 金石, 絲竹, 黃鐘, 大呂之聲非乎? 而師曠是已! 枝於仁者, 擢德塞性以收名聲, 使天下簧鼓以奉不及之法非乎? 而曾, 史是已! 騈於辯者, 纍瓦結繩竄句, 遊心於堅白同異之間, 而敝跬譽無用之言非乎? 而楊, 墨是已! 故此皆多騈旁枝之道, 非天下之至正也.

彼正正者, 不失其性命之情. 故合者不爲騈, 而枝者不爲跂; 長者不爲有餘, 短者不爲不足. 是故鳧脛雖短, 續之則憂; 鶴脛雖長, 斷之則悲. 故性長非所斷, 性短非所續, 無所去憂也.

意仁義其非人情乎! 彼仁人何其多憂也? 且夫騈於拇者, 決之則泣; 枝於手者, 齕之則啼. 二者或有餘於數, 或不足於數, 其於憂一也. 今世之仁人, 蒿目而憂世之患; 不仁之人, 決性命之情而饕富貴. 故意仁義其非人情乎! 自三代以下者, 天下何其囂囂也.

且夫待鉤繩規矩而正者, 是削其性者也. 待繩約膠漆而固者, 是侵其德者也. 屈折禮樂, 呴兪仁義, 以慰天下之心者, 此失其常然也. 天下有常然. 常然者, 曲者不以鉤, 直者不以繩, 圓者不以規, 方者不以矩, 附離不以膠漆, 約束不以纆索. 故天下誘然皆生而不知其所以生, 同焉皆得而不知其所以得. 故古今不二, 不可虧也. 則仁義又奚連連如膠漆纆索而遊乎道德之間爲哉! 使天下惑也!

夫小惑易方, 大惑易性. 何以知其然邪. 自虞氏招仁義以撓天下也, 天下莫不奔命於仁義. 是非以仁義易其性與?

故嘗試論之, 自三代以下者, 天下莫不以物易其性矣. 小人則以身殉利, 士則以身殉名, 大夫則以身殉家, 聖人則以身殉天下. 故此數子者, 事業不同, 名聲異號, 其於傷性以身爲殉, 一也.

臧與穀, 二人相與牧羊而俱亡其羊. 問臧奚事, 則挾筴讀書. 問穀奚事, 則博塞以遊. 二人者, 事業不同, 其於亡羊均也.

伯夷死名於首陽之下, 盜跖死利於東陵之上. 二人者, 所死不同, 其於殘生傷性均也. 奚必伯夷之是而盜跖之非乎.

天下盡殉也: 彼其所殉仁義也, 則俗謂之君子. 其所殉貨財也, 則俗謂之小人. 其殉一也, 則有君子焉, 有小人焉. 若其殘生損性, 則盜跖亦伯夷已, 又惡取君子小人於其間哉!

且夫屬其性乎仁義者, 雖通如曾史, 非吾所謂臧也. 屬其性於五味, 雖通如兪兒, 非吾所謂臧也. 屬其性乎五聲, 雖通如師曠, 非吾所謂聰也. 屬其性乎五色, 雖通如離朱, 非吾所謂明也. 吾所謂臧者, 非仁義之謂也, 臧於其德而已矣. 吾所謂臧者, 非所謂仁義之謂也, 任其性命之情而已矣. 吾所謂聰者, 非謂其聞彼也, 自聞而已矣. 吾所謂明者, 非謂其見彼也, 自見而已矣. 夫不自見而見彼, 不自得而得彼者, 是得人之得而不自得其得者也, 適人之適而不自適其適者也. 夫適人之適而不自適其適, 雖盜跖與伯夷, 是同爲淫僻也. 余愧乎道德, 是以上不敢爲仁義之操, 而下不敢爲淫僻之行也.

『장자』「외편」「마제」 제9장

馬, 蹄可以踐霜雪, 毛可以禦風寒. 齕草飲水, 翹足而陸, 此馬之真性也. 雖有義臺路寢, 無所用之. 及至伯樂, 曰:"我善治馬." 燒之, 剔之, 刻之, 雒之. 連之以羈馽, 編之以皁棧, 馬之死者十二三矣; 飢之渴之, 馳之驟之, 整之齊之, 前有橛飾之患, 而後有鞭筴之威, 而馬之死者已過半矣! 陶者曰:"我善治埴, 圓者中規, 方者中矩." 匠人曰:"我善治木", 曲者中鉤, 直者應繩. 夫埴木之性, 豈欲中規矩鉤繩哉? 然且世世稱之曰:"伯樂善治馬而陶匠善治埴木", 此亦治天下者之過也.

吾意善治天下者不然. 彼民有常性, 織而衣, 耕而食, 是謂同德; 一而不黨, 命曰天放. 故至德之世, 其行填填, 其視顛顛. 當是時也, 山無蹊隧, 澤無舟梁; 萬物群生, 連屬其鄉; 禽獸成群, 草木遂長. 是故禽獸可係羈而游, 鳥鵲之巢可攀援而闚. 夫至德之世, 同與禽獸居, 族與萬物並. 惡乎知君子小人哉! 同乎無知, 其德不離; 同乎無欲, 是謂素樸. 素樸而民性得矣. 及至聖人, 蹩躠爲仁, 踶跂爲義, 而天下始疑矣. 澶漫爲樂, 摘僻爲禮, 而天下始分矣. 故純樸不殘, 孰爲犧尊! 白玉不毀, 孰爲珪璋! 道德不廢, 安取仁義! 性情不離, 安用禮樂! 五色不亂, 孰爲文采! 五聲不亂, 孰應六律!

夫殘樸以爲器, 工匠之罪也; 毀道德以爲仁義, 聖人之過也. 夫馬, 陸居則食草飲水, 喜則交頸相靡, 怒則分背相踶. 馬知已此矣. 夫加之以衡扼, 齊之以月題, 而馬知介倪, 闉扼鷙曼詭衒竊轡. 故馬之知而態至盜者, 伯樂之罪也. 夫赫胥氏之時, 民居不知所爲, 行不知所之, 含哺而熙, 鼓腹而遊, 民能以此矣. 及至聖人, 屈折禮樂以匡天下之形, 縣跂仁義以慰天下之心, 而民乃始踶跂好知, 爭歸於利, 不可止也. 此亦聖人之過也.

『장자』「외편」「거협」제10장

將爲胠篋探囊發匵之盜而爲守備, 則必攝緘縢, 固扃鐍, 此世俗之所謂知也, 然巨盜至, 則負匱揭篋擔囊而趨, 唯恐緘縢扃鐍之不固也, 然則鄉之所謂知者, 不乃爲大盜積者也?

故嘗試論之, 所世俗所謂知者, 有不爲大盜積者乎? 所謂聖者, 有不爲大盜守者乎? 所謂聖者, 有不爲大盜守者乎? 何以知其然邪? 昔者齊國隣邑相望, 雞狗之音相聞, 罔罟之所布, 耒耨之所刺, 方二千餘里. 闔四竟之內, 所以立宗廟社稷, 治邑屋州閭鄉曲者, 曷嘗不法聖人哉? 一旦殺齊君而盜其國, 所盜者豈獨其國邪? 竝與其聖知之法而盜之. 故田成子有乎盜賊之名, 而身處堯舜之安, 小國不敢非, 大國不敢誅, 專有齊國, 則是不乃竊齊國竝與其聖知之法以守其盜賊之身乎?

嘗試論之, 世俗之所謂至知者, 有不爲大盜積者乎? 所謂至聖者, 有不爲大盜守者乎? 何以知其然邪? 昔者龍逢斬, 比干剖, 萇弘胣, 子胥靡, 故四子之賢, 而身不免乎戮.

故跖之徒問於跖曰: "盜亦有道乎?" 跖曰: "何適而無有道邪! 夫妄意室中之藏, 聖也; 入先, 勇也; 出後, 義也; 知可否, 知也; 分均, 仁也; 五者不備而能成大盜者, 天下未之有也." 由是觀之, 善人不得聖人之道不立, 跖不得聖人之道不行. 天下之善人少, 而不善人多, 則聖人之利天下也少, 而害天下也多. 故曰: 脣竭則齒寒, 魯酒薄而邯鄲圍, 聖人生而大盜起. 掊擊聖人, 縱舍盜賊, 而天下始治矣.

夫谷虛而川竭, 丘夷而淵實. 聖人已死, 則大盜不起, 天下平而無故矣. 聖人不死, 大盜不止. 雖重聖人而治天下, 則是重利盜跖也. 爲之斗斛以量之, 則竝與斗斛而竊之. 爲之權衡以稱之, 則竝與權衡而竊之. 爲之符璽以信之, 則竝與符璽而竊之. 爲之仁義以矯之, 則竝與仁義而竊之. 何以知其然邪? 彼竊鉤者誅, 竊國者爲諸侯, 諸侯之門而仁義存焉, 則是非竊仁義聖知邪? 故逐於大盜, 揭諸侯, 竊仁義竝斗斛, 權衡符璽之利者, 雖有軒冕之賞弗能勸, 斧鉞之威弗能禁. 此衆利盜跖, 而使不可禁者, 是乃聖人過也.

故曰: '魚不可脫於淵, 國之利器, 不可以示人.' 彼聖人者, 天下之利器也, 非所以明天下也. 故絶聖棄知, 大盜乃止. 擿玉毀珠, 小盜不起. 焚符破璽, 而民朴鄙. 掊斗折衡, 而民不爭. 殫殘天下之聖法, 而民始可與論議. 擢亂六律, 鑠絶竽瑟, 塞師曠之耳, 而天下始人含其聰矣. 滅文章, 散五采, 膠離朱之目, 而天下始人含其明矣. 毁絶鉤繩, 而棄規矩, 攦工倕之指, 而天下始人含其巧矣. 故曰: '大巧若拙.' 削曾史之行, 鉗楊墨之口, 攘棄仁義, 天下之德始玄同矣. 彼人含其明, 則天下不鑠矣. 人含其聰, 則天下不累矣. 人含其知, 則天下不惑矣. 人含其德, 則天下不僻矣. 彼曾, 史, 楊, 墨, 師曠, 工倕, 離朱, 皆外立其德, 而以爚亂天下者也, 法之所無用也.

子獨不知至德之世乎? 昔者容成氏, 大庭氏, 伯皇氏, 中央氏, 栗陸氏, 驪畜氏, 軒轅氏, 赫胥氏, 尊盧氏, 祝融氏, 伏羲氏, 神農氏, 當是時也, 民結繩而用之, 甘其食, 美其服, 樂其俗, 安其居, 隣國相望, 鷄狗之音相聞, 民至老死, 而不相往來. 若此之時, 則至治已. 今遂至使民延頸擧踵曰: "某所有賢者", 贏糧而趣之, 則內棄其親, 而外去其主之事, 足跡接乎諸侯之境, 車軌結乎千里之外. 則是上好知之過也.

上誠好知而無道, 則天下大亂矣. 何以知其然邪? 夫弓弩畢弋, 機變之知多, 則鳥亂於上矣. 鉤餌罔罟, 罾笱之知多. 則魚亂於水矣. 削格羅落, 罝罘之知多, 則獸亂於澤矣. 知詐漸毒, 頡滑堅白, 解垢同異變多, 則俗惑於辯矣. 故天下每每大亂, 罪在於好知. 故天下皆知求其所不知, 而莫知求其所已知者, 皆知非其所不善, 而莫知非其所已善者, 是以大亂. 故上悖日月之明, 下爍山川之精, 中墮四時之施. 惴耎之蟲, 肖翹之物, 莫不失其性. 甚矣, 夫好知之亂天下也! 自三代以下者是已, 舍夫種種之民, 而悅夫役役之佞, 釋夫恬淡無爲, 而悅夫啍啍之意, 啍啍已亂天下矣.

『장자』「외편」「재유」제11장

聞在宥天下, 不聞治天下也. 在之也者, 恐天下之淫其性也; 宥之也者, 恐天下之遷其德也. 天下不淫其性, 不遷其德, 有治天下者哉? 昔堯之治天下也, 使天下欣欣焉人樂其性, 是不恬也; 桀之治天下也, 使天下瘁瘁焉人苦其性, 是不愉也. 夫不恬不愉, 非德也; 非德也而可長久者, 天下無之.

人大喜邪, 毗於陽; 大怒邪, 毗於陰. 陰陽竝毗, 四時不至, 寒暑之和不成, 其反傷人之形乎, 使人喜怒失位, 居處無常, 思慮不自得, 中道不成章. 於是乎天下始喬詰卓鷙, 而後有盜跖曾史之行. 故擧天下以賞其善者不足, 擧天下以罰其惡者不給. 故天下之大不足以賞罰, 自三代以下者, 匈匈焉終以賞罰爲事, 彼何暇安其性命之情哉!

而且說明邪, 是淫於色也; 說聰邪, 是淫於聲也; 說仁邪, 是亂於德也; 說義邪, 是悖於理也; 說禮邪, 是相於技也; 說樂邪, 是相於淫也; 說聖邪, 是相於藝也; 說知邪, 是相於疵也;

天下將安其性命之情, 之八者, 存可也, 亡可也. 天下將不安其性命之情, 之八者, 乃始臠卷
獊囊而亂天下也. 而天下乃始尊之惜之. 甚矣, 天下之惑也! 豈直過也而去之邪! 乃齋戒以
言之, 跪坐以進之, 鼓歌以儛之, 吾若是何哉!

故君子不得已而臨莅天下, 莫若無爲. 無爲也, 而後安其性命之情. 故曰: "貴以身爲天
下, 則可以託天下; 愛以身爲天下, 則可以寄天下." 故君子苟能無解其五藏, 無擢其聰明.
尸居而龍見, 淵黙而雷聲, 神動而天隨, 從容無爲而萬物炊累焉. 吾又何暇治天下哉!

崔瞿問於老聃曰: "不治天下, 安臧人心?" 老聃曰: "女愼無攖人心. 人心排下而進上, 上
下囚殺, 淖約柔乎剛彊. 廉劌彫琢, 其熱焦火, 其寒凝冰. 其疾俛仰之間, 而再撫四海之內,
其居也淵而靜, 其動也懸而天. 僨驕而不可係者, 其唯人心乎!" 昔者皇帝始以仁義攖人之
心, 堯舜於是乎股無胈, 脛無毛, 以養天下之形, 愁其五藏以爲仁義, 矜其血氣以規法度. 然
猶有不勝也. 堯於是放讙兜於崇山, 投三苗於三峗, 流共工於幽都, 此不勝天下也. 夫施及
三王而天下大駭矣. 下有桀跖, 上有曾史, 而儒墨畢起. 於是乎喜怒相疑, 愚知相欺, 善否相
非, 誕信相譏, 而天下衰矣; 大德不同, 而性命爛漫矣; 天下好知, 而百姓求竭矣. 於是乎釿
鋸制焉, 繩墨殺焉, 椎鑿決焉. 天下脊脊大亂, 罪在攖人心. 故賢者伏處大山嵁巖之下, 而萬
乘之君憂慄乎廟堂之上. 今世殊死者相枕也, 桁陽者相推也, 刑戮者相望也, 而儒墨乃始離
跂攘臂乎桎梏之間. 噫, 甚矣哉!, 其無愧而不知恥也甚矣! 吾未知聖知之不爲桁陽接槢也,
仁義之不爲桎梏鑿枘也, 焉知曾, 史之不爲桀, 跖嚆矢也! 故曰: '絕聖棄知而天下大治.'"

皇帝立爲天子十九年, 令行天下, 聞廣成子在於空同之山, 故往見之, 曰: "我聞吾子達於
至道, 敢問至道之精. 吾欲取天地之精, 以佐五穀, 以養民人, 吾又欲官陰陽, 以遂群生, 爲
之奈何?" 廣成子曰: "而所欲問者, 物之質也. 而所欲官者, 物之殘也. 自而治天下, 雲氣不
待族而雨, 草木不待黃而落, 日月之光益以荒矣. 而佞人之心翦翦者, 又奚足以語至道哉!"
皇帝退, 捐天下, 築特室, 席白茅, 閒居三月, 復往邀之. 廣成子南首而臥, 皇帝順下風膝行
而進, 再拜稽首而問曰: "聞吾子達於至道, 敢問治身, 奈何而可以長久?" 廣成子蹶然而起,
曰: "善哉問乎! 來!, 吾語汝至道. 至道之精, 窈窈冥冥至道之極, 昏昏黙黙. 無視無聽, 拘神
以靜, 形將自正. 必靜必淸, 無勞汝形, 無搖汝精, 乃可以長生. 目無所見, 耳無所聞, 心無所
知, 汝神將守形, 形乃長生. 愼汝內, 閉汝外, 多知爲敗. 我爲汝遂於大明之上矣, 至彼至陽
之原也; 爲汝入於窈冥之門矣, 至彼至陰之原也; 天地有官, 陰陽有藏, 愼守汝身, 物將自
壯. 我守其一以處其和, 故我修身千二百歲矣, 吾形未常衰." 皇帝再拜稽首曰: "廣成子之謂
天矣!", 廣成子曰: "來! 余語汝. 彼其物無窮, 而人皆以爲有終. 彼其物無測, 而人皆以爲有
極. 得吾道者, 上爲皇而下爲王; 失吾道者, 上見光而下爲土. 今夫百昌皆生於土而反於土,
故余將去汝, 入無窮之門, 以遊無極之野. 吾與日月參光, 吾與天地爲常. 當我緡乎! 遠我昏

乎! 人其盡死, 而我獨存乎!"

雲將東遊, 過扶搖之枝而適遭鴻蒙. 鴻蒙方將拊脾雀躍而遊. 雲將見之, 倘然止, 贄然立, 曰: "叟何人邪? 叟何爲此?" 鴻蒙拊脾雀躍不輟, 對雲將曰: "遊!" 雲將曰: "朕願有問也." 鴻蒙仰而視雲將曰: "吁!" 雲將曰: "天氣不和, 地氣鬱結, 六氣不調, 四時不節. 今我願合六氣之精以育群生, 爲之奈何?" 鴻蒙拊脾雀躍掉頭曰: "吾弗知! 吾弗知!" 雲將不得問. 又三年, 東遊, 過有宋之野, 而適遭鴻蒙. 雲將大喜, 行趨而進曰: "天忘朕邪? 天忘朕邪?" 再拜稽首, 願聞於鴻蒙. 鴻蒙曰: "浮遊不知所求, 猖狂不知所往, 遊者鞅掌, 以觀無妄. 朕又何知!" 雲將曰: "朕也自以爲猖狂, 而民隨予所往; 朕也不得已於民, 今則民之放也! 願聞一言." 鴻蒙曰: "亂天下之經, 逆物之情, 玄天弗成, 解獸之群而鳥皆夜鳴, 災及草木, 禍及止蟲, 噫! 治人之過也." 雲將曰: "然則吾奈何?" 鴻蒙曰: "噫! 毒哉! 僊僊乎歸矣!" 雲將曰: "吾遇天難, 願聞一言." 鴻蒙曰: "噫! 心養! 汝徒處無爲, 而物自化. 墮爾形體, 黜爾聰明, 倫與物忘, 大同乎涬溟. 解心釋神, 莫然無魂. 萬物云云, 各復其根, 各復其根而不知, 渾渾沌沌, 終身不離. 若彼知之, 乃是離之. 無問其名, 無闚其情, 物固自生." 雲將曰: "天降朕以德, 示朕以默. 躬身求之, 乃今也得." 再拜稽首, 起辭而行.

世俗之人, 皆喜人之同乎己而惡人之異於己也. 同於己而欲之, 異於己而不欲者, 以出乎眾爲心者也. 夫以出於眾爲心者, 曷嘗出乎眾哉? 因眾以寧所聞, 不如眾技眾矣. 而欲爲人之國者, 此攬乎三王之利, 而不見其患者也. 此以人之國僥倖也. 幾何僥倖而不喪人之國乎? 其存人之國也, 無萬分之一; 而喪人之國也, 一不成而萬有餘喪矣! 悲夫, 有土者之不知也! 夫有土者, 有大物也. 有大物者, 不可以物. 物而不物, 故能物物, 明夫物物者之非物也, 豈獨治天下百姓而已哉! 出入六合, 遊乎九州獨往獨來, 是謂獨有. 獨有之人, 是謂至貴.

大人之教, 若形之於影, 聲之於響. 有問而應之, 盡其所懷, 爲天下配. 處乎無響, 行乎無方. 挈汝適復之撓撓, 以遊無端, 出入無旁, 與日無始, 頌論形軀, 合乎大同, 大同而無己. 無己, 惡乎得有有, 睹有者, 昔之君子; 睹無者, 天地友.

賤而不可不任者, 物也; 卑而不可不因者, 民也; 匿而不可不爲者, 事也; 麤而不可不陳者, 法也; 遠而不可不居者, 義也; 親而不可不廣者, 仁也; 節而不可不積者, 禮也; 中而不可不高者, 德也; 一而不可不易者, 道也; 神而不可不爲者, 天也. 故聖人觀於天而不助, 成於德而不累, 出於道而不謀, 會於仁而不恃, 薄於義而不積, 應於禮而不諱, 接於事而不辭, 齊於德而不亂, 恃於民而不輕, 因於物而不去. 物者莫足爲也, 而不可不爲. 不明於天者, 不純於德; 不通於道者, 無自而可; 不明於道者, 悲夫! 何謂道? 有天道, 有人道. 無爲而尊者, 天道也; 有爲而累者, 人道也; 主者, 天道也; 臣者, 人道也. 天道之與人道也, 相去遠矣, 不可不察也.

『장자』「외편」「천지」제12장

天地雖大, 其化均也; 萬物雖多, 其治一也; 人卒雖衆, 其主君也. 君原於德而成於天, 故曰, 玄古之君天下, 無爲也, 天德而已矣. 以道觀言而天下之名正; 以道觀分而君臣之義明; 以道觀能而天下之官治; 以道汎觀而萬物之應備. 故通於天者, 德也; 行於萬物者, 道也; 上治人者, 事也; 能有所藝者, 技也. 技兼於事, 事兼於義, 義兼於德, 德兼於道, 道兼於天. 故曰: 古之畜天下者, 無欲而天下足, 無爲而萬物化, 淵靜而百姓定. 『記』曰: '通於一而萬事畢, 無心得而鬼神服.'

夫子曰: "夫道, 覆載萬物者也, 洋洋乎大哉! 君子不可以不刳心焉. 無爲爲之之謂天, 無爲言之之謂德, 愛人利物之謂仁, 不同同之之謂大, 行不崖異之謂寬, 有萬不同之謂富. 故執德之謂紀, 德成之謂立, 循於道之謂備, 不以物挫志之謂完. 君子明於此十者, 則韜乎其事心之大也, 沛乎其爲萬物逝也. 若然者, 藏金於山, 沈珠於淵; 不利貨財, 不折貴富; 不樂壽, 不哀夭; 不榮通, 不醜窮. 不拘一世之利以爲己私分, 不以王天下爲己處顯. 顯則明. 萬物一府, 死生同狀.

夫子曰: "夫道, 淵乎其居也, 漻乎其淸也. 金石不得, 無以鳴. 故金石有聲, 不考不鳴. 萬物孰能定之! 夫王德之人, 素逝而恥通於事, 立之本原而知通於神, 故其德廣. 其心之出, 有物採之. 故形非道不生, 生非德不明. 存形窮生, 立德明道, 非王德者邪? 蕩蕩乎! 忽然出, 勃然動, 而萬物從之乎? 此謂王德之人. 視乎冥冥! 聽乎無聲. 冥冥之中, 獨見曉焉; 無聲之中, 獨聞和焉, 故深之又深而能物焉, 神之又神而能精焉. 故其與萬物接也, 至無而供其求, 時騁而要其宿. 大小, 長短, 修遠."

皇帝遊乎赤水之北, 登乎崑崙之丘而南望, 還歸, 遺其玄珠. 使知索之而不得, 使離朱索之而不得, 使喫詬索之而不得也. 乃使象罔, 象罔得之. 皇帝曰: "異哉! 象罔乃可以得之乎?"

堯之師曰許由, 許由之師曰齧缺, 齧缺之師曰王倪, 王倪之師曰被衣. 堯問於許由曰: "齧缺可以配天乎? 吾藉王倪而要之." 許由曰: "殆哉, 圾乎天下! 齧缺之爲人也, 聰明叡知, 給數以敏, 其性過人, 而又乃以人受天. 彼審乎禁過, 而不知過之所由生. 與之配天乎? 彼且乘人而無天. 方且本身而異形, 方且尊知而火馳, 方且爲緒使, 方且爲物絯, 方且四顧而物應, 方且應衆宜, 方且與物化而未始有恒. 夫何足以配天乎! 雖然, 有族, 有祖 可以爲衆父而不可以爲衆父父. 治, 亂之率也, 北面之禍也, 南面之賊也."

堯觀乎華, 華封人曰: "嘻, 聖人! 請祝聖人, 使聖人壽." 堯曰: "辭." "使聖人富." 堯曰: "辭." "使聖人多男子." 堯曰: "辭." 封人曰: "壽, 富, 多男子, 人之所欲也. 女獨不欲, 何邪?"

堯曰：“多男子則多懼，富則多事，壽則多辱。是三者，非所以養德也，故辭。”封人曰：“始也我以女爲聖人邪，今然君子也。天生萬民，必授之職。多男子而授之職，則何懼之有？富而使人分之，則何事之有？夫聖人，鶉居而鷇食，鳥行而無彰。天下有道，則與物皆昌；天下無道，則脩德就閒。千歲厭世，去而上僊，乘彼白雲，至于帝鄉。三患莫至，身常無殃，則何辱之有？”封人去之，堯隨之曰：“請問。”封人曰：“退已！”

堯治天下，伯成子高立爲諸侯。堯授舜，舜授禹，伯成子高辭爲諸侯而耕。禹往見之，則耕在野。禹趨就下風，立而問焉，曰：“昔堯治天下，吾子立爲諸侯。堯授舜，舜授予，而吾子辭爲諸侯而耕。敢問，其故何也？”子高曰：“昔堯治天下，不賞而民勸，不罰而民畏。”今子賞罰而民且不仁，德自此衰，刑自此立，後世之亂自此始矣！夫子闔行邪？無落吾事！”俋俋乎耕而不顧。

泰初有無，無有無名，一之所起。有一而未形，物得以生謂之德；未形者有分，且然無閒謂之命；留動而生物，物成生理謂之形；形體保神，各有儀則謂之性；性修反德，德至同於初。同乃虛，虛乃大。合喙鳴。喙鳴合，與天地爲合。其合緡緡，若愚若昏，是謂玄德，同乎大順。

夫子問於老聃曰：“有人治道若相放，可不可，然不然。辯者有言曰：‘離堅白，若縣宇’，若是則可謂聖人乎？”老聃曰：“是胥易技係，勞形怵心者也。執狸之狗成思，猿狙之便自山林來。丘，予告若，而所不能聞與而所不能言。凡有首有趾，無心無耳者衆；有形者與無形無狀而皆存者盡無。其動止也，其死生也，其廢起也，此又非其所以也。有治在人。忘乎物，忘乎天，其名爲忘己。忘己之人，是之謂入於天。”

蔣閭葂見季徹曰：“魯君謂葂也曰：‘請受教。’辭不獲命。既已告矣，未知中否。請嘗薦之。吾謂魯君曰：‘必服恭儉，拔出公忠之屬而無阿私，民孰敢不輯！季徹局局然笑曰：“若夫子之言，於帝王之德，猶螳螂之怒臂而當車轍，則必不勝任矣！且若是，則其自爲處危，其觀臺多物，將往投迹者衆。”蔣閭葂覤覤然驚曰：“葂也汒若於夫子之所言矣！雖然，願先生之言其風也！”季徹曰：“大聖之治天下也，搖蕩民心，使之成教易俗，舉滅其賊心而皆進其獨志。若性之自爲，而民不知其所由然。若然者，豈兄堯舜之教民溟涬然弟之哉？欲同乎德而心居矣！”

子貢南遊於楚，反於晉，過漢陰見一丈人方將爲圃畦。鑿隧而入井，抱甕而出灌，搰搰然用力甚多而見功寡。子貢曰：“有械於此，一日浸百畦，用力甚寡而見功多，夫子不欲乎？”爲圃者仰而視之曰：“奈何？”曰：“鑿木爲機，後重前輕，挈水若抽，數如泆湯，其名爲槔。”爲圃者忿然作色而笑曰：“吾聞之吾師，有機械者必有機事，有機事者必有機心。機心存於胸中則純白不備。純白不備則神生不定，神生不定者，道之所不載也。吾非不知，羞而不爲也。”

子貢瞞然慙, 俯而不對. 有間, 為圃者曰: "子奚為者邪?" 曰: "孔丘之徒也." 為圃者曰: "子非夫博學以擬聖, 於于以蓋衆, 獨弦哀歌以賣名聲於天下者乎? 汝方將妄汝神氣, 墮汝形骸, 而庶幾乎! 而身不能治, 而何暇治天下乎! 子往矣, 無乏吾事."

子貢卑陬失色, 頊頊然不自得, 行三十里而後愈. 其弟子曰: "向之人何為者邪? 夫子何故見之變容失色, 終日不自反邪?" 曰: "始吾以夫子為天下一人耳, 不知復有夫人也. 吾聞之夫子, 事求可, 功求成, 用力少, 見功多者, 聖人之道. 今徒不然. 執道者德全, 德全者形全, 形全者神全. 神全者, 聖人之道也, 託生與民竝行而不知其所之, 汒乎淳備哉! 功利機巧必忘夫人之心. 若夫人者, 非其志不之, 非其心不為, 雖以天下譽之, 得其所謂, 警然不顧; 以天下非之, 失其所謂, 儻然不受. 天下之非譽, 無益損焉, 是謂全德之人哉! 我之謂風波之民." 反於魯, 以告孔子. 孔子曰: "彼假修混沌氏之術者也. 識其一, 不知其二; 治其內, 而不治其外. 夫明白太素, 無為復朴, 體性拘神, 以遊世俗之間者, 汝將固驚邪? 且混沌氏之術, 予與汝何足以識之哉!"

諄芒將東之大壑, 適遇苑風於東海之濱. 苑風曰: "子將奚之?" 曰: "將之大壑." 曰: "奚為焉?" 曰: "夫大壑之為物也, 注焉而不滿, 酌焉而不竭. 吾將遊焉!" 苑風曰: "夫子無意於橫目之民乎? 願聞聖治." 諄芒曰: "聖治乎? 官施而不失其宜, 拔擧而不失其能, 畢見情事而行其所為, 行言自為而天下化. 手撓顧指, 四方之民莫不俱至, 此之謂聖治." "願聞德人." 曰: "德人者, 居無思, 行無慮, 不藏是非美惡. 四海之內共利之之謂悅, 共給之之謂安. 怊乎若嬰兒之失其母也, 儻乎若行而失其道也. 財用有餘而不知其所自來, 飲食取足而不知其所從, 此謂德人之容." "願聞神人." 曰: 上神乘光, 與形滅亡, 謂照曠. 致命盡情, 天地樂而萬事銷亡, 萬物復情, 此之謂混冥."

門無鬼與赤張滿稽觀於武王之師, 赤張滿稽曰: "不及有虞氏乎! 故離此患也." 門無鬼曰: "天下均治而有虞氏治之邪? 其亂而後治之與?" 赤張滿稽曰: "天下均治之為願, 而何計以有虞氏為! 有虞氏之藥瘍也, 禿而施髢, 病而求醫. 孝子操藥以修慈父, 其色燋然, 聖人羞之. 至德之世, 不尚賢, 不使能, 上如標枝, 民如野鹿. 端正而不知以為義, 相愛而不知以為仁, 實而不知以為忠, 當而不知以為信, 蠢動而相使不以為賜. 是故行而無迹, 事而無傳."

孝子不諛其親, 忠臣不諂其君, 臣, 子之盛也. 親之所言而然, 所行而善, 則世俗謂之不肖子; 君之所言而然, 所行而善, 則世俗謂之不肖臣. 而未知此其必然邪? 世俗之所謂然而然之, 所謂善而善之. 則不謂之道諛之人也! 然則俗故嚴於親而尊於君邪? 謂己道人, 則勃然作色; 謂己諛人, 則怫然作色. 而終身道人也, 終身諛人也. 合譬飾辭聚衆也, 是終始本末不相罪坐. 垂衣裳, 設采色, 動容貌. 以媚一世, 而不自謂道諛, 與夫人之為徒, 通是非, 而不自謂衆人, 愚之至也. 知其愚者, 非大愚也; 知其惑者, 非大惑也; 大惑者, 終身不解, 大愚者, 終身不靈. 三人行而一人惑, 所適者, 猶可致也, 惑者少也; 二人惑則勞而不至, 惑者勝也. 而今也以天下惑, 予雖有祈嚮, 不可得也. 不亦悲乎! 大聲不入於里耳, 折楊, 皇荂 則嗑然而笑. 是故高言不止於衆人之心; 至言不出, 俗言勝也. 以二缶鐘惑, 而所適不得矣. 而今也以天下惑, 予雖有祈嚮, 其庸可得邪! 知其不可得而强之, 又一惑也! 故莫若釋之而不推. 不推, 誰其比憂! 厲之人, 夜半生其子, 遽取火而視之, 汲汲然唯恐其似己也.

百年之木, 破爲犧樽, 靑黃而文之. 其斷在溝中. 比犧樽於溝中之斷, 則美惡有間矣, 其於失性一也. 跖與曾史, 行義有間矣, 然其失性均也. 且夫失性有五: 一曰五色亂目, 使目不明; 二曰五聲亂耳, 使耳不聰; 三曰五臭薰鼻, 困㛮中顙. 四曰五味濁口, 使口厲爽; 五曰趣舍滑心, 使性飛揚. 此五者, 皆生之害也. 而楊墨乃始離跂自以爲得, 非吾所謂得也. 夫得者困, 可以爲得乎? 則鳩鴞之在於籠也, 亦可以爲得矣. 且夫趣舍聲色以柴其內, 皮弁鷸冠搢笏紳修以約其外. 內支盈於柴柵外重纆繳, 睆睆然在纆繳之中而自以爲得, 則是罪人交臂歷指而虎豹在於囊檻, 亦可以爲得矣!

『장자』「외편」「천도」제13장

天道運而無所積, 故萬物成; 帝道運而無所積, 故天下歸; 聖道運而無所積, 故海內服. 明於天, 通於聖, 六通四辟於帝王之德者, 其自爲也, 昧然無不靜者矣! 聖人之靜也, 非曰靜也善, 故靜也. 萬物無足以鐃心者, 故靜也. 水靜則明燭鬚眉, 平中準, 大匠取法焉. 水靜猶明, 而況精神! 聖人之心靜乎! 天地之鑑也, 萬物之鏡也. 夫虛靜恬淡寂漠無爲者, 天地之本而道德之至, 故帝王聖人休焉. 休則虛, 虛則實, 實者備矣. 虛則靜, 靜則動, 動則得矣. 靜則無爲, 無爲也, 則任事者責矣. 無爲則兪兪. 兪兪者, 憂患不能處, 年壽長矣. 夫虛靜恬淡寂漠無爲者, 萬物之本也. 明此以南鄕, 堯之爲君也; 明此以北面, 舜之爲臣也. 以此處上, 帝王天子之德也; 以此處下, 玄聖素王之道也. 以此退居而閒游, 則江海山林之士服; 以此進爲而撫世, 則功大名顯而天下一也. 靜而聖, 動而王, 無爲也而尊, 樸素而天下莫能與之爭美. 夫明白於天地之德者, 此之謂大本大宗, 與天和者也. 所以均調天下, 與人和者也. 與人和者, 謂之人樂; 與天和者, 謂之天樂. 莊子曰: "吾師乎! 吾師乎! 蘲萬物而不爲戾; 澤及萬世而不爲仁; 長於上古而不爲壽; 覆載天地刻雕衆形而不爲巧." 此之謂天樂, 故曰: 知天樂者, 其生也天行, 其死也物化. 靜而與陰同德, 動而與陽同波. 故知天樂者, 無天怨, 無人非, 無物累, 無鬼責. 故曰: "其動也天, 其靜也地, 一心定而天地正. 其魄不崇, 其魂不疲, 一心定而萬物服. 言以虛靜推於天地, 通於萬物, 此之謂天樂. 天樂者, 聖人之心以畜天下也."

夫帝王之德, 以天地爲宗, 以道德爲主, 以無爲爲常. 無爲也, 則用天下而有餘; 有爲也, 則爲天下用而不足. 故古之人貴夫無爲也. 上無爲也, 下亦無爲也, 是下與上同德. 下與上同德則不臣. 下有爲也, 上亦有爲也, 是上與下同道. 上與下同道則不主. 上必無爲而用天下, 下必有爲爲天下用, 此不易之道也.

故古之王天下者, 知雖落天地, 不自慮也; 辯雖彫萬物, 不自說也; 能雖窮海內, 不自爲也. 天不產而萬物化, 地不長而萬物育, 帝王無爲而天下功. 故曰: "莫神於天, 莫富於地, 莫大於帝王." 故曰: "帝王之德配天地." 此乘天地, 馳萬物, 而用人羣之道也.

本在於上, 末在於下; 要在於主, 詳在於臣. 三軍五兵之運, 德之末也; 賞罰利害, 五刑之辟, 敎之末也; 禮法度數, 形名比詳, 治之末也; 鐘鼓之音, 羽旄之容, 樂之末也; 哭泣衰絰, 隆殺之服, 哀之末也. 此五末者, 須精神之運, 心術之動, 然後從之者也. 末學者, 古人有之, 而非所以先也. 君先而臣從, 父先而子從, 兄先而弟從, 長先而小從, 男先而女從, 夫先而婦從. 夫尊卑先後, 天地之行也, 故聖人取象焉. 天尊地卑, 神明之位也; 春夏先, 秋冬後, 四時之序也; 萬物化作, 萌區有狀, 盛衰之殺, 變化之流也. 夫天地至神, 而有尊卑先後之序, 而況人道乎! 宗廟尚親, 朝廷尙尊, 鄕黨尙齒, 行事尙賢, 大道之序也. 語道而非其序者, 非其道也. 語道而非其道者, 安取道!

是故古之明大道者, 先明天而道德次之, 道德已明而仁義次之, 仁義已明而分守次之, 分守已明而形名次之, 形名已明而因任次之, 因任已明而原省次之, 原省已明而是非次之, 是非已明而賞罰次之, 賞罰已明而愚知處宜, 貴賤履位, 仁賢不肖襲情. 必分其能, 必由其名. 以此事上, 以此畜下, 以此治物, 以此修身, 知謀不用, 必歸其天, 此之謂太平, 治之至也. 故書曰: "有形有名". 形名者, 古人有之, 而非所以先也. 古之語大道者, 五變而形名可擧, 九變而賞罰可言也. 驟而語形名, 不知其本也; 驟而語賞罰, 不知其始也. 倒道而言, 迕道而說者, 人之所治也, 安能治人? 驟而語形名賞罰, 此有知治之具, 非知治之道. 可用於天下, 不足以用天下. 此之謂辯士, 一曲之人也. 禮法數度, 形名比詳, 古人有之. 此下之所以事上, 非上之所以畜下也.

昔者舜問於堯曰: "天王之用心何如?" 堯曰: "吾不敖無告, 不廢窮民, 苦死者, 嘉孺子而哀婦人, 此吾所以用心已." 舜曰: "美則美矣, 而未大也." 堯曰: "然則何如?" 舜曰: "天德而出寧, 日月照而四時行, 若晝夜之有經, 雲行而雨施矣!" 堯曰: "膠膠擾擾乎! 子, 天之合也; 我, 人之合也." 夫天地者, 古之所大也, 而黃帝, 堯, 舜, 之所共美也. 故古之王天下者, 奚爲哉? 天地而已矣!

孔子西藏書於周室, 子路謀曰: "由聞周之徵藏史有老聃者, 免而歸居, 夫子欲藏書, 則試往因焉." 孔子曰: "善." 往見老聃, 而老聃不許, 於是繙十二經以說. 老聃中其說, 曰: "大謾,願聞其要." 孔子曰: "要在仁義." 老聃曰: "請問: 仁義, 人之性邪?" 孔子曰: "然, 君子不仁則不成, 不義則不生. 仁義, 眞人之性也, 又將奚爲矣?" 老聃曰: "請問: 何謂仁義?" 孔子曰: "中心物愷, 兼愛無私, 此仁義之情也." 老聃曰: "意, 幾乎後言! 夫兼愛, 不亦迂乎! 無私焉, 乃私也. 夫子若欲使天下無失其牧乎? 則天地固有常矣, 日月固有明矣, 星辰固有列矣, 禽獸固有群矣, 樹木固有立矣. 夫子亦放德而行, 循道而趨, 已至矣! 又何偈偈乎揭仁義, 若擊鼓而求亡子焉! 意, 夫子亂人之性也."

士成綺見老子而問曰: "吾聞夫子聖人也. 吾固不辭遠道而來願見, 百舍重趼而不敢息. 今吾觀子 非聖人也, 鼠壤有餘蔬而棄妹, 不仁也! 生熟不盡於前, 而積無崖." 老子漠然不應. 士成綺明日復見, 曰: "昔者, 吾有刺於子, 今吾心正却矣, 何故也?" 老子曰: "夫巧知神聖之人, 吾自以爲脫焉. 昔者子呼我牛也而謂之牛; 呼我馬也而謂之馬. 苟有其實, 人與之名而弗受, 再受其殃. 吾服也恒服, 吾非以服有服." 士成綺雁行避影, 履行遂進, 而問修身若何. 老子曰: "而容崖然, 而目衝然, 而顙頯然, 而口闞然, 而狀義然. 似繫馬而止也, 動而持, 發也機, 察而審, 知巧而覩於泰, 凡以爲不信. 邊竟有人焉, 其名爲竊."

夫子曰: "夫道, 於大不終, 於小不遺, 故萬物備. 廣廣乎其無不容也, 淵淵乎其不可測也. 形德仁義, 神之末也, 非至人孰能定之! 夫至人有世, 不亦大乎, 而不足以爲之累; 天下奮棅而不與之偕; 審乎無假而不與利遷; 極物之眞, 能守其本. 故外天地, 遺萬物, 而神未嘗有所困也. 通乎道, 合乎德, 退仁義, 賓禮樂, 至人之心有所定矣!"

世之所貴道者, 書也. 書不過語, 語有貴也. 語之所貴者, 意也, 意有所隨. 意之所隨者, 不可以言傳也, 而世因貴言傳書. 世雖貴之, 我猶不足貴也, 爲其貴非其貴也. 故視而可見者, 形與色也; 聽而可聞者, 名與聲也. 悲夫! 世人以形色名聲爲足以得彼之情. 夫形色名聲, 果不足以得彼之情, 則知者不言, 言者不知, 而世豈識之哉!

桓公讀書於堂上, 輪扁斲輪於堂下, 釋椎鑿而上, 問桓公曰: "敢問公之所讀爲何言邪?" 公曰: "聖人之言也." 曰: "聖人在乎?" 公曰: "已死矣." 曰: "然則君之所讀者, 古人之糟粕已夫!" 桓公曰: "寡人讀書, 輪人安得議乎! 有說則可, 無說則死!" 輪扁曰: "臣也, 以臣之事觀之. 斲輪徐則甘而不固, 疾則苦而不入, 不徐不疾, 得之於手而應於心, 口不能言, 有數存焉於其間. 臣不能以喩臣之子, 臣之子亦不能受之於臣, 是以行年七十而老斲輪. 古之人與其不可傳也死矣, 然則君之所讀者, 古人之糟粕已夫!"

『장자』「외편」「천운」 제14장

"天其運乎? 地其處乎? 日月其爭於所乎? 孰主張是? 孰維綱是? 孰居無事而推行是? 意者其有機緘而不得已邪? 意者其運轉而不能自止邪? 雲者爲雨乎? 雨者爲雲乎? 孰隆施是? 孰居無事淫樂而勸是? 風起北方, 一西一東, 在上彷徨. 孰噓吸是? 孰居無事而披拂是? 敢問何故?" 巫咸祒曰: "來, 吾語女. 天有六極五常, 帝王順之則治, 逆之則凶. 九洛之事, 治成德備, 監照下土, 天下戴之, 此謂上皇."

商大宰蕩問仁於莊子. 莊子曰: "虎狼, 仁也." 曰: "何謂也?" 莊子曰: "父子相親, 何爲不仁!" 曰: "請問至仁." 莊子曰: "至仁無親." 大宰曰: "蕩聞之, 無親則不愛, 不愛則不孝. 謂至仁不孝, 可乎?" 莊子曰: "不然, 夫至仁尙矣, 孝固不足以言之. 此非過孝之言也, 不及孝之言也. 夫南行者至於郢, 北面而不見冥山, 是何也? 則去之遠也. 故曰: 以敬孝易, 以愛孝難; 以愛孝易, 以忘親難; 忘親易, 使親忘我難; 使親忘我易, 兼忘天下難; 兼忘天下易, 使天下兼忘我難. 夫德遺堯, 舜而不爲也, 利澤施於萬世, 天下莫知也, 豈直太息而言仁孝乎哉! 夫孝悌仁義, 忠信貞廉, 此皆自勉以役其德者也, 不足多也. 故曰: 至貴, 國爵竝焉; 至富, 國財竝焉; 至顯, 名譽竝焉. 是以道不渝."

北門成問於黃帝曰: "帝張咸池之樂於洞庭之野, 吾始聞之懼, 復聞之怠, 卒聞之而惑, 蕩蕩黙黙, 乃不自得." 帝曰: "汝殆其然哉! 吾奏之以人, 徵之以天, 行之以禮義, 建之以太淸. 四時迭起, 萬物循生. 一盛一衰, 文武倫經. 一淸一濁, 陰陽調和, 流光其聲. 蟄蟲始作, 吾驚之以雷霆. 其卒無尾, 其始無首. 一死一生, 一僨一起, 所常無窮, 而一不可待. 汝故懼也. 吾又奏之以陰陽之和, 燭之以日月之明. 其聲能短能長, 能柔能剛, 變化齊一, 不主故常. 在谷滿谷, 在阬滿阬. 塗却守神, 以物爲量. 其聲揮綽, 其名高明. 是故鬼神守其幽, 日月星辰行其紀. 吾止之於有窮, 流之於無止. 子欲慮之而不能知也, 望之而不能見也, 逐之而不能及也. 儻然立於四虛之道, 倚於槁梧而吟: '心窮乎所欲知, 目窮乎所欲見, 力屈乎所欲逐, 吾旣不及, 已夫!' 形充空虛, 乃至委蛇. 汝委蛇, 故怠. 吾又奏之以無怠之聲, 調之以自然之命. 故若混逐叢生, 林樂而無形, 布揮而不曳, 幽昏而無聲. 動於無方居於窈冥. 或謂之死, 或謂之生; 或謂之實, 或謂之榮. 行流散徙, 不主常聲. 世疑之, 稽於聖人. 聖也者, 達於情而遂於命也. 天機不張而五官皆備. 此之謂天樂, 無言而心說. 故有焱氏爲之頌曰: '聽之不聞其聲, 視之不見其形, 充滿天地, 苞裏六極.' 汝欲聽之而無接焉, 而故惑也. 樂也者, 始於懼, 懼故崇; 吾又次之以怠, 怠故遁; 卒之於惑, 惑故愚; 愚故道, 道可載而與之俱也."

孔子西遊於衛, 顏淵問師金曰: "以夫子之行爲奚如?" 師金曰: "惜乎! 而夫子其窮哉!" 顏淵曰: "何也?" 師金曰: "夫芻狗之未陳也, 盛以篋衍, 巾以文繡, 尸祝齊戒以將之. 及其已

252

陳也, 行者踐其首脊, 蘇者取而爨之而已. 將復取而盛以篋衍, 巾以文繡, 遊居寢臥其下, 彼不得夢, 必且數眯焉. 今而夫子 亦取先王已陳芻狗, 聚弟子游居寢臥其下. 故伐樹於宋, 削迹於衛, 窮於商周, 是非其夢邪? 圍於陳蔡之間, 七日不火食, 死生相與隣, 是非其夢邪? 夫水行莫如用舟, 而陸行莫如用車. 以舟之可行於水也而求推之於陸, 則沒世不行尋常. 古今非水陸與? 周魯非舟車與? 今蘄行周於魯. 是猶推舟於陸也! 勞而無功, 身必有殃. 彼未知夫無方之傳, 應物而不窮者也. 且子獨不見夫桔橰者乎? 引之則俯, 舍之則仰. 彼, 人之所引, 非引人也. 故俯仰而不得罪於人. 故夫三皇五帝之禮義法度, 不矜於同而矜於治. 故譬三皇五帝之禮義法度, 其猶柤 梨橘柚邪! 其味相反而皆可於口. 故禮義法度者, 應時而變者也. 今取猨狙而衣以周公之服, 彼必齕齧挽裂, 盡去而後慊. 觀古今之異, 猶猨狙之異乎周公也. 故西施病心而矉其里, 其里之醜人見之而美之, 歸亦捧心而矉其里. 其里之富人見之, 堅閉門而不出; 貧人見之, 挈妻子而去走. 彼知矉美而不知矉之所以美. 惜乎, 而夫子其窮哉!"

孔子行年五十有一而不聞道, 乃南之沛見老聃. 老聃曰: "子來乎? 吾聞子, 北方之賢者也! 子亦得道乎?" 孔子曰: "未得也." 老子曰: "子惡乎求之哉?" 曰: "吾求之於度數, 五年而未得也." 老子曰: "子又惡乎求之哉?" 曰: "吾求之於陰陽, 十有二年而未得." 老子曰: "然, 使道而可獻, 則人莫不獻之於其君; 使道而可進, 則人莫不進之於其親; 使道而可以告人, 則人莫不告其兄弟; 使道而可以與人, 則人莫不與其子孫; 然而不可者, 無佗也, 中無主而不止, 外無正而不行. 由中出者, 不受於外, 聖人不出; 由外入者, 無主於中, 聖人不隱. 名, 公器也, 不可多取. 仁義, 先王之蘧廬也, 止可以一宿而不可久處. 覯而多責. 古之至人, 假道於仁, 託宿於義, 以遊逍遙之墟, 食於苟簡之田, 立於不貸之圃. 逍遙, 無為也; 苟簡, 易養也; 不貸, 無出也; 古者謂是采眞之遊. 以富為是者, 不能讓祿; 以顯為是者, 不能讓名. 親權者, 不能與人柄, 操之則慄, 舍之則悲, 而一無所鑑, 以闚其所不休者, 是天之戮民也. 怨恩取與諫教生殺, 八者, 正之器也, 唯循大變無所湮者為能用之. 故曰: 正者, 正也. 其心以為不然者, 天門弗開矣."

孔子見老聃而語仁義. 老聃曰: "夫播穅眯目, 則天地四方易位矣; 蚊虻噆膚, 則通昔不寐矣. 夫仁義憯然乃憤吾心, 亂莫大焉. 吾子使天下無失其朴, 吾子亦放風而動, 總德而立矣! 又奚傑傑然揭仁義, 若負建鼓而求亡子者邪! 夫鵠不日浴而白, 烏不日黔而黑. 黑白之朴, 不足以為辯; 名譽之觀, 不足以為廣. 泉涸, 魚相與處於陸, 相呴以濕, 相濡以沫, 不若相忘於江湖."

孔子見老聃歸, 三日不談. 弟子問曰: "夫子見老聃, 亦將何規哉?" 孔子曰: "吾乃今於是乎見龍. 龍, 合而成體, 散而成章, 乘雲氣而養乎陰陽. 予口張而不能嗋. 予又何規老聃哉?"

子貢曰: "然則人固有尸居而龍見. 淵黙而雷聲, 發動如天地者乎? 賜亦可得而觀乎?"遂以孔子聲見老聃. 老聃方將倨堂而應, 微曰: "予年運而往矣, 子將何以戒我乎?"子貢曰: "夫三皇五帝之治天下不同, 其係聲名一也. 而先生獨以爲非聖人, 如何哉?"老聃曰: "小子少進! 子何以謂不同?"對曰: "堯授舜, 舜授禹. 禹用力而湯用兵, 文王順紂而不敢逆, 武王逆紂而不肯順, 故曰不同."老聃曰: "小子少進, 余語汝三皇五帝之治天下: 黃帝之治天下, 使民心一. 民有其親死不哭而民不非也. 堯之治天下, 使民心親. 民有爲其親殺其殺而民不非也. 舜之治天下, 使民心競. 孕婦十月而生子, 子生五月而能言, 不至乎孩而始誰, 則人始有夭矣. 禹之治天下, 使民心變, 人有心而兵有順, 殺盜非殺人. 自爲種而'天下'耳. 是以天下大駭, 儒墨皆起. 其作始有倫, 而今乎婦女, 何言哉! 余語汝: 三皇五帝之治天下, 各曰治之, 而亂莫甚焉. 三皇之治, 上悖日月之明, 下睽山川之精, 中墮四時之施. 其知憯於蠣蠆之尾, 鮮規之獸, 莫得安其性命之情者, 而猶自以爲聖人, 不亦可恥乎? 其無恥也!"子貢蹴蹴然立不安.

孔子謂老聃曰: "丘治詩書禮樂易春秋六經, 自以爲久矣, 孰知其故矣, 以奸者七十二君, 論先王之道而明周召之迹, 一君無所鉤用. 甚矣! 夫人之難說也? 道之難明邪?"老子曰: "幸矣, 子之不遇治世之君也! 夫六經, 先王之陳迹也, 豈其所以迹哉! 今子之所言, 猶迹也. 夫迹, 履之所出, 而迹豈履哉? 夫白鶂之相視, 眸子不運而風化; 蟲, 雄鳴於上風, 雌應於下風而風化. 類自爲雌雄, 故風化. 性不可易, 命不可變, 時不可止, 道不可壅. 苟得於道, 無自而不可; 失焉者, 無自而可. 孔子不出三月, 復見, 曰: "丘得之矣. 烏鵲孺, 魚傅沫, 細要者化, 有弟而兄啼. 久矣, 夫丘不與化爲人! 不與化爲人, 安能化人."老子曰: "可, 丘得之也!"

『장자』「외편」「각의」 제15장

刻意尙行, 離世異俗, 高論怨誹, 爲亢而已矣. 此山谷之士, 非世之人, 枯槁赴淵者之所好也. 語仁義忠信, 恭儉推讓, 爲修而已矣. 此平世之士, 教誨之人, 遊居學者之所好也. 語大功, 立大名, 禮君臣, 正上下, 爲治而已矣. 此朝廷之士, 尊主强國之人, 致功幷兼者之所好也. 就藪澤, 處閒曠, 釣魚閒處, 無爲而已矣. 此江海之士, 避世之人, 吹呴呼吸, 吐故納新, 熊經鳥申, 爲壽而已矣. 此導引之士, 養形之人, 彭祖壽考者之所好也. 若夫不刻意而高, 無仁義而修, 無功名而治, 無江海而閒, 不導引而壽, 無不忘也, 無不有也. 澹然無極而衆美從之. 此天地之道, 聖人之德也.

故曰: 夫恬惔寂漠, 虛無無爲, 此天地之本而道德之質也. 故曰: 聖人休休焉則平易矣.

平易則恬惔矣. 平易恬惔, 則憂患不能入, 邪氣不能襲, 故其德全而神不虧. 故曰: "聖人之生也天行, 其死也物化. 靜而與陰同德, 動而與陽同波. 不爲福先, 不爲禍始. 感而後應, 迫而後動, 不得已而後起. 去知與故, 循天之理. 故無天災, 無物累, 無人非, 無鬼責. 其生若浮, 其死若休. 不思慮, 不豫謀. 光矣而不燿, 信矣而不期. 其寢不夢, 其覺無憂. 其神純粹, 其鬼不罷. 虛無恬惔, 乃合天德. 故曰: 悲樂者, 德之邪也; 喜怒者, 道之過也. 好惡者, 心之失也. 故心不憂樂, 德之至也. 一而不變, 靜之至也; 無所於忤, 虛之至也; 不與物交, 惔之至也; 無所於逆, 粹之至也. 故曰: 形勞而不休則弊, 精用而不已則勞, 勞則竭. 水之性, 不雜則淸, 莫動則平; 鬱閉而不流, 亦不能淸; 天德之象也. 故曰: 純粹而不雜, 靜一而不變, 惔而無爲, 動而以天行, 此養神之道也.

夫有干越之劍者, 柙而藏之, 不敢輕用也, 寶之至也. 精神四達竝流, 無所不極, 上際於天, 下蟠於地, 化育萬物, 不可爲象, 其名爲同帝. 純素之道, 唯神是守. 守而勿失, 與神爲一. 一之精通, 合於天倫. 野語有之曰: "衆人重利, 廉士重名, 賢人尙志, 聖人貴精." 故素也者, 謂其無所與雜也; 純也者, 謂其不虧其神也. 能體純素, 謂之眞人.

『장자』「외편」「선성」제16장

繕性於俗學, 以求復其初; 滑欲於俗思, 以求致其明; 謂之蔽蒙之民.

古之治道者, 以恬養知. 知生而無以知爲也, 謂之以知養恬. 知與恬交相養, 而和理出其性. 夫德, 和也; 道, 理也. 德無不容, 仁也; 道無不理, 義也; 義明而物親, 忠也; 中純實而反乎情, 樂也; 信行容體而順乎文, 禮也. 禮樂偏行, 則天下亂矣. 彼正而蒙己德, 德則不冒, 冒則物必失其性也. 古之人, 在混芒之中, 與一世而得澹漠焉. 當是時也, 陰陽和靜, 鬼神不擾, 四時得節萬物不傷, 群生不夭, 人雖有知, 無所用之, 此之謂至一. 當是時也, 莫之爲而常自然.

逮德下衰, 及燧人伏羲始爲天下, 是故順而不一. 德又下衰, 及神農黃帝始爲天下, 是故安而不順. 德又下衰, 及唐, 虞始爲天下, 與治化之流, 澆淳散朴, 離道以爲, 險德以行, 然後去性而從於心. 心與心識知, 而不足以定天下, 然後附之以文, 益之以博. 文滅質, 博溺心, 然後民始惑亂, 無以反其性情而復其初. 由是觀之, 世喪道矣, 道喪世矣, 世與道交相喪也. 道之人何由興乎世, 世亦何由興乎道哉! 道無以興乎世, 世無以興乎道, 雖聖人不在山林之中, 其德隱矣. 隱故不自隱. 古之所謂隱士者, 非伏身而弗見也, 非閉其言而不出也, 非藏其知而不發也, 時命大謬也. 當時命而大行乎天下, 則反一無迹; 不當時命而大窮乎天下, 則深根寧極而待; 此存身之道也. 古之存身者, 不以辯飾知, 不以知窮天下, 不以知窮德, 危然虛其所而反其性已, 又何爲哉! 道固不小行, 德固不小識, 小識傷德, 小行喪道. 故曰: 正己而已矣. 樂全之謂得志.

古之所謂得志者, 非軒冕之謂也, 謂其無以益其樂而已矣. 今之所謂得志者, 軒冕之謂也. 軒冕在身, 非性命也, 物之儻來 寄者也. 寄之, 其來不可圉, 其去不可止. 故不爲軒冕肆志, 不爲窮約趨俗, 其樂彼與此同, 故無憂而已矣! 今寄去則不樂. 由是觀之, 雖樂, 未嘗不荒也. 故曰: 喪己於物, 失性於俗者, 謂之倒置之民.

『장자』「외편」「추수」 제17장

秋水時至, 百川灌河. 涇流之大, 兩涘渚崖之間不辯牛馬. 於是焉河伯欣然自喜, 以天下之美爲盡在己. 順流而東行, 至於北海, 東面而視, 不見水端. 於是焉河伯始旋其面目, 望洋向若而歎曰: "野語有之曰: '聞道百, 以爲莫己若者.' 我之謂也. 且夫我嘗聞少仲尼之聞而輕伯夷之義者, 始吾弗信. 今我睹子之難窮也, 吾非至於子之門, 則殆矣, 吾長見笑於大方之家." 北海若曰: "井蛙不可以語於海者, 拘於虛也; 夏蟲不可以語於冰者, 篤於時也; 曲士不可以語於道者, 束於敎也. 今爾出於崖涘, 觀於大海, 乃知爾醜, 爾將可與語大理矣. 天下之水, 莫大於海; 萬川歸之, 不知何時止而不盈; 眉閭泄之, 不知何時已而不虛; 春秋不變, 水旱不知. 此其過江河之流, 不可爲量數. 而吾未嘗以此自多者, 自以比形於天地而受氣於陰陽, 吾在天地之間, 猶小石小木之在大山也. 方存乎見少, 又奚以自多! 計四海之在天地之間也, 不似礨空之在大澤乎? 計中國之在海內, 不似稊米之在大倉乎? 號物之數謂之萬, 人處一焉; 人卒九州, 穀食之所生, 舟車之所通. 此其比萬物也, 不似豪末之在於馬體乎? 五帝之所運, 三王之所爭, 仁人之所憂, 任士之所勞, 盡此矣! 伯夷辭之以爲名, 仲尼語之以爲博. 此其自多也, 不似爾向之自多於水乎?

河伯曰: "然則吾大天地而小毫末, 可乎?" 北海若曰: "否. 夫物, 量無窮, 時無止, 分無常, 終始無故. 是故大知觀於遠近, 故小而不寡, 大而不多; 知量無窮. 證曏今故, 故遙而不悶, 掇而不跂; 知時無止. 察乎盈虛, 故得而不喜, 失而不憂; 知分之無常也. 明乎坦塗, 故生而不說, 死而不禍; 知終始之不可故也. 計人之所知, 不若其所不知; 其生之時, 不若未生之時; 以其至小求窮其至大之域, 是故迷亂而不能自得也. 由此觀之, 又何以知毫末之足以定至細之倪, 又何以知天地之足以窮至大之域!"

河伯曰: "世之議者皆曰: '至精無形, 至大不可圍.' 是信情乎?" 北海若曰: "夫自細視大者不盡, 自大視細者不明. 夫精, 小之微也; 垺, 大之殷也; 故異便. 此勢之有也. 夫精粗者, 期於有形者也; 無形者, 數之所不能分也; 不可圍者, 數之所不能窮也. 可以言論者, 物之粗也; 可以意致者, 物之精也; 言之所不能論, 意之所不能致者, 不期精粗焉. 是故大人之行: 不出乎害人, 不多仁恩; 動不爲利, 不賤門隷; 貨財弗爭, 不多辭讓; 事焉不借人, 不多食乎力, 不賤貪污; 行殊乎俗, 不多辟異; 爲在從衆, 不賤佞諂; 世之爵祿不足以爲勸, 戮恥不足以爲辱; 知是非之不可爲分, 細大之不可爲倪. 聞曰: '道人不聞, 至德不得, 大人無己.' 約分之至也."

河伯曰: "若物之外, 約物之內, 惡至而倪貴賤? 惡至而倪小大?" 北海若曰: "以道觀之, 物無貴賤; 以物觀之, 自貴而相賤; 以俗觀之, 貴賤不在己. 以差觀之, 因其所大而大之, 則萬物莫不大; 因其所小而小之, 則萬物莫不小. 知天地之爲稊米也, 知毫末之爲丘山也, 則差數覩矣. 以功觀之, 因其所有而有之, 則萬物莫不有; 因其所無而無之, 則萬物莫不無. 知東西之相反而不可以相無, 則功分定矣. 以趣觀之, 因其所然而然之, 則萬物莫不然; 因其所非而非之, 則萬物莫不非. 知堯, 桀之自然而相非, 則趣操覩矣. 昔者堯, 舜讓而帝, 之, 噲讓而絶; 湯, 武爭而王, 白公爭而滅. 由此觀之, 爭讓之禮, 堯, 桀之行, 貴賤有時, 未可以爲常也. 梁麗可以衝城而不可以窒穴, 言殊器也; 騏驥驊騮一日而馳千里, 捕鼠不如狸狌, 言殊技也; 鴟鵂夜撮蚤, 察毫末, 晝出瞋目而不見丘山, 言殊性也. 故曰: 蓋師是而無非, 師治而無亂乎? 是未明天地之理, 萬物之情者也. 是猶師天而無地, 師陰而無陽, 其不可行明矣. 然且語而不舍, 非愚則誣也! 帝王殊禪, 三代殊繼. 差其時, 逆其俗者, 謂之篡夫; 當其時, 順其俗者, 謂之義之徒. 默默乎河伯, 女惡知貴賤之門, 小大之家!"

河伯曰: "然則我何爲乎? 何不爲乎? 吾辭受趣舍, 吾終奈何?" 北海若曰: "以道觀之, 何貴何賤, 是謂反衍; 無拘而志, 與道大蹇. 何少何多, 是謂謝施; 無一而行, 與道參差. 嚴嚴乎若國之有君, 其無私德; 繇繇乎若祭之有社, 其無私福; 泛泛乎其若砂防之無窮, 其無所畛域. 兼懷萬物, 其孰承翼? 是謂無方. 萬物一齊, 孰短孰長? 道無終始, 物有死生, 不恃其成. 一虛一盈, 不位乎其形. 年不可擧, 時不可止. 消息盈虛, 終則有始. 是所以語大義之方, 論萬物之理也. 物之生也, 若驟若馳. 無動而不變, 無時而不移. 何爲乎, 何不爲乎? 夫固將自化."

河伯曰: "然則何貴於道邪?" 北海若曰: "知道者必達於理, 達於理者必明於權, 明於權者不以物害己. 至德者, 火弗能熱, 水弗能溺, 寒暑弗能害, 禽獸不能賊. 非謂其薄之也, 言察乎安危, 寧於禍福, 謹於去就, 莫之能害也. 故曰: '天在內, 人在外, 德在乎天.' 知乎人之行, 本乎天, 位乎得, 蹢躅而屈伸, 反要而語極." 曰: "何謂天? 何謂人?" 北海若曰: "牛馬四足, 是謂天; 落馬首, 穿牛鼻, 是謂人. 故曰: '無以人滅天, 無以故滅命, 無以得殉名. 謹守而勿失, 是謂反其眞.'"

夔憐蚿, 蚿憐蛇, 蛇憐風, 風憐目, 目憐心. 夔謂蚿曰: "吾以一足趻踔而行, 予無如矣. 今子之使萬足, 獨奈何?" 蚿曰: "不然, 子不見夫唾者乎? 噴則大者如珠, 小者如霧, 雜而下者不可勝數也. 今予動吾天機, 而不知其所以然." 蚿謂蛇曰: "吾以衆足行, 而不及子之無足, 何也?" 蛇曰: "夫天機之所動, 何可易邪? 吾安用足哉?" 蛇謂風曰: "予動吾脊脅而行, 則有似也. 今子蓬蓬然起於北海, 蓬蓬然入於南海, 而似無有, 何也?" 風曰: "然, 予蓬蓬然起於北海而入於南海也, 然而指我則勝我, 鰌我亦勝我. 雖然, 夫折大木, 蜚大屋者, 唯我能也." 故以衆小不勝爲大勝也. 爲大勝者, 唯聖人能之.

孔子遊於匡, 宋人圍之數匝, 而絃歌不惙. 子路入見, 曰: "何夫子之娛也?" 孔子曰: "來, 吾語女. 我諱窮久矣, 而不免, 命也; 求通久矣, 而不得, 時也. 當堯舜之時而天下無窮人, 非知得也; 當桀紂之時而天下無通人, 非知失也; 時勢適然. 夫水行不避蛟龍者, 漁父之勇也; 陸行不避兕虎者, 獵夫之勇也; 白刃交於前, 視死若生者, 烈士之勇也; 知窮之有命, 知通之有時, 臨大難而不懼者, 聖人之勇也. 由, 處矣! 吾命有所制矣!" 無幾何, 將甲者進, 辭曰: "以爲陽虎也, 故圍之; 今非也, 請辭而退."

公孫龍問於魏牟曰: "龍少學先王之道, 長而明仁義之行; 合同異, 離堅白; 然不然, 可不可; 困百家之知, 窮衆口之辯; 吾自以爲至達已. 今吾聞莊子之言, 汒焉異之. 不知論之不及與? 知之弗若與? 今吾無所開吾喙, 敢問其方." 公子牟隱机大息, 仰天而笑曰: "子獨不聞夫埳井之蛙乎? 謂東海之鱉曰: '吾樂與! 出跳梁乎井幹之上, 入休乎缺甃之崖. 赴水則接腋持頤, 蹶泥則沒足滅跗. 還視虷蟹與科斗, 莫吾能若也. 且夫擅一壑之水, 而跨跱埳井之樂, 此亦至矣. 夫子奚不時來入觀乎?' 東海之鱉左足未入, 而右膝已縶矣. 於是逡巡而却, 告之海曰: '夫千里之遠, 不足以擧其大; 千仞之高, 不足以極其深. 禹之時, 而水弗爲加益; 湯之時, 八年七旱, 而崖不爲加損. 夫不爲頃久推移, 不以多少進退者, 此亦東海之大樂也.' 於是埳井之蛙聞之, 適適然驚, 規規然自失也. 且夫知不知是非之竟, 而猶欲觀於莊子之言, 是猶使蚊虻負山, 商蚷馳河也, 必不勝任矣. 且夫知不知論極妙, 之言而自適一時之利者, 是非埳井之蛙與? 且彼方跐黃泉而登大皇, 無南無北, 奭然四解, 淪於不測; 無東無西, 始於玄冥, 反於大通. 子乃規規然而求之以察, 索之以辯, 是直用管窺天, 用錐指地也, 不亦小乎? 子往矣! 且子獨不聞夫壽陵餘子之學行於邯鄲與? 未得國能, 又失其故行矣, 直匍匐而歸耳. 今子不去, 將忘子之故, 失子之業." 公孫龍口呿而不合, 舌擧而不下, 乃逸而走.

莊子釣於濮水. 楚王使大夫二人往先焉, 曰: "願以境內累矣!" 莊子持竿不顧, 曰: "吾聞楚有神龜, 死已三千歲矣. 王以巾笥而藏之廟堂之上. 此龜者, 寧其死爲留骨而貴乎? 寧其生而曳尾於塗中乎?" 二大夫曰: "寧生而曳尾塗中." 莊子曰: "往矣! 吾將曳尾於塗中."

惠子相梁, 莊子往見之. 或謂惠子曰: "莊子來, 欲代子相." 於是惠子恐, 搜於國中三日三夜. 莊子往見之, 曰: "南方有鳥, 其名爲鵷鶵, 子知之乎? 夫鵷鶵發於南海而飛於北海, 非梧桐不止, 非練實不食, 非醴泉不飮. 於是鴟得腐鼠, 鵷鶵過之, 仰而視之曰: '嚇!' 今子欲以子之梁國而嚇我邪?"

莊子與惠子遊於濠梁之上. 莊子曰: "儵魚出遊從容, 是魚之樂也." 惠子曰: "子非魚, 安知魚之樂?" 莊子曰: "子非我, 安知我不知魚之樂?" 惠子曰: "我非子, 固不知子矣; 子固非魚也, 子之不知魚之樂, 全矣!" 莊子曰: "請循其本. 子曰 '汝安知魚樂' 云者, 旣已知吾知之而問我. 我知之濠上也."

『장자』「외편」「지락」제18장

天下有至樂無有哉? 有可以活身者無有哉? 今奚爲奚據? 奚避奚處? 奚就奚去? 奚樂奚惡? 夫天下之所尊者, 富貴壽善也; 所樂者, 身安, 厚味, 美服, 好色, 音聲也; 所下者, 貧賤夭惡也; 所苦者, 身不得安逸, 口不得厚味, 形不得美服, 目不得好色, 耳不得音聲; 若不得者, 則大憂以懼, 其爲形也亦愚哉! 夫富者, 苦身疾作, 多積財而不得盡用, 其爲形也亦外矣! 夫貴者, 夜以繼日, 思慮善否, 其爲形也亦疏矣! 人之生也, 與憂俱生, 壽者惛惛, 久憂不死, 何苦也! 其爲形也亦遠矣. 烈士爲天下見善矣, 未足以活身. 吾未知善之誠善邪, 誠不善邪? 若以爲善矣, 不足活身; 以爲不善矣, 足以活人. 故曰: '忠諫不聽, 蹲循勿爭.' 故夫子胥爭之以殘其形, 不爭, 名亦不成. 誠有善無有哉? 今俗之所爲與其所樂, 吾又未知樂之果樂邪, 果不樂邪? 吾觀夫俗之所樂, 擧群趣者, 誙誙然如將不得已, 而皆曰樂者, 吾未之樂也, 亦未之不樂也. 果有樂無有哉? 吾以無爲誠樂矣, 又俗之所大苦也. 故曰: '至樂無樂, 至譽無譽.' 天下是非果未可定也. 雖然, 無爲可以定是非. 至樂活身, 唯無爲幾存. 請嘗試言之. 天無爲以之淸, 地無爲以之寧, 故兩無爲相合, 萬物皆化. 芒乎芴乎, 而無從出乎! 芴乎芒乎, 而無有象乎! 萬物職職, 皆從無爲殖. 故曰: '天地無爲也, 而無不爲也.' 人也孰能得無爲哉!

莊子妻死, 惠子弔之, 莊子則方箕踞鼓盆而歌. 惠子曰: "與人居長子, 老, 身死, 不哭亦足矣, 又鼓盆而歌, 不亦甚乎!" 莊子曰: "不然. 是其始死也, 我獨何能無槪然! 察其始而本無生, 非徒無生也, 而本無形, 非徒無形也, 而本無氣. 雜乎芒芴之間, 變而有氣, 氣變而有形, 形變而有生, 今又變而之死, 是相與爲春秋冬夏四時行也. 人且偃然寢於巨室, 而我噭噭然隨而哭之, 自以爲不通乎命, 故止也."

支離叔與滑介叔觀於冥伯之丘, 崑崙之虛, 黃帝之所休. 俄而柳生其左肘, 其意蹶蹶然惡之. 支離叔曰: "子惡之乎?" 滑介叔曰: "亡. 予何惡? 生者, 假借也; 假之而生生者, 塵垢也. 死生爲晝夜. 且吾與子觀化而化及我, 我又何惡焉?"

莊子之楚, 見空髑髏, 髐然有形, 撽以馬捶, 因而問之曰: "夫子貪生失理, 而爲此乎? 將子有亡國之事, 斧鉞之誅, 而爲此乎? 將子有不善之行, 愧遺父母妻子之醜, 而爲此乎? 將子有凍餒之患, 而爲此乎? 將子之春秋故及此乎?" 於是語卒, 援髑髏枕而臥. 夜半, 髑髏見夢曰: "子之談者似辯士. 視子所言, 皆生人之累也, 死則無此矣. 子欲聞死之說乎?" 莊子曰: "然." 髑髏曰: "死, 無君於上, 無臣於下, 亦無四時之事, 從然以天地爲春秋, 雖南面王樂, 不能過也." 莊子不信, 曰: "吾使司命復生子形, 爲子骨肉肌膚, 反子父母妻子, 閭里, 知識, 子欲之乎?" 髑髏深矉蹙頞曰: "吾安能棄南面王樂而復爲人間之勞乎?"

顏淵東之齊, 孔子有憂色. 子貢下席而問曰: "小子敢問: 回東之齊, 夫子有憂色, 何邪?" 孔子曰: "善哉汝問! 昔者管子有言, 丘甚善之, 曰: '褚小者不可以懷大, 綆短者不可以汲深.' 夫若是者, 以爲命有所成而形有所適也, 夫不可損益. 吾恐回與齊侯言堯, 舜, 黃帝之道, 而重以燧人, 神農之言. 彼將內求於己而不得, 不得則惑, 人惑則死.

且女獨不聞邪? 昔者海鳥止於魯郊, 魯侯御而觴之於廟, 奏九韶以爲樂, 具太牢以爲善. 鳥乃眩視憂悲, 不敢食一臠, 不敢飮一杯, 三日而死. 此以己養養鳥也, 非以鳥養養鳥也. 夫以鳥養養鳥者, 宜栖之深林, 遊之壇陸, 浮之江湖, 食之鰍鰷, 隨行列而止, 委蛇而處. 彼唯人言之惡聞, 奚以夫譊譊爲乎! 咸池, 九韶之樂, 張之洞庭之野, 鳥聞之而飛, 獸聞之而走, 魚聞之而下入, 人卒聞之, 相與還而觀之. 魚處水而生, 人處水而死, 故必相與異, 其好惡故異也. 故先聖不一其能, 不同其事. 名止於實, 義設於適, 是之謂條達而福持."

列子行食於道, 從見百歲髑髏, 攓蓬而指之曰: "唯予與汝知而未嘗死, 未嘗生也. 若果養乎? 予果歡乎?" 種有幾, 得水則爲㡭, 得水土之際則爲蛙蠙之衣, 生於陵屯則爲陵舄, 陵舄得鬱棲則爲烏足, 烏足之根爲蠐螬, 其葉爲蝴蝶. 胡蝶, 胥也化而爲蟲, 生於竈下, 其狀若脫, 其名爲鴝掇. 鴝掇千日爲鳥, 其名曰乾餘骨. 乾餘骨之沫爲斯彌, 斯彌爲食醯. 頤輅生乎食醯, 黃軦生乎九猷, 瞀芮生乎腐蠸. 羊奚比乎不筍, 久竹生青寧, 青寧生程, 程生馬, 馬生人, 人又反入於機. 萬物皆出於機, 皆入於機.

『장자』「외편」「달생」 제19장

達生之情者, 不務生之所無以爲; 達命之情者, 不務知之所奈何. 養形必先之以物, 物有餘而形不養者有之矣; 有生必先無離形, 形不離而生亡者有之矣. 生之來不能卻, 其去不能止. 悲夫! 世之人以爲養形足以存生, 而養形果不足以存生, 則世奚足爲哉! 雖不足爲而不可不爲者, 其爲不免矣. 夫欲免爲形者, 莫如棄世. 棄世則無累, 無累則正平, 正平則與彼更生, 更生則幾矣. 事奚足棄而生奚足遺? 棄事則形不勞, 遺生則精不虧. 夫形全精復, 與天爲一. 天地者, 萬物之父母也, 合則成體, 散則成始. 形精不虧, 是謂能移; 精而又精, 反以相天.

子列子問關尹曰: "至人潛行不窒, 蹈火不熱, 行乎萬物之上而不慄. 請問何以至於此?" 關尹曰: "是純氣之守也, 非知巧果敢之列. 居, 予語女. 凡有貌象聲色者, 皆物也, 物與物何以相遠! 夫奚足以至乎先! 是色而已. 則物之造乎不形, 而止乎無所化, 夫得是而窮之者, 物焉得而止焉! 彼將處乎不淫之度, 而藏乎無端之紀, 遊乎萬物之所終始, 壹其性, 養其氣, 合其德, 以通乎物之所造. 夫若是者, 其天守全, 其神無郤, 物奚自入焉! 夫醉者之墜車, 雖疾不死. 骨節與人同而犯害與人異, 其神全也, 乘亦不知也, 墜亦不知也, 死生驚懼不入乎其胷中, 是故遻物而不慴. 彼得全於酒而猶若是, 而況得全於天乎? 聖人藏於天, 故莫之能傷也. 復讎者不折鏌干; 雖有忮心者, 不怨飄瓦, 是以天下平均. 故無攻戰之亂, 無殺戮之刑者, 由此道也. 不開人之天, 而開天之天, 開天者德生, 開人者賊生. 不厭其天, 不忽於人, 民幾乎以其眞."

仲尼適楚, 出於林中, 見痀僂者承蜩, 猶掇之也. 仲尼曰: "子巧乎? 有道邪?" 曰: "我有道也. 五六月累丸, 二而不墜, 則失者錙銖; 累三而不墜, 則失者十一; 累五而不墜, 猶掇之也. 吾處身也若厥株拘, 吾執臂也若槁木之枝, 雖天地之大, 萬物之多, 而唯蜩翼之知. 吾不反不側, 不以萬物易蜩之翼, 何爲而不得!" 孔子顧謂弟子曰: "用志不分, 乃凝於神, 其痀僂丈人之謂乎!"

顏淵問仲尼曰: "吾嘗濟乎觴深之淵, 津人操舟若神. 吾問焉, 曰: '操舟可學邪?' 曰: '可. 善游者數能. 若乃夫沒人, 則未嘗見舟而便操之也.' 吾問焉而不吾告, 敢問何謂也?" 仲尼曰: "善游者數能, 忘水也. 若乃夫沒人之未嘗見舟而便操之也, 彼視淵若陵, 視舟之覆猶其車卻也. 覆卻萬方陳乎前而不得入其舍, 惡往而不暇! 以瓦注者巧, 以鉤注者憚, 以黃金注者殙. 其巧一也, 而有所矜, 則重外也. 凡外重者內拙."

田開之見周威公. 威公曰: "吾聞祝腎學生. 吾子與祝腎游, 亦何聞焉?" 田開之曰: "開之操拔篲以侍門庭, 亦何聞於夫子!" 威公曰: "田子無讓! 寡人願聞之." 開之曰: "聞之夫子曰: '善養生者, 若牧羊然, 視其後者而鞭之.'" 威公曰: "何謂也?" 田開之曰: "魯有單豹者, 巖居而水飲, 不與民共利, 行年七十而猶有嬰兒之色, 不幸遇餓虎, 餓虎殺而食之. 有張毅者, 高門, 懸薄, 無不走也, 行年四十而有內熱之病以死. 豹養其內而虎食其外, 毅養其外而病攻其內, 此二子者, 皆不鞭其後者也." 仲尼曰: "無入而藏, 無出而陽, 柴立其中央. 三者若得, 其名必極. 夫畏塗者, 十殺一人, 則父子兄弟相戒也, 必盛卒徒而後敢出焉, 不亦知乎! 人之所取畏者, 衽席之上, 飲食之間, 而不知爲之戒者, 過也."

祝宗人玄端以臨牢筴, 說彘曰: "汝奚惡死? 吾將三月㹇汝, 十日戒, 三日齊, 藉白茅, 加汝肩尻乎彫俎之上, 則汝爲之乎?" 爲彘謀曰: "不如食以糠糟, 而錯之牢筴之中." 自爲謀, 則苟生有軒冕之尊, 死得於腞, 楯之上, 聚僂之中, 則爲之. 爲彘謀則去之, 自爲謀則取之, 所異彘者何也!

桓公田於澤, 管仲御, 見鬼焉. 公撫管仲之手曰: "仲父何見?" 對曰: "臣無所見." 公反, 誒詒爲病, 數日不出. 齊士有皇子告敖者曰: "公則自傷, 鬼惡能傷公! 夫忿滀之氣, 散而不反, 則爲不足; 上而不下, 則使人善怒; 下而不上, 則使人善忘; 不上不下, 中身當心, 則爲病." 桓公曰: "然則有鬼乎?" 曰: "有. 沈有履, 灶有髻. 戶內之煩壤, 雷霆處之; 東北方之下者, 倍阿, 鮭蠪躍之; 西北方之下者, 則泆陽處之. 水有罔象, 丘有峷, 山有夔, 野有彷徨, 澤有委蛇." 公曰: "請問委蛇之狀何如?" 皇子曰: "委蛇, 其大如轂, 其長如轅, 紫衣而朱冠. 其爲物也惡, 聞雷車之聲, 則捧其首而立. 見之者殆乎霸." 桓公囅然而笑曰: "此寡人之所見者也." 於是正衣冠與之坐, 不終日而不知病之去也.

紀渻子爲王養鬪雞. 十日而問: "雞已乎?" 曰: "未也. 方虛憍而恃氣." 十日又問. 曰: "未也. 猶應嚮景." 十日又問. 曰: "未也. 猶疾視而盛氣." 十日又問. 曰: "幾矣. 雞雖有鳴者, 已無變矣, 望之似木雞矣, 其德全矣, 異雞無敢應者, 反走矣."

孔子觀於呂梁, 縣水三十仞, 流沫四十里, 黿鼉魚鼈之所不能游也. 見一丈夫游之, 以爲有苦而欲死也, 使弟子並流而拯之. 數百步而出, 被髮行歌而游於塘下. 孔子從而問焉, 曰: "吾以子爲鬼, 察子則人也. 請問蹈水有道乎?" 曰: "亡, 吾無道. 吾始乎故, 長乎性, 成乎命. 與齊俱入, 與汩偕出, 從水之道而不爲私焉. 此吾所以蹈之也." 孔子曰: "何謂始乎故, 長乎性, 成乎命?" 曰: "吾生於陵而安於陵, 故也; 長於水而安於水, 性也; 不知吾所以然而然, 命也."

梓慶削木爲鐻, 鐻成, 見者驚猶鬼神. 魯侯見而問焉, 曰: "子何術以爲焉?" 對曰: "臣工人, 何術之有! 雖然, 有一焉. 臣將爲鐻, 未嘗敢以耗氣也, 必齊以靜心. 齊三日, 而不敢懷慶賞爵祿; 齊五日, 不敢懷非譽巧拙; 齊七日, 輒然忘吾有四枝形體也. 當是時也, 無公朝, 其巧專而外滑消; 然後入山林, 觀天性; 形軀至矣, 然後成見鐻, 然後加手焉; 不然則已. 則以天合天, 器之所以疑神者, 其是與?"

東野稷以御見莊公, 進退中繩, 左右旋中規. 莊公以爲文弗過也, 使之鉤百而反. 顔闔遇之, 入見曰: "稷之馬將敗." 公密而不應. 少焉, 果敗而反. 公曰: "子何以知之?" 曰: "其馬力竭矣, 而猶求焉, 故曰敗."

工倕旋而蓋規矩, 指與物化, 而不以心稽, 故其靈臺一而不桎. 忘足, 履之適也; 忘要, 帶之適也; 知忘是非, 心之適也; 不內變, 不外從, 事會之適也. 始乎適而未嘗不適者, 忘適之適也.

有孫休者, 踵門而詫子扁慶子曰: "休居鄉不見謂不修, 臨難不見謂不勇, 然而田原不遇歲, 事君不遇世, 賓於鄉里, 逐於州部, 則胡罪乎天哉? 休惡遇此命也?" 扁子曰: "子獨不聞夫至人之自行邪? 忘其肝膽, 遺其耳目, 芒然彷徨乎塵垢之外, 逍遙乎無事之業, 是謂'爲而不恃, 長而不宰'. 今汝飾知以驚愚, 修身以明汙, 昭昭乎若揭日月而行也. 汝得全而形軀, 具而九竅, 無中道夭於聾盲跛蹇而比於人數, 亦幸矣, 又何暇乎天之怨哉! 子往矣!" 孫子出. 扁子入坐, 有間, 仰天而歎. 弟子問曰: "先生何爲歎乎?" 扁子曰: "向者休來, 吾告之以至人之德, 吾恐其驚而遂至於惑也." 弟子曰: "不然. 孫子之所言是邪, 先生之所言非邪, 非固不能惑是. 孫子所言非邪, 先生所言是邪, 彼固惑而來矣, 又奚罪焉?" 扁子曰: "不然. 昔者有鳥止於魯郊, 魯君說之, 爲具太牢以饗之, 奏九韶以樂之, 鳥乃始憂悲眩視, 不敢飲食, 此之謂以己養養鳥也. 若夫以鳥養養鳥者, 宜棲之深林, 浮之江湖, 食之以委蛇, 委蛇而處, 則安平陸而已矣. 今休, 款啓寡聞之民也, 吾告以至人之德, 譬之若載鼷以車馬, 樂鴳以鐘鼓也. 彼又惡能無驚乎哉!"

『장자』「외편」「산목」제20장

莊子行於山中, 見大木, 枝葉盛茂, 伐木者止其旁而不取也. 問其故. 曰: "無所可用." 莊子曰: "此木以不材得終其天年." 夫子出於山, 舍於故人之家. 故人喜, 命豎子殺鴈而烹之. 豎子請曰: "其一能鳴, 其一不能鳴, 請奚殺?" 主人曰: "殺不能鳴者." 日, 弟子問於莊子曰: "昨日山中之木, 以不材得終其天年; 今主人之鴈, 以不材死. 先生將何處?" 莊子笑曰: "周將處夫材與不材之間. 材與不材之間, 似之而非也, 故未免乎累. 若夫乘道德而浮游則不然. 無譽無訾, 一龍一蛇, 與時俱化, 而無肯專爲; 一上一下, 以和爲量, 浮游乎萬物之祖; 物物而不物於物, 則胡可得而累邪! 此黃帝, 神農之法則也. 若夫萬物之情, 人倫之傳, 則不然. 合則離, 成則毀, 廉則挫, 尊則議, 有爲則虧, 賢則謀, 不肖則欺, 胡可得而必乎哉? 悲夫! 弟子志之, 其唯道德之鄉乎!"

市南宜僚見魯侯, 魯侯有憂色. 市南子曰: "君有憂色, 何也?" 魯侯曰: "吾學先王之道, 修先君之業, 吾敬鬼尊賢, 親而行之, 無須臾離居, 然不免於患, 吾是以憂." 市南子曰: "君之除患之術淺矣。夫豐狐文豹，棲於山林，伏於巖穴，靜也；夜行晝居，戒也；雖飢渴隱約，猶且胥疏於江湖之上而求食焉，定也。然且不免於罔羅機辟之患，是何罪之有哉？其皮爲之災也。今魯國獨非君之皮邪？吾願君刳形去皮，洒心去欲，而遊於無人之野。南越有邑焉，名爲建德之國。其民愚而朴，少私而寡欲；知作而不知藏，與而不求其報；不知義之所適，不知禮之所將；猖狂妄行，乃蹈乎大方；其生可樂，其死可葬。吾願君去國捐俗，與道相輔而行。"君曰："彼其道遠而險，又有江山，我無舟車，奈何？"市南子曰："君無形倨，無留居，以爲舟車。"君曰："彼其道幽遠而無人，吾誰與爲鄰？吾無糧，我無食，安得而至焉？"市南子曰："少君之費，寡君之欲，雖無糧而乃足。君其涉於江而浮於海，望之而不見其崖，愈往而不知其所窮。送君者皆自崖而反，君自此遠矣。故有人者累，見有於人者憂。故堯非有人，非見有於人也。吾願去君之累，除君之憂，而獨與道遊於大莫之國。方舟而濟於河，有虛船來觸舟，雖有惼心之人不怒；有一人在其上，則呼張歙之；一呼而不聞，再呼而不聞，於是三呼邪，則必以惡聲隨之。向也不怒而今也怒，向也虛而今也實。人能虛己以遊世，其孰能害之！"

北宮奢爲衛靈公賦斂以爲鐘，爲壇乎國門之外，三月而成上下之縣。王子慶忌見而問焉，曰："子何術之設？"奢曰："一之間，無敢設也。奢聞之：'既彫既琢，復歸於朴。'侗乎其無識，儻乎其怠疑；萃乎芒乎，其送往而迎來；來者勿禁，往者勿止；從其彊梁，隨其曲傅，因其自窮。故朝夕賦斂而毫毛不挫，而況有大塗者乎！"

孔子圍於陳、蔡之間，七日不火食。太公任往弔之，曰："子幾死乎？"曰："然。""子惡死乎？"曰："然。"任曰："予嘗言不死之道。東海有鳥焉，其名曰意怠。其爲鳥也，翂翂翐翐，而似無能；引援而飛，迫脅而棲；進不敢爲前，退不敢爲後；食不敢先嘗，必取其緒。是故其行列不斥，而外人卒不得害，是以免於患。直木先伐，甘井先竭。子其意者飾知以驚愚，修身以明汙，昭昭乎若揭日月而行，故不免也。昔吾聞之大成之人曰：'自伐者無功，功成者墮，名成者虧。'孰能去功與名而還與衆人！道流而不明居，得行而不名處；純純常常，乃比於狂；削跡捐勢，不爲功名。是故無責於人，人亦無責焉。至人不聞，子何喜哉？"孔子曰："善哉！"辭其交遊，去其弟子，逃於大澤；衣裘褐，食杼栗；入獸不亂群，入鳥不亂行。鳥獸不惡，而況人乎！

孔子問子桑雽曰："吾再逐於魯，伐樹於宋，削跡於衛，窮於商、周，圍於陳、蔡之間。吾犯此數患，親交益疏，徒友益散，何與？"子桑雽曰："子獨不聞假人之亡與？林回棄千金之璧，負赤子而趨。或曰：'爲其布與？赤子之布寡矣。爲其累與？赤子之累多矣。棄千金之璧，負赤子而趨，何也？'林回曰：'彼以利合，此以天屬也。'夫以利合者，迫窮禍患害相棄也；以天屬者，迫窮禍患害相收也。夫相收之與相棄亦遠矣。且君子之交淡若水，小人之交甘若醴；君子淡以親，小人甘以絕。彼無故以合者，則無故以離。"孔子曰："敬聞命矣。"徐行翔佯而歸, 絕學捐書, 弟子無挹於前, 其愛益加進. 異日, 桑雩又曰:"舜之將死, 眞泠禹曰:'汝戒之哉! 形莫若緣, 情莫若率. 緣則不離, 率則不勞; 不離不勞, 則不求文以待形; 不求文以待形, 固不待物.'"

莊子衣大布而補之, 正緳係履而過魏王. 魏王曰:"何先生之憊邪?"莊子曰:"貧也, 非憊也. 士有道德不能行, 憊也. 衣弊履穿, 貧也, 非憊也, 此所謂非遭時也. 王獨不見夫騰猿乎? 其得柟, 梓, 豫, 章也, 攬蔓其枝, 而王長其間, 雖羿, 蓬蒙不能眄睨也. 及其得柘, 棘, 枳, 枸之間也, 危行側視, 振動悼慄, 此筋骨非有加急而不柔也, 處勢不便, 未足以逞其能也. 今處昏上亂相之間, 而欲無憊, 奚可得邪? 此比干之見剖心, 徵也夫!"

孔子窮於陳, 蔡之間, 七日不火食, 左據槁木, 右擊槁枝, 而歌猋氏之風, 有其具而無其數, 有其聲而無宮角, 木聲與人聲, 犁然有當於人心. 顏回端拱還目而窺之. 仲尼恐其廣己而造大也, 愛己而造哀也, 曰:"回! 無受天損易, 無受人益難. 無始而非卒也, 人與天一也. 夫今之歌者其誰乎?"回曰:"敢問無受天損易."仲尼曰:"飢溺寒暑, 窮桎不行, 天地之行也, 運物之泄也, 言與之偕逝之謂也. 爲人臣者, 不敢去之. 執臣之道猶若是, 而況乎所以待天乎!"何謂無受人益難?"仲尼曰:"始用四達, 爵祿並至而不窮, 物之所利, 乃非己也, 吾命有在外者也. 君子不爲盜, 賢人不爲竊. 吾若取之, 何哉? 故曰: 鳥莫知於鷾鴯, 目之所不宜處, 不給視, 雖落其實, 棄之而走. 其畏人也, 而襲諸人間, 社稷存焉爾."何謂無始而非卒?"仲尼曰:"化其萬物而不知其禪之者, 焉知其所終? 焉知其所始? 正而待之而已耳."何謂天與人一邪?"仲尼曰:"有人, 天也; 有天, 亦天也. 人之不能有天, 性也, 聖人晏然體逝而終矣."

莊周遊乎雕陵之樊, 睹一異鵲自南方來者, 翼廣七尺, 目大運寸, 感周之顙而集於栗林. 莊周曰:"此何鳥哉? 翼殷不逝, 目大不覩."蹇裳躩步, 執彈而留之. 睹一蟬方得美蔭而忘其身; 螳蜋執翳而搏之, 見得而忘其形; 異鵲從而利之, 見利而忘其眞. 莊周怵然曰:"噫! 物固相累, 二類相召也."捐彈而反走, 虞人逐而誶之. 莊周反入, 三月不庭. 藺且從而問之:"夫子何爲頃間甚不庭乎?"莊周曰:"吾守形而忘身, 觀於濁水而迷於清淵. 且吾聞諸夫子曰:'入其俗, 從其俗.'今吾遊於雕陵而忘吾身, 異鵲感吾顙, 遊於栗林而忘眞, 栗林虞人以吾爲戮, 吾所以不庭也."

陽子之宋, 宿於逆旅. 逆旅有妾二人, 其一人美, 其一人惡, 惡者貴而美者賤. 陽子問其故, 逆旅小子對曰:"其美者自美, 吾不知其美也; 其惡者自惡, 吾不知其惡也."陽子曰:"弟子記之! 行賢而去自賢之行, 安往而不愛哉!"

『장자』「외편」「전자방」제21장

田子方侍坐於魏文侯, 數稱谿工. 文侯曰: "谿工, 子之師邪?" 子方曰: "非也. 無擇之里人也, 稱道數當, 故無擇稱之." 文侯曰: "然則子無師邪?" 子方曰: "有." 曰: "子之師誰邪?" 子方曰: "東郭順子." 文侯曰: "然則夫子何故未嘗稱之?" 子方曰: "其爲人也眞, 人貌而天虛, 緣而葆眞, 淸而容物. 物無道, 正容以悟之, 使人之意也消. 無擇何足以稱之!" 子方出, 文侯儻然終日不言, 召前立臣, 而語之曰: "遠矣全德之君子! 始吾以聖知之言, 仁義之行爲至矣, 吾聞子方之師, 吾形解而不欲動, 口鉗而不欲言. 吾所學者直土梗耳, 夫魏眞爲我累耳!"

溫伯雪子適齊, 舍於魯. 魯人有請見之者, 溫伯雪子曰: "不可. 吾聞中國之君子, 明乎禮義而陋於知人心, 吾不欲見也." 至於齊, 反舍於魯, 是人也又請見. 溫伯雪子曰: "往也蘄見我, 今也又蘄見我, 是必有以振我也." 出而見客, 入而歎. 明日見客, 又入而歎. 其僕曰: "每見之客也, 必入而歎, 何邪?" 曰: "吾固告子矣: '中國之民, 明乎禮義而陋乎知人心.' 昔之見我者, 進退一成規, 一成矩; 從容一若龍, 一若虎; 其諫我也似子, 其道我也似父. 是以歎也." 仲尼見之而不言. 子路曰: "吾子欲見溫伯雪子久矣, 見之而不言, 何邪?" 仲尼曰: "若夫人者, 目擊而道存矣, 亦不可以容聲矣!"

顔淵問於仲尼曰: "夫子步亦步, 夫子趨亦趨, 夫子馳亦馳, 夫子奔逸絶塵, 而回瞠若乎後矣." 夫子曰: "回, 何謂邪?" 曰: "夫子步亦步也, 夫子言亦言也, 夫子趨亦趨也, 夫子辯亦辯也, 夫子馳亦馳也, 夫子言道, 回亦言道也. 及奔逸絶塵, 而回瞠若乎後者, 夫子不言而信, 不比而周, 無器而民滔乎前, 而不知所以然而已矣." 仲尼曰: "惡! 可不察與! 夫哀莫大於心死, 而人死亦次之. 日出東方而入於西極, 萬物莫不比方. 有目有趾者, 待是而後成功, 待晝而作. 是出則存, 是入則亡. 萬物亦然, 有待也而死, 有待也而生. 吾一受其成形, 而不化以待盡, 效物而動, 日夜無隙, 而不知其所終, 薰然其成形, 知命不能規乎其前, 丘以是日徂. 吾終身與汝交一臂而失之, 可不哀與! 女殆著乎吾所以著也. 彼已盡矣, 而女求之以爲有, 是求馬於唐肆也. 吾服女也甚忘, 女服吾也亦甚忘. 雖然, 女奚患焉! 雖忘乎故吾, 吾有不忘者存."

孔子見老聃, 老聃新沐, 方將被髮而乾, 慹然似非人. 孔子便而待之, 少焉見曰: "丘也眩與? 其信然與? 向者先生形體掘若槁木, 似遺物離人而立於獨也." 老聃曰: "吾遊心於物之初." 孔子曰: "何謂邪?" 曰: "心困焉而不能知, 口辟焉而不能言, 嘗爲汝議乎其將. 至陰肅肅, 至陽赫赫; 肅肅出乎天, 赫赫發乎地; 兩者交通成和而物生焉, 或爲之紀而莫見其形. 消息滿虛, 一晦一明, 日改月化, 日有所爲, 而莫見其功. 生有所乎萌, 死有所乎歸, 始終相反乎無端, 而莫知其所窮. 非是也, 且孰為之宗!" 孔子曰: "請問遊是." 老聃曰: "夫得是, 至美至樂也. 得至美而遊乎至樂, 謂之至人." 孔子曰: "願聞其方." 曰: "草食之獸不疾易藪, 水生之蟲不疾易水, 行小變而不失其大常也, 喜怒哀樂不入於胸次. 夫天下也者, 萬物之所一也. 得其所一而同焉, 則四支百體將為塵垢, 而死生終始將為晝夜而莫之能滑, 而況得喪禍福之所介乎! 棄隸者若棄泥塗, 知身貴於隸也, 貴在於我而不失於變. 且萬化而未始有極也, 夫孰足以患心! 已為道者解乎此." 孔子曰: "夫子德配天地, 而猶假至言以修心, 古之君子, 孰能脫焉?" 老聃曰: "不然. 夫水之於汋也, 無為而才自然矣. 至人之於德也, 不修而物不能離焉, 若天之自高, 地之自厚, 日月之自明, 夫何修!" 孔子出, 以告顏回曰: "丘之於道也, 其猶醯雞與! 微夫子之發吾覆也, 吾不知天地之大全也."

莊子見魯哀公. 哀公曰: "魯多儒士, 少為先生方者." 莊子曰: "魯少儒." 哀公曰: "舉魯國而儒服, 何謂少乎?" 莊子曰: "周聞之: 儒者冠圜冠者, 知天時; 履句屨者, 知地形; 緩佩玦者, 事至而斷. 君子有其道者, 未必為其服; 為其服者, 未必知其道也. 公固以為不然, 何不號於國中曰 '無此道而為此服者, 其罪死'?" 於是哀公號之五日, 而魯國無敢儒服者. 獨有一丈夫儒服而立乎公門, 公即召而問以國事, 千轉萬變而不窮. 莊子曰: "以魯國而儒者一人耳, 可謂多乎?"

百里奚爵祿不入於心, 故飯牛而牛肥, 使秦穆公忘其賤, 與之政也. 有虞氏死生不入於心, 故足以動人.

宋元君將畫圖. 眾史皆至, 受揖而立; 舐筆和墨, 在外者半. 有一史後至者, 儃儃然不趨, 受揖不立, 因之舍. 公使人視之, 則解衣般礡贏. 君曰: "可矣, 是真畫者也."

文王觀於臧, 見一丈夫釣, 而其釣莫釣, 非持其釣, 有釣者也, 常釣也. 文王欲舉而授之政, 而恐大臣父兄之弗安也; 欲終而釋之, 而不忍百姓之無天也. 於是旦而屬之夫夫曰: "昔者寡人夢, 見良人黑色而髯, 乘駁馬而偏朱蹄, 號曰: '寓而政於臧丈人, 庶幾乎民有瘳乎!'" 諸大夫蹴然曰: "先君王也." 文王曰: "然則卜之." 諸大夫曰: "先君之命王, 其無它, 又何卜焉!" 遂迎臧丈人而授之政. 典法無更, 偏令無出. 三年, 文王觀於國, 則列士壞植散群, 長官者不成德, 斔斛不敢入於四竟. 列士壞植散群, 則尚同也; 長官者不成德, 則同務也; 斔斛不敢入於四竟, 則諸侯無二心也. 文王於是焉以為大師, 北面而問曰: "政可以及天下乎?" 臧丈人昧然而不應, 泛然而辭, 朝令而夜遁, 終身無聞. 顏淵問於仲尼曰: "文王其猶未邪? 又何以夢為乎?" 仲尼曰: "默! 汝無言! 夫文王盡之也, 而又何論刺焉! 彼直以循斯須也."

列御寇為伯昏無人射, 引之盈貫, 措杯水其肘上, 發之, 適矢復沓, 方矢復寓. 當是時, 猶象人也. 伯昏無人曰: "是射之射也, 非不射之射也. 嘗與汝登高山, 履危石, 臨百仞之淵, 若能射乎?" 於是無人遂登高山, 履危石, 臨百仞之淵, 背逡巡, 足二分垂在外, 揖御寇而進之. 御寇伏地, 汗流至踵. 伯昏無人曰: "夫至人者, 上闚青天, 下潛黃泉, 揮斥八極, 神氣不變. 今汝怵然有恂目之志, 爾於中也殆矣夫!"

肩吾問於孫叔敖曰: "子三爲令尹而不榮華, 三去之而無憂色. 吾始也疑子, 今視子之鼻間栩栩然, 子之用心獨奈何?" 孫叔敖曰: "吾何以過人哉! 吾以其來不可卻也, 其去不可止也, 吾以爲得失之非我也, 而無憂色而已矣. 我何以過人哉! 且不知其在彼乎, 其在我乎? 其在彼邪, 亡乎我; 在我邪, 亡乎彼. 方將躊躇, 方將四顧, 何暇至乎人貴人賤哉!" 仲尼聞之曰: "古之眞人, 知者不得說, 美人不得濫, 盜人不得劫, 伏戲, 黃帝不得友. 死生亦大矣, 而無變乎己, 況爵祿乎! 若然者, 其神經乎大山而無介, 入乎淵泉而不濡, 處卑細而不憊, 充滿天地, 既以與人, 己愈有."

楚王與凡君坐, 少焉, 楚王左右曰: "凡亡"者三. 凡君曰: "凡之亡也, 不足以喪吾存. 夫'凡之亡也, 不足以喪吾存', 則楚之存不足以存存. 由是觀之, 則凡未始亡而楚未始存也."

『장자』「외편」「지북유」제22장

知北遊於玄水之上, 登隱弅之丘, 而適遭無爲謂焉. 知謂無爲謂曰: "予欲有問乎若: 何思何慮則知道? 何處何服則安道? 何從何道則得道?" 三問而無爲謂不答也, 非不答, 不知答也. 知不得問, 反於白水之南, 登狐闋之丘, 而睹狂屈焉. 知以之言也問乎狂屈. 狂屈曰: "唉! 予知之, 將語若, 中欲言而忘其所欲言." 知不得問, 反於帝宮, 見黃帝而問焉. 黃帝曰: "無思無慮始知道, 無處無服始安道, 無從無道始得道." 知問黃帝曰: "我與若知之, 彼與彼不知也, 其孰是邪?" 黃帝曰: "彼無爲謂眞是也, 狂屈似之, 我與汝終不近也. 夫知者不言, 言者不知, 故聖人行不言之教. 道不可致, 德不可至. 仁可爲也, 義可虧也, 禮相僞也. 故曰: '失道而後德, 失德而後仁, 失仁而後義, 失義而後禮. 禮者, 道之華而亂之首也.' 故曰: '爲道者日損, 損之又損之, 以至於無爲, 無爲而無不爲.' 今已爲物也, 欲復歸根, 不亦難乎! 其易也, 其唯大人乎! 生也死之徒, 死也生之始, 孰知其紀! 人之生, 氣之聚也, 聚則爲生, 散則爲死. 若死生爲徒, 吾又何患! 故萬物一也, 是其所美者爲神奇, 其所惡者爲臭腐; 臭腐復化爲神奇, 神奇復化爲臭腐. 故曰: '通天下一氣耳.' 聖人故貴一." 知謂黃帝曰: "吾問無爲謂, 無爲謂不應我, 非不我應, 不知應我也. 吾問狂屈, 狂屈中欲告我而不我告, 非不我告, 中欲告而忘之也. 今予問乎若, 若知之, 奚故不近?" 黃帝曰: "彼其眞是也, 以其不知也; 此其似之也, 以其忘之也; 予與若終不近也, 以其知之也." 狂屈聞之, 以黃帝爲知言.

天地有大美而不言, 四時有明法而不議, 萬物有成理而不說. 聖人者, 原天地之美而達萬物之理. 是故至人無爲, 大聖不作, 觀於天地之謂也. 今彼神明至精, 與彼百化, 物已死生方圓, 莫知其根也, 扁然而萬物自古以固存. 六合爲巨, 未離其內; 秋豪爲小, 待之成體. 天下莫不沈浮, 終身不故; 陰陽四時運行, 各得其序. 惛然若亡而存, 油然不形而神, 萬物畜而不知. 此之謂本根, 可以觀於天矣.

齧缺問道乎被衣, 被衣曰:"若正汝形, 一汝視, 天和將至; 攝汝知, 一汝度, 神將來舍. 德將爲汝美, 道將爲汝居, 汝瞳焉如新出之犢而無求其故!"言未卒, 齧缺睡寐. 被衣大說, 行歌而去之, 曰:"形若槁骸, 心若死灰, 眞其實知, 不以故自持. 媒媒晦晦, 無心而不可與謀. 彼何人哉!"

舜問乎丞曰:"道可得而有乎?"曰:"汝身非汝有也, 汝何得有夫道?"舜曰:"吾身非吾有也, 孰有之哉?"曰:"是天地之委形也; 生非汝有, 是天地之委和也; 性命非汝有, 是天地之委順也; 孫子非汝有, 是天地之委蛻也. 故行不知所往, 處不知所持, 食不知所味. 天地之強陽氣也, 又胡可得而有邪?"

孔子問於老聃曰:"今日晏閒, 敢問至道."老聃曰:"汝齊戒, 疏瀹而心, 澡雪而精神, 掊擊而知! 夫道, 窅然難言哉! 將爲汝言其崖略. 夫昭昭生於冥冥, 有倫生於無形, 精神生於道, 形本生於精, 而萬物以形相生, 故九竅者胎生, 八竅者卵生. 其來無跡, 其往無崖, 無門無房, 四達之皇皇也. 邀於此者, 四肢彊, 思慮恂達사려순달), 耳目聰明, 其用心不勞, 其應物無方. 天不得不高, 地不得不廣, 日月不得不行, 萬物不得不昌, 此其道與! 夫博之不必知, 辯之不必慧, 聖人以斷之矣. 若夫益之而不加益, 損之而不加損者, 聖人之所保也. 淵淵乎其若海, 魏魏乎其終則復始也, 運量萬物而不匱, 則君子之道, 彼其外與! 萬物皆往資焉而不匱, 此其道與!

中國有人焉, 非陰非陽, 處於天地之間, 直且爲人, 將反於宗. 自本觀之, 生者, 喑醷物也. 雖有壽夭, 相去幾何? 須臾之說也. 奚足以爲堯, 桀之是非? 果蓏有理, 人倫雖難, 所以相齒. 聖人遭之而不違, 過之而不守. 調而應之, 德也; 偶而應之, 道也. 帝之所興, 王之所起也.

人生天地之間, 若白駒之過郤, 忽然而已. 注然勃然, 莫不出焉; 油然漻然, 莫不入焉. 已化而生, 又化而死, 生物哀之, 人類悲之. 解其天弢, 墮其天袟, 紛乎宛乎, 魂魄將往, 乃身從之, 乃大歸乎! 不形之形, 形之不形, 是人之所同知也, 非將至之所務也, 此衆人之所同論也. 彼至則不論, 論則不至. 明見無值, 辯不若默. 道不可聞, 聞不若塞. 此之謂大得."

東郭子問於莊子曰:"所謂道, 惡乎在?"莊子曰:"無所不在."東郭子曰:"期而後可."莊子曰:"在螻蟻."曰:"何其下邪?"曰:"在稊稗."曰:"何其愈下邪?"曰:"在瓦甓."曰:"何其愈甚邪?"曰:"在屎溺."東郭子不應. 莊子曰:"夫子之問也, 固不足質. 正獲之問於監市履狶也, '每下愈況'. 汝唯莫必, 無乎逃物. 至道若是, 大言亦然. 周, 徧, 咸三者, 異名同實, 其指一也. 嘗相與游乎無何有之宮, 同合而論, 無所終窮乎! 嘗相與無爲乎! 澹而靜乎! 漠而清乎! 調而閒乎! 寥已吾志, 無往焉而不知其所至; 去而來而不知其所止, 吾已往來焉而不知其所終; 彷徨乎馮閎, 大知入焉而不知其所窮. 物物者與物無際, 而物有際者, 所謂物際者也; 不際之際, 際之不際者也. 謂盈虛衰殺, 彼爲盈虛非盈虛, 彼爲衰殺非衰殺, 彼爲本末非本末, 彼爲積散非積散."

妸荷甘與神農同學於老龍吉. 神農隱几闔戶晝瞑, 妸荷甘日中奓戶而入, 曰: "老龍死矣!" 神農隱几擁杖而起, 嚗然放杖而笑, 曰: "天知予僻陋慢訑, 故棄予而死. 已矣! 夫子無所發予之狂言而死矣夫!" 弇堈弔聞之, 曰: "夫體道者, 天下之君子所繫焉. 今於道, 秋豪之端, 萬分未得處一焉, 而猶知藏其狂言而死, 又況夫體道者乎! 視之無形, 聽之無聲, 於人之論者, 謂之冥冥, 所以論道, 而非道也."

於是泰清問乎無窮曰: "子知道乎?" 無窮曰: "吾不知." 又問乎無爲. 無爲曰: "吾知道." 曰: "子之知道, 亦有數乎?" 曰: "有." 曰: "其數若何?" 無爲曰: "吾知道之可以貴, 可以賤, 可以約, 可以散. 此吾所以知道之數也." 泰清以之言也問乎無始, 曰: "若是, 則無窮之弗知, 與無爲之知, 孰是而孰非乎?" 無始曰: "不知深矣, 知之淺矣; 弗知內矣, 知之外矣." 於是泰清中而歎曰: "弗知乃知乎! 知乃不知乎! 孰知不知之知?" 無始曰: "道不可聞, 聞而非也; 道不可見, 見而非也; 道不可言, 言而非也. 知形形之不形乎? 道不當名." 無始曰: "有問道而應之者, 不知道也. 雖問道者, 亦未聞道. 道無問, 問無應. 無問問之, 是問窮也; 無應應之, 是無內也. 以無內待問窮, 若是者, 外不觀乎宇宙, 內不知乎太初, 是以不過乎崑崙, 不遊乎太虛."

光曜問乎無有曰: "夫子有乎, 其無有乎?" 光曜不得問, 而孰視其狀貌, 窅然空然, 終日視之而不見, 聽之而不聞, 搏之而不得也. 光曜曰: "至矣! 其孰能至此乎! 予能有無矣, 而未能無無也, 及爲無有矣, 何從至此哉!"

大馬之捶鉤者, 年八十矣, 而不失豪芒. 大馬曰: "子巧與? 有道與?" 曰: "臣有守也. 臣之年二十而好捶鉤, 於物無視也, 非鉤無察也. 是用之者, 假不用者也以長得其用, 而況乎無不用者乎! 物孰不資焉?"

冉求問於仲尼曰: "未有天地可知邪?" 仲尼曰: "可. 古猶今也." 冉求失問而退, 明日復見, 曰: "昔者吾問'未有天地可知乎', 夫子曰: '可. 古猶今也.' 昔者吾昭然, 今日吾昧然, 敢問何謂也?" 仲尼曰: "昔之昭然也, 神者先受之; 今之昧然也, 且又爲不神者求邪? 無古無今, 無始無終. 未有子孫而有子孫, 可乎?" 冉求未對. 仲尼曰: "已矣, 末應矣! 不以生生死, 不以死死生. 死生有待邪? 皆有所一體. 有先天地生者物邪? 物物者非物. 物出不得先物也, 猶其有物也. 猶其有物也, 無已. 聖人之愛人也終無已者, 亦乃取於是者也."

顏淵問乎仲尼曰: "回嘗聞諸夫子曰: '無有所將, 無有所迎.' 回敢問其遊." 仲尼曰: "古之人, 外化而內不化; 今之人, 內化而外不化. 與物化者, 一不化者也. 安化安不化, 安與之相靡, 必與之莫多. 狶韋氏之囿, 黃帝之圃, 有虞氏之宮, 湯, 武之室. 君子之人, 若儒, 墨者師, 故以是非相盤也, 而況今之人乎! 聖人處物不傷物. 不傷物者, 物亦不能傷也. 唯無所傷者, 爲能與人相將, 迎. 山林與, 皋壤與, 使我欣欣然而樂與! 樂未畢也, 哀又繼之. 哀樂之來, 吾不能禦, 其去弗能止. 悲夫! 世人直爲物逆旅耳! 夫知遇而不知所不遇, 知能能而不能所能. 無知無能者, 固人之所不免也. 夫務免乎人之所不免者, 豈不亦悲哉! 至言去言, 至爲去爲. 齊知之所知, 則淺矣."

『장자』「잡편」「경상초」제23장

老聃之役, 有庚桑楚者, 偏得老聃之道, 以北居畏壘之山. 其臣之畫然知者去之, 其妾之挈然仁者遠之, 擁腫之與居, 鞅掌之爲使. 居三年, 畏壘大壤. 畏壘之民相與言曰: "庚桑子之始來, 吾洒然異之. 今吾日計之而不足, 歲計之而有餘. 庶幾其聖人乎! 子胡不相與尸而祝之, 社而稷之乎?" 庚桑子聞之, 南面而不釋然. 弟子異之. 庚桑子曰: "弟子何異於予? 夫春氣發而百草生, 正得秋而萬寶成. 夫春與秋, 豈無得而然哉? 天道已行矣. 吾聞至人尸居環堵之室, 而百姓猖狂不知所如往. 今以畏壘之細民而竊竊欲俎豆予于賢人之間, 我其杓之人邪? 吾是以不釋於老聃之言." 弟子曰: "不然. 夫尋常之溝, 巨魚無所還其體, 而鯢鰍爲之制; 步仞之丘陵, 巨獸無所隱其軀, 而蘖狐爲之祥. 且夫尊賢授能, 先善與利, 自古堯, 舜以然, 而況畏壘之民乎? 夫子亦聽矣!" 庚桑子曰: "小子來! 夫函車之獸, 介而離山, 則不免於罔罟之患; 吞舟之魚, 碭而失水, 則蟻能苦之. 故鳥獸不厭高, 魚鱉不厭深. 夫全其形生之人, 藏其身也, 不厭深眇而已矣. 且夫二子者, 又何足以稱揚哉! 是其於辯也, 將妄鑿垣牆而殖蓬蒿也. 簡髮而櫛, 數米而炊, 竊竊乎又何足以濟世哉! 舉賢則民相軋, 任知則民相盜. 之數物者, 不足以厚民. 民之於利甚勤, 子有殺父, 臣有殺君, 正晝爲盜, 日中穴柸. 吾語女: 大亂之本, 必生於堯, 舜之間, 其末存乎千世之後. 千世之後, 其必有人與人相食者也."

南榮趎蹴然正坐曰: "若趎之年者已長矣, 將惡乎託業以及此言邪?" 庚桑子曰: "全汝形, 抱汝生, 無使汝思慮營營. 若此三年, 則可以及此言矣." 南榮趎曰: "目之與形, 吾不知其異也, 而盲者不能自見; 耳之與形, 吾不知其異也, 而聾者不能自聞; 心之與形, 吾不知其異也, 而狂者不能自得. 形之與形亦辟矣, 而物或閒之邪, 欲相求而不能相得? 今謂趎曰: '全汝形, 抱汝生, 勿使汝思慮營營.' 趎勉聞道達耳矣." 庚桑子曰: "辭盡矣. 曰: '奔蜂不能化藿

蠋, 越雞不能伏鵠卵, 魯雞固能矣.' 雞之與雞, 其德非不同也, 有能有不能者, 其才固有巨小

也. 今吾才小, 不足以化子, 子胡不南見老子?"南榮趎贏糧, 七日七夜至老子之所. 老子曰:

"子自楚之所來乎?"南榮趎曰:"唯."老子曰:"子何與人偕來之衆也?"南榮趎懼然顧其後.

老子曰:"子不知吾所謂乎?"南榮趎俯而慚, 仰而歎曰:"今者吾忘吾答, 因失吾問."老子曰:

"何謂也?"南榮趎曰;"不知乎? 人謂我朱愚. 知乎?反愁我軀. 不仁則害人, 仁則反愁我身;

不義則傷彼, 義則反愁我已. 我安逃此而可? 此三言者, 趎之所患也, 願因楚而問之."老子

曰:"向吾見若眉睫之間, 吾因以得汝矣, 今汝又言而信之. 若規規然若喪父母, 揭竿而求諸

海也. 女亡人哉! 惘惘乎汝欲反汝情性而無由入, 可憐哉!"南榮趎請入就舍, 召其所好, 去

其所惡, 十日自愁, 復見老子. 老子曰:"汝自洒濯, 熟哉鬱鬱乎! 然而其中津津乎猶有惡也.

夫外韄者不可繁而捉, 將內揵; 內韄者不可繆而捉, 將外揵. 外, 內韄者, 道德不能持, 而況

放道而行者乎!"南榮趎曰:"里人有病, 里人問之, 病者能言其病, 然其病病者猶未病也. 若

趎之聞大道, 譬猶飲藥以加病也, 趎願聞衛生之經而已矣."老子曰:"衛生之經, 能抱一乎?

能勿失乎? 能無卜筮而知吉凶乎? 能止乎? 能已乎? 能舍諸人而求諸己乎? 能翛然乎? 能

侗然乎? 能兒子乎? 兒子終日嗥而嗌不嗄, 和之至也; 終日握而手不掜, 共其德也; 終日視

而目不瞚, 偏不在外也. 行不知所之, 居不知所爲, 與物委蛇, 而同其波. 是衛生之經已."南

榮趎曰:"然則是至人之德乎?"曰:"非也. 是乃所謂冰解凍釋者能乎? 夫至人者, 相與交

食乎地而交樂乎天, 不以人物利害相攖, 不相與爲怪, 不相與爲謀, 不相與爲事, 翛然而往,

侗然而來. 是謂衛生之經已."曰:"然則是至乎?"曰:"未也. 吾固告汝曰:'能兒子乎?'兒子

動不知所爲, 行不知所之, 身若槁木之枝而心若死灰. 若是者, 禍亦不至, 福亦不來. 禍福無

有, 惡有人災也?"

宇泰定者, 發乎天光. 發乎天光者, 人見其人. 人有修者, 乃今有恒; 有恒者, 人舍之, 天

助之. 人之所舍, 謂之天民; 天之所助, 謂之天子.

學者, 學其所不能學也; 行者, 行其所不能行也; 辯者, 辯其所不能辯也. 知止乎其所不

能知, 至矣. 若有不即是者, 天鈞敗之. 備物以將形, 藏不虞以生心, 敬中以達彼, 若是而萬

惡至者, 皆天也, 而非人也, 不足以滑成, 不可內於靈臺. 靈臺者有持, 而不知其所持, 而不

可持者也. 不見其誠己而發, 每發而不當, 業入而不舍, 每更爲失. 爲不善乎顯明之中者, 人

得而誅之; 爲不善乎幽閒之中者, 鬼得而誅之. 明乎人, 明乎鬼者, 然後能獨行. 券內者行乎

無名, 券外者志乎期費. 行乎無名者, 唯庸有光; 志乎期費者, 唯賈人也, 人見其跂, 猶之魁

然. 與物窮者, 物入焉; 與物且者, 其身之不能容, 焉能容人! 不能容人者無親, 無親者盡人.

兵莫憯於志, 鏌鋣爲下; 寇莫大於陰陽, 無所逃於天地之間. 非陰陽賊之, 心則使之也.

道通, 其分也, 其成也毀也. 所惡乎分者, 其分也以備; 所以惡乎備者, 其有以備. 故出而

不反, 見其鬼; 出而得, 是謂得死. 滅而有實, 鬼之一也. 以有形者象無形者而定矣. 出無本, 入無竅. 有實而無乎處, 有長而無乎本剽, 有所出而無竅者有實. 有實而無乎處者, 宇也; 有長而無本剽者, 宙也. 有乎生, 有乎死, 有乎出, 有乎入, 入出而無見其形, 是謂天門. 天門者, 無有也, 萬物出乎無有. 有不能以有爲有, 必出乎無有, 而無有一無有. 聖人藏乎是.

古之人, 其知有所至矣. 惡乎至? 有以爲未始有物者, 至矣盡矣, 弗可以加矣. 其次以爲有物矣, 將以生爲喪也, 以死爲反也, 是以分已. 其次曰始無有, 既而有生, 生俄而死; 以無有爲首, 以生爲體, 以死爲尻. 孰知有無死生之一守者, 吾與之爲友. 是三者雖異, 公族也, 昭, 景也, 著戴也, 甲氏也, 著封也. 非一也.

有生黬也, 披然曰'移是'. 嘗言'移是', 非所言也. 雖然, 不可知者也. 臘者之有膍胲, 可散而不可散也; 觀室者周於寢廟, 又適其偃焉, 爲是舉'移是'. 請嘗言'移是'. 是以生爲本, 以知爲師, 因以乘是非; 果有名實, 因以己爲質; 使人以己爲節, 因以死償節. 若然者, 以用爲知, 以不用爲愚, 以徹爲名, 以窮爲辱. '移是', 今之人也, 是蜩與學鳩同於同也.

蹍市人之足, 則辭以放驁, 兄則以嫗, 大親則已矣. 故曰: 至禮有不人, 至義不物, 至知不謀, 至仁無親, 至信辟金. 徹志之勃, 解心之繆, 去德之累, 達道之塞. 富, 貴, 顯, 嚴, 名, 利六者, 勃志也; 容, 動, 色, 理, 氣, 意六者, 繆心也; 惡, 欲, 喜, 怒, 哀, 樂六者, 累德也; 去, 就, 取, 與, 知, 能六者, 塞道也. 此四六者不盪胸中則正, 正則靜, 靜則明, 明則虛, 虛則無爲而無不爲也.

道者, 德之欽也; 生者, 德之光也; 性者, 生之質也. 性之動謂之爲, 爲之僞謂之失. 知者, 接也; 知者, 謨也; 知者之所不知, 猶睨也. 動以不得已之謂德, 動無非我之謂治, 名相反而實相順也. 羿工乎中微而拙乎使人無己譽, 聖人工乎天而拙乎人. 夫工乎天而俍乎人者, 唯全人能之. 唯蟲能蟲, 唯蟲能天. 全人惡天, 惡人之天, 而況吾天乎人乎! 一雀適羿, 羿必得之, 威也; 以天下爲之籠, 則雀無所逃. 是故湯以胞人籠伊尹, 秦穆公以五羊之皮籠百里奚. 是故非以其所好籠之而可得者, 無有也. 介者扮畫, 外非譽也; 胥靡登高而不懼, 遺死生也. 夫復謵不餽而忘人, 忘人, 因以爲天人矣. 故敬之而不喜, 侮之而不怒者, 唯同乎天和者爲然. 出怒不怒, 則怒出於不怒矣; 出爲無爲, 則爲出於無爲矣. 欲靜則平氣, 欲神則順心, 有爲也. 欲當則緣於不得已, 不得已之類, 聖人之道.

『장자』「잡편」「서무귀」 제24장

徐無鬼因女商見魏武侯, 武侯勞之曰: "先生病矣! 苦於山林之勞, 故乃肯見於寡人." 徐無鬼曰:"我則勞於君, 君有何勞於我? 君將盈耆欲, 長好惡, 性命之情病矣; 君將黜耆欲, 掔好惡, 則耳目病矣. 我將勞君, 君有何勞於我?"武侯超然不對. 少焉, 徐無鬼曰:"嘗語君, 吾相狗也. 下之質, 執飽而止, 是狸德也; 中之質, 若視日; 上之質, 若亡其一. 吾相狗, 又不若吾相馬也. 吾相馬, 直者中繩, 曲者中鉤, 方者中矩, 圓者中規, 是國馬也, 而未若天下馬也. 天下馬有成材, 若卹若失, 若喪其一, 若是者, 超軼絕塵, 不知其所."武侯大悅而笑. 徐無鬼出, 女商曰:"先生獨何以說吾君乎? 吾所以說吾君者, 橫說之則以『詩』, 『書』, 『禮』, 『樂』, 從說之則以『金板』, 『六弢』, 奉事而大有功者不可爲數, 而吾君未嘗啟齒. 今先生何以說吾君, 使吾君說若此乎?"徐無鬼曰:"吾直告之吾相狗馬耳."女商曰:"若是乎"? 曰:"子不聞夫越之流人乎? 去國數日, 見其所知而喜; 去國旬月, 見其所嘗見於國中者喜; 及期年也, 見似人者而喜矣. 不亦去人滋久, 思人滋深乎! 夫逃虛空者, 藜藋柱乎鼪鼬之逕, 踉位其空, 聞人足音跫然而喜矣, 而況乎兄弟親戚之謦欬其側者乎! 久矣夫! 莫以眞人之言謦欬吾君之側乎!"

徐無鬼見武侯, 武侯曰:"先生居山林, 食芋栗, 厭蔥韭, 以賓寡人, 久矣夫! 今老邪? 其欲干酒肉之味邪? 其寡人亦有社稷之福邪?"徐無鬼曰:"無鬼生於貧賤, 未嘗敢飲食君之酒肉, 將來勞君也."君曰:"何哉? 奚勞寡人?"曰:"勞君之神與形."武侯曰:"何謂邪?"徐無鬼曰:"天地之養也一, 登高不可以爲長, 居下不可以爲短. 君獨爲萬乘之主, 以苦一國之民, 以養耳目鼻口, 夫神者不自許也. 夫神者, 好和而惡姦. 夫姦, 病也, 故勞之. 唯君所病之, 何也?"武侯曰:"欲見先生久矣. 吾欲愛民而爲義偃兵, 可乎?"徐無鬼曰:"不可. 愛民, 害民之始也; 爲義偃兵, 造兵之本也. 君自此爲之, 則殆不成. 凡成美, 惡器也. 君雖爲仁義, 幾且偽哉! 形固造形, 成固有伐, 變固外戰. 君亦必無盛鶴列於麗譙之間, 無徒驥於錙壇之宮, 無藏逆於得, 無以巧勝人, 無以謀勝人, 無以戰勝人. 夫殺人之士民, 兼人之土地, 以養吾私與吾神者, 其戰不知孰善?勝之惡乎在? 君若勿已矣, 修胸中之誠, 以應天地之情而勿攖. 夫民死已脫矣, 君將惡乎用夫偃兵哉!"

黃帝將見大隗乎具茨之山, 方明爲御, 昌宇驂乘, 張若, 謵朋前馬, 昆閽, 滑稽後車. 至於襄城之野, 七聖皆迷, 無所問塗. 適遇牧馬童子, 問塗焉, 曰:"若知具茨之山乎?"曰:"然." "若知大隗之所存乎?"曰:"然."黃帝曰:"異哉小童! 非徒知具茨之山, 又知大隗之所存. 請問爲天下."小童曰:"夫爲天下者, 亦若此而已矣, 又奚事焉? 予少而自遊於六合之內, 予適有瞀病, 有長者教予曰:'若乘日之車, 而遊於襄城之野.'今予病少痊, 予又且復遊於六合之外. 夫爲天下, 亦若此而已. 予又奚事焉?"黃帝曰:"夫爲天下者, 則誠非吾子之事. 雖然, 請問爲天下."小童辭. 黃帝又問. 小童曰:"夫爲天下者, 亦奚以異乎牧馬者哉? 亦去其害馬者而已矣."黃帝再拜稽首, 稱天師而退.

知士無思慮之變則不樂, 辯士無談說之序則不樂, 察士無淩誶之事則不樂, 皆囿於物者也. 招世之士興朝, 中民之士榮官, 筋力之士矜難, 勇敢之士奮患, 兵革之士樂戰, 枯槁之士宿名, 法律之士廣治, 禮教之士敬容, 仁義之士貴際. 農夫無草萊之事則不比, 商賈無市井之事則不比. 庶人有旦暮之業則勤, 百工有器械之巧則壯. 錢財不積則貪者憂, 權勢不尤則夸者悲. 勢物之徒樂變, 遭時有所用, 不能無爲也. 皆順比於歲, 不物於易者也, 馳其形性, 潛之萬物, 終身不反, 悲夫!

莊子曰: "射者非前期而中, 謂之善射, 天下皆羿也, 可乎?" 惠子曰: "可." 莊子曰: "天下非有公是也, 而各是其所是, 天下皆堯也, 可乎?" 惠子曰: "可." 莊子曰: "然則, 儒, 墨, 楊, 秉四, 與夫子爲五, 果孰是邪? 或者若魯遽者邪? 其弟子曰: '我得夫子之道矣, 吾能冬爨鼎而夏造冰矣.' 魯遽曰: '是直以陽召陽, 以陰召陰, 非吾所謂道也. 吾示子乎吾道.' 於是爲之調瑟, 廢一於堂, 廢一於室, 鼓宮宮動, 鼓角角動, 音律同矣. 夫或改調一弦, 於五音無當也, 鼓之二十五弦皆動, 未始異於聲, 而音之君已. 且若是者邪?" 惠子曰: "今夫儒, 墨, 楊, 秉, 且方與我以辯, 相拂以辭, 相鎮以聲, 而未始吾非也, 則奚若矣?" 莊子曰: "齊人蹢子於宋者, 其命閽也不以完, 其求鈃鍾也以束縛, 其求唐子也而未始出域, 有遺類矣夫! 楚人寄而蹢閽者, 夜半於無人之時而與舟人鬪, 未始離於岑, 而足以造於怨也."

莊子送葬, 過惠子之墓, 顧謂從者曰: "郢人堊慢其鼻端若蠅翼, 使匠石斲之. 匠石運斤成風, 聽而斲之, 盡堊而鼻不傷, 郢人立不失容. 宋元君聞之, 召匠石曰: '嘗試爲寡人爲之.' 匠石曰: '臣則嘗能斲之. 雖然, 臣之質死久矣.' 自夫子之死也, 吾無以爲質矣, 吾無與言之矣!"

管仲有病, 桓公問之曰: "仲父之病病矣, 可不謂云, 至於大病, 則寡人惡乎屬國而可?" 管仲曰: "公誰欲與?" 公曰: "鮑叔牙." 曰: "不可. 其爲人, 絜廉善士也, 其於不己若者不比之; 又一聞人之過, 終身不忘. 使之治國, 上且鉤乎君, 下且逆乎民. 其得罪於君也, 將弗久矣." 公曰: "然則孰可?" 對曰: "勿已, 則隰朋可. 其爲人也, 上忘而下畔, 愧不若黃帝而哀不己若者. 以德分人謂之聖, 以財分人謂之賢. 以賢臨人, 未有得人者; 以賢下人, 未有不得人者也. 其於國有不聞也, 其於家有不見也. 勿已, 則隰朋可."

吳王浮於江, 登乎狙之山. 衆狙見之, 恂然棄而走, 逃於深蓁. 有一狙焉, 委蛇攫抓, 見巧乎王. 王射之, 敏給搏捷矢. 王命相者趨射, 狙執死. 王顧謂其友顏不疑曰: "之狙也, 伐其巧恃其便, 以敖予, 以至此殛也. 戒之哉! 嗟乎, 無以汝色驕人哉!" 顏不疑歸而師董梧, 以助其色, 去樂辭顯, 三年而國人稱之.

南伯子綦隱几而坐, 仰天而噓. 顏成子入見曰: "夫子, 物之尤也. 形固可使若槁骸, 心固可使若死灰乎?" 曰: "吾嘗居山穴之中矣. 當是時也, 田禾一覩我, 而齊國之衆三賀之. 我必先之, 彼故知之; 我必賣之, 彼故鬻之. 若我而不有之, 彼惡得而知之? 若我而不賣之, 彼惡得而鬻之? 嗟乎! 我悲人之自喪者, 吾又悲夫悲人者, 吾又悲夫悲人之悲者, 其後而日遠矣!"

仲尼之楚, 楚王觴之, 孫叔敖執爵而立, 市南宜僚受酒而祭曰: "古之人乎! 於此言已." 曰: "丘也聞不言之言矣, 未之嘗言, 於此乎言之. 市南宜僚弄丸而兩家之難解, 孫叔敖甘寢秉羽而郢人投兵. 丘願有喙三尺." 彼之謂不道之道, 此之謂不言之辯. 故德總乎道之所一, 而言休乎知之所不知, 至矣. 道之所一者, 德不能同也; 知之所不能知者, 辯不能舉也. 名若儒墨而凶矣. 故海不辭東流, 大之至也. 聖人并包天地, 澤及天下, 而不知其誰氏. 是故生無爵, 死無諡, 實不聚, 名不立, 此之謂大人. 狗不以善吠爲良, 人不以善言爲賢, 而況爲大乎! 夫爲大不足以爲大, 而況爲德乎! 夫大備矣, 莫若天地; 然奚求焉, 而大備矣. 知大備者, 無求, 無失, 無棄, 不以物易己也. 反己而不窮, 循古而不摩, 大人之誠!

子綦有八子, 陳諸前, 召九方歅曰: "爲我相吾子, 孰爲祥?" 九方歅曰: "梱也爲祥." 子綦瞿然喜曰: "奚若?" 曰: "梱也將與國君同食以終其身." 子綦索然出涕曰: "吾子何爲以至於是極也!" 九方歅曰: "夫與國君同食, 澤及三族, 而況父母乎! 今夫子聞之而泣, 是禦福也. 子則祥矣, 父則不祥." 子綦曰: "歅! 汝何足以識之? 而梱祥邪, 盡於酒肉, 入於鼻口矣, 而何足以知其所自來? 吾未嘗爲牧而牂生於奧, 未嘗好田而鶉生於宎, 若勿怪, 何邪? 吾所與吾子遊者, 遊於天地. 吾與之邀樂於天, 吾與之邀食於地; 吾不與之爲事, 不與之爲謀, 不與之爲怪; 吾與之乘天地之誠而不以物與之相攖, 吾與之一委蛇而不與之爲事所宜. 今也然有世俗之償焉! 凡有怪徵者, 必有怪行. 殆乎! 非我與吾子之罪, 幾天與之也! 吾是以泣." 無幾何而使梱之於燕, 盜得之於道, 全而鬻之則難, 不若刖之則易, 於是乎刖而鬻之於齊, 適當渠公之街, 然身食肉而終.

齧缺遇許由, 曰: "子將奚之?" 曰: "將逃堯." 曰: "奚謂邪?" 曰: "夫堯, 畜畜然仁, 吾恐其爲天下笑. 後世其人與人相食與! 夫民不難聚也, 愛之則親, 利之則至, 譽之則勸, 致其所惡則散. 愛利出乎仁義, 捐仁義者寡, 利仁義者衆. 夫仁義之行, 唯且無誠, 且假乎禽貪者器. 是以一人之斷制利天下, 譬之猶一覕也. 夫堯知賢人之利天下也, 而不知其賊天下也, 夫唯外乎賢者知之矣."

有暖姝者, 有濡需者, 有卷婁者. 所謂暖姝者, 學一先生之言, 則暖暖姝姝而私自說也, 自以爲足矣, 而未知未始有物也, 是之謂暖姝者也. 濡需者, 豕蝨是也. 擇疏鬣, 自以爲廣宮大囿, 奎蹏曲隈, 乳間股腳, 自以爲安室利處, 不知屠者之一旦鼓臂, 布草, 操煙火, 而己與豕俱焦也. 此以域進, 此以域退, 此其所謂濡需者也. 卷婁者, 舜也. 羊肉不慕蟻, 蟻慕羊肉, 羊肉羶也. 舜有羶行, 百姓悅之, 故三徙成都, 至鄧之虛而十有萬家. 堯聞舜之賢, 舉之童土之地, 日冀得其來之澤. 舜擧乎童土之地, 年齒長矣, 聰明衰矣, 而不得休歸, 所謂卷婁者也. 是以神人惡衆至, 衆至則不比, 不比則不利也. 故無所甚親, 無所甚疏, 抱德煬和, 以順天下, 此謂眞人. 於蟻棄知, 於魚得計, 於羊棄意. 以目視目, 以耳聽耳, 以心復心, 若然者, 其平也繩, 其變也循. 古之眞人! 天待之, 不以人入天, 古之眞人!

得之也生, 失之也死; 得之也死, 失之也生. 藥也, 其實菫也, 桔梗也, 雞壅也, 豕零也, 是時爲帝者也, 何可勝言!

句踐也以甲楯三千, 棲於會稽. 唯種也能知亡之所以存, 唯種也不知身之所以愁. 故曰: 鴟目有所適, 鶴脛有所節, 解之也悲. 故曰: 風之過河也有損焉, 日之過河也有損焉. 請只風與日相與守河, 而河以爲未始其攖也, 恃源而往者也. 故水之守土也審, 影之守人也審, 物之守物也審. 故目之於明也殆, 耳之於聰也殆, 心之於殉也殆. 凡能其於府也殆, 殆之成也不給改. 禍之長也茲萃, 其反也緣功, 其果也待久. 而人以爲己寶, 不亦悲乎! 故有亡國戮民無已, 不知問是也. 故足之於地也踐, 雖踐, 恃其所不蹍而後善博也; 人之於知也少, 雖少, 恃其所不知而後知天之所謂也. 知大一, 知大陰, 知大目, 知大均, 知大方, 知大信, 知大定, 至矣. 大一通之, 大陰解之, 大目視之, 大均緣之, 大方體之, 大信稽之, 大定持之. 盡有天, 循有照, 冥有樞, 始有彼. 則其解之也似不解之者, 其知之也似不知之也, 不知而後知之. 其問之也, 不可以有崖, 而不可以無崖. 頡滑有實, 古今不代, 而不可以虧, 則可不謂有大揚推乎! 闔不亦問是已, 奚惑然爲! 以不惑解惑, 復於不惑, 是尚大不惑.

『장자』「잡편」「칙양」 제25장

則陽游於楚, 夷節言之於王, 王未之見, 夷節歸. 彭陽見王果曰: "夫子何不譚我於王?" 王果曰: "我不若公閱休." 彭陽曰: "公閱休奚爲者邪?" 曰: "冬則擉鱉於江, 夏則休乎山樊. 有過而問者, 曰: '此予宅也.' 夫夷節已不能, 而況我乎! 吾又不若夷節. 夫夷節之爲人也, 無德而有知, 不自許, 以之神其交, 固顚冥乎富貴之地, 非相助以德, 相助消也. 夫凍者假衣於春, 暍者反多乎冷風. 夫楚王之爲人也, 形尊而嚴, 其於罪也, 無赦如虎, 非夫佞人, 正德, 其孰能橈焉! 故聖人, 其窮也使家人忘其貧, 其達也使王公忘其爵祿而化卑. 其於物也, 與之爲娛矣; 其於人也, 樂物之通而保己焉. 故或不言而飲人以和, 與人並立而使人化. 父子之宜, 彼其乎歸居, 而一閒其所施. 其於人心者, 若是其遠也. 故曰待公閱休."

聖人達綢繆, 周盡一體矣, 而不知其然, 性也. 復命搖作而以天爲師, 人則從而命之也. 憂乎知而所行恆無幾時, 其有止也若之何? 生而美者, 人與之鑑, 不告則不知其美於人也.

若知之, 若不知之, 若聞之, 若不聞之, 其可喜也終無已, 人之好之亦無已, 性也. 聖人之愛人也, 人與之名, 不告則不知其愛人也. 若知之, 若不知之, 若聞之, 若不聞之, 其愛人也終無已, 人之安之亦無已, 性也. 舊國舊都, 望之暢然; 雖使丘陵草木之緡, 入之者十九, 猶之暢然. 況見見聞聞者也? 以十仞之臺縣衆閒者也! 冉相氏得其環中以隨成, 與物無終無始, 無幾無時日. 與物化者, 一不化者也, 闔嘗舍之! 夫師天而不得師天, 與物皆殉, 其以爲事也若之何? 夫聖人未始有天, 未始有人, 未始有始, 未始有物, 與世偕行而不替, 所行之備而不洫, 其合之也若之何?

湯得其司御, 門尹登恆爲之傅之. 從師而不囿, 得其隨成. 爲之司其名之名嬴法得其兩見. 仲尼之盡慮, 爲之傅之. 容成氏曰: "除日無歲, 無內無外."

魏瑩與田侯牟約, 田侯牟背之. 魏瑩怒, 將使人刺之. 犀首聞而恥之, 曰: "君爲萬乘之君也, 而以匹夫從讐! 衍請受甲二十萬, 爲君攻之, 虜其人民, 係其牛馬, 使其君內熱發於背, 然後拔其國. 忌也出走, 然後抶其背, 折其脊." 季子聞而恥之, 曰: "築十仞之城, 城者既十仞矣, 則又壞之, 此胥靡之所苦也. 今兵不起七年矣, 此王之基也. 衍亂人, 不可聽也." 華子聞而醜之, 曰: "善言伐齊者, 亂人也; 善言勿伐者, 亦亂人也; 謂伐之與不伐亂人也者, 又亂人也." 王曰: "然則若何?" 曰: "君求其道而已矣." 惠子聞之而見戴晉人. 戴晉人曰: "有所謂蝸者, 君知之乎?" 曰: "然." "有國於蝸之左角者曰觸氏, 有國於蝸之右角者曰蠻氏, 時相與爭地而戰, 伏尸數萬, 逐北旬有五日而後反." 君曰: "噫! 其虛言與?" 曰: "臣請爲君實之. 君以意在四方上下有窮乎?" 君曰: "無窮." 曰: "知遊心於無窮, 而反在通達之國, 若存若亡乎?" 君曰: "然." 曰: "通達之中有魏, 於魏中有梁, 於梁中有王. 王與蠻氏, 有辯乎?" 君曰: "無辯." 客出而君惝然若有亡也. 客出, 惠子見. 君曰: "客, 大人也, 聖人不足以當之." 惠子曰: "夫吹筦也, 猶有嗃也; 吹劍首者, 映而已矣. 堯, 舜, 人之所譽也; 道堯舜於戴晉人之前, 譬猶一映也."

孔子之楚, 舍於蟻丘之漿. 其鄰有夫妻臣妾登極者, 子路曰: "是稷稷何爲者邪?" 仲尼曰: "是聖人僕也. 是自埋於民, 自藏於畔. 其聲銷, 其志無窮, 其口雖言, 其心未嘗言, 方且與世違而心不屑與之俱. 是陸沈者也, 是其市南宜僚邪?" 子路請往召之. 孔子曰: "已矣! 彼知丘之著於己也, 知丘之適楚也, 以丘爲必使楚王之召己也, 彼且以丘爲佞人也. 夫若然者, 其於佞人也羞聞其言, 而況親見其身乎! 而何以爲存?" 子路往視之, 其室虛矣.

長梧封人問子牢曰: "君爲政焉勿鹵莽, 治民焉勿滅裂. 昔予爲禾, 耕而鹵莽之, 則其實亦鹵莽而報予; 芸而滅裂之, 其實亦滅裂而報予. 予來年變齊, 深其耕而熟耰之, 其禾蘩以滋, 予終年厭飧." 子聞之曰: "今人之治其形, 理其心, 多有似封人之所謂: 遁其天, 離其性, 滅其情, 亡其神, 以衆爲. 故鹵莽其性者, 欲惡之孽, 爲性萑葦蒹葭, 始萌以扶吾形, 尋擢吾性, 並潰漏發, 不擇所出, 漂疽疥癰, 內熱溲膏是也."

柏矩學於老聃, 曰: "請之天下遊." 老聃曰: "已矣! 天下猶是也." 又請之, 老聃曰: "汝將何始?" 曰: "始於齊." 至齊, 見辜人焉, 推而強之, 解朝服而幕之, 號天而哭之曰: "子乎子乎! 天下有大菑, 子獨先離之!" 曰: "莫爲盜! 莫爲殺人! 榮辱立, 然後睹所病; 貨財聚, 然後睹所爭. 今立人之所病, 聚人之所爭, 窮困人之身, 使無休時, 欲無至此, 得乎! 古之君人者, 以得爲在民, 以失爲在己; 以正爲在民, 以枉爲在己. 故一形有失其形者, 退而自責. 今則不然. 匿爲物而愚不識, 大爲難而罪不敢, 重爲任而罰不勝, 遠其塗而誅不至. 民知力竭, 則以僞繼之, 日出多僞, 士民安得不僞! 夫力不足則僞, 知不足則欺, 財不足則盜. 盜竊之行, 於誰責而可乎?"

蘧伯玉行年六十而六十化, 未嘗不始於是之而卒詘之以非也, 未知今之所謂是非五十九年非也. 萬物有乎生而莫見其根, 有乎出而莫見其門. 人皆尊其知之所知, 而莫知恃其知之所不知而後知, 可不謂大疑乎! 已乎已乎! 且無所逃. 此所謂然與, 然乎?

仲尼問於大史大弢, 伯常騫, 狶韋曰: "夫衛靈公飲酒湛樂, 不聽國家之政; 田獵畢弋, 不應諸侯之際. 其所以爲靈公者何邪?" 大弢曰: "是因是也." 伯常騫曰: "夫靈公有妻三人, 同濫而浴. 史鰍奉御而進所, 搏幣而扶翼. 其慢若彼之甚也, 見賢人若此其肅也, 是其所以爲靈公也." 狶韋曰: "夫靈公也死, 卜葬於故墓不吉, 卜葬於沙丘而吉. 掘之數仞, 得石槨焉, 洗而視之, 有銘焉, 曰: '不馮其子, 靈公奪而里之.' 夫靈公之爲靈也久矣, 之二人何足以識之?"

少知問於大公調曰: "何謂丘里之言?" 大公調曰: "丘里者, 合十姓百名而以爲風俗也. 合異以爲同, 散同以爲異. 今指馬之百體而不得馬, 而馬係於前者, 立其百體而謂之馬也. 是故丘山積卑而爲高, 江河合水而爲大, 大人合并而爲公. 是以自外入者, 有主而不執; 由中出者, 有正而不距. 四時殊氣, 天不賜, 故歲成; 五官殊職, 君不私, 故國治; 文武大人不賜, 故德備; 萬物殊理, 道不私, 故無名. 無名故無爲, 無爲而無不爲. 時有終始, 世有變化, 禍福淳淳, 至有所拂者而有所宜; 自殉殊面, 有所正者有所差. 比於大澤, 百材皆度; 觀於大山, 木石同壇. 此之謂丘里之言." 少知曰: "然則謂之道, 足乎?" 大公調曰: "不然. 今計物之數, 不止於萬, 而期曰'萬物'者, 以數之多者號而讀之也. 是故天地者, 形之大者也; 陰陽者, 氣之大者也; 道者爲之公. 因其大而號以讀之, 則可也. 已有之矣, 乃將得比哉! 則若以斯辯, 譬猶狗馬, 其不及遠矣." 少知曰: "四方之內, 六合之裏, 萬物之所生惡起?" 太公調曰: "陰陽相照, 相蓋, 相治, 四時相代, 相生, 相殺, 欲惡去就於是橋起, 雌雄片合於是庸有. 安危相易, 禍福相生, 緩急相摩, 聚散以成. 此名實之可紀, 精微之可志也隨序之相理, 橋運之相使, 窮則反, 終則始. 此物之所有, 言之所盡, 知之所至, 極物而已. 覩道之人, 不隨其所廢, 不原其所起, 此議之所止." 少知曰: "季眞之莫爲, 接子之或使, 二家之議, 孰正於其情? 孰偏於其理?" 太公調曰: "雞鳴狗吠, 是人之所知, 雖有大知, 不能以言讀其所自化, 又不能以意其所將爲. 斯而析之, 精至於無倫, 大至於不可圍, 或之使, 莫之爲, 未免於物而終以爲過. 或使則實, 莫爲則虛. 有名有實, 是物之居; 無名無實, 在物之虛. 可言可意, 言而愈疏. 未生不可忌, 已死不可阻. 死生非遠也, 理不可睹. 或之使, 莫之爲, 疑之所假. 吾觀之本, 其往無窮; 吾求之末, 其來無止. 無窮, 無止, 言之無也, 與物同理; 或使, 莫爲, 言之本也, 與物終始. 道不可有, 有不可無. 道之爲名, 所假而行. 或使莫爲, 在物一曲, 夫胡爲於大方? 言而足, 則終日言而盡道; 言而不足, 則終日言而盡物. 道, 物之極, 言, 默不足以載; 非言非默, 議其有極."

『장자』「잡편」「외물」제26장

外物不可必, 故龍逢誅, 比干戮, 箕子狂, 惡來死, 桀, 紂亡. 人主莫不欲其臣之忠, 而忠未必信, 故伍員流於江, 萇弘死於蜀, 藏其血三年, 化而爲碧. 人親莫不欲其子之孝, 而孝未必愛, 故孝己憂而曾參悲. 木與木相摩則然, 金與火相守則流. 陰陽錯行, 則天地大絯, 於是乎有雷有霆, 水中有火, 乃焚大槐. 有甚憂兩陷而無所逃, 蠪蟷不得成, 心若縣於天地之間, 慰暋沈屯, 利害相摩, 生火甚多, 衆人焚和. 月固不勝火, 於是乎有僓然而道盡.

莊周家貧, 故往貸粟於監河侯. 監河侯曰: "諾. 我將得邑金, 將貸子三百金, 可乎?" 莊周忿然作色曰: "周昨來, 有中道而呼者. 周顧視車轍中, 有鮒魚焉. 周問之曰: '鮒魚來! 子何爲者邪?' 對曰: '我, 東海之波臣也. 君豈有斗升之水而活我哉?' 周曰: '諾. 我且南遊吳, 越之王, 激西江之水而迎子, 可乎?' 鮒魚忿然作色曰: '吾失我常與, 我無所處. 吾得斗升之水然活耳, 君乃言此, 曾不如早索我於枯魚之肆!'"

任公子爲大鉤巨緇, 五十犗以爲餌, 蹲乎會稽, 投竿東海, 旦旦而釣, 期年不得魚. 已而大魚食之, 牽巨鉤錎沒而下, 騖揚而奮鬐, 白波若山, 海水震蕩, 聲侔鬼神, 憚赫千里. 任公子得若魚, 離而腊之, 自制河以東, 蒼梧以北, 莫不厭若魚者. 已而後世輇才諷說之徒, 皆驚而相告也. 夫揭竿累, 趣灌瀆, 守鯢鮒, 其於得大魚難矣; 飾小說以干縣令, 其於大達亦遠矣. 是以未嘗聞任氏之風俗, 其不可與經於世亦遠矣!

儒以『詩』, 『禮』發冢. 大儒臚傳曰: "東方作矣, 事之何若?" 小儒曰: "未解裙襦, 口中有珠. 『詩』固有之曰: '靑靑之麥, 生於陵陂. 生不布施, 死何含珠爲?' 接其鬢, 壓其顪, 儒以金椎控其頤, 徐別其頰, 無傷口中珠!"

老萊子之弟子出薪, 遇仲尼, 反以告曰:"有人於彼, 修上而趨下, 末僂而後耳, 視若營四海, 不知其誰氏之子." 老萊子曰:"是丘也, 召而來!" 仲尼至. 曰:"丘! 去汝躬矜與汝容知, 斯爲君子矣." 仲尼揖而退, 蹙然改容而問曰:"業可得進乎?" 老萊子曰:"夫不忍一世之傷, 而驁萬世之患, 抑固窶邪? 亡其略弗及邪? 惠以歡爲驁, 終身之醜, 中民之行進焉耳, 相引以名, 相結以隱. 與其譽堯而非桀, 不如兩忘而閉其所譽. 反無非傷也, 動無非邪也. 聖人躊躇以興事, 以每成功. 奈何哉其載焉終矜爾!"

宋元君夜半而夢人被髮闚阿門, 曰:"予自宰路之淵, 予爲清江使河伯之所, 漁者余且得予." 元君覺, 使人占之, 曰:"此神龜也." 君曰:"漁者有余且乎?" 左右曰:"有." 君曰:"令余且會朝." 明日, 余且朝. 君曰:"漁何得?" 對曰:"且之網, 得白龜焉, 其圓五尺." 君曰:"獻若之龜." 龜至, 君再欲殺之, 再欲活之, 心疑, 卜之, 曰:"殺龜以卜, 吉." 乃刳龜, 七十二鑽而無遺筴. 仲尼曰:"神龜能見夢於元君而不能避余且之網; 知能七十二鑽而無遺筴, 不能避刳腸之患. 如是, 則知有所困, 神有所不及也. 雖有至知, 萬人謀之. 魚不畏網而畏鵜鶘. 去小知而大知明, 去善而自善矣. 嬰兒生無石師而能言, 與能言者處也."

惠子謂莊子曰:"子言無用." 莊子曰:"知無用而始可與言用矣. 夫地非不廣且大也, 人之所用容足耳. 然則廁足而墊之, 致黃泉, 人尚有用乎?" 惠子曰:"無用." 莊子曰:"然則無用之爲用也亦明矣."

莊子曰:"人有能遊, 且得不遊乎? 人而不能遊, 且得遊乎? 夫流遁之志, 決絕之行, 噫! 其非至知厚德之任與! 覆墜而不反, 火馳而不顧, 雖相與爲君臣, 時也, 易世而無以相賤. 故曰: 至人不留行焉. 夫尊古而卑今, 學者之流也. 且以狶韋氏之流觀今之世, 夫孰能不波? 唯至人乃能遊於世而不僻, 順人而不失己, 彼教不學, 承意不彼. 目徹爲明, 耳徹爲聰, 鼻徹爲顫, 口徹爲甘, 心徹爲知, 知徹爲德. 凡道不欲壅, 壅則哽, 哽而不止則跈, 跈則衆害生. 物之有知者恃息, 其不殷, 非天之罪. 天之穿之, 日夜無降, 人則顧塞其竇. 胞有重閬, 心有天遊. 室無空虛, 則婦姑勃谿; 心無天遊, 則六鑿相攘. 大林丘山之善於人也, 亦神者不勝. 德溢乎名, 名溢乎暴, 謀稽乎誸, 知出乎爭, 柴生乎守, 官事果乎衆宜. 春雨日時, 草木怒生, 銚鎒於是乎始修, 草木之到植者過半, 而不知其然. 靜然可以補病, 眥搣可以休老, 寧可以止遽. 雖然, 若是, 勞者之務也, 非佚者之所未嘗過而問焉. 聖人之所以駴天下, 神人未嘗過而問焉; 賢人所以駴世, 聖人未嘗過而問焉; 君子所以駴國, 賢人未嘗過而問焉; 小人所以合時, 君子未嘗過而問焉.

演門有親死者, 以善毀, 爵爲官師, 其黨人毀而死者半. 堯與許由天下, 許由逃之; 湯與務光天下, 務光怒之. 紀他聞之, 帥弟子而踆於窾水, 諸侯弔之三年, 申徒狄因以踣河.

荃者所以在魚, 得魚而忘荃; 蹄者所以在兔, 得兔而忘蹄; 言者所以在意, 得意而忘言.

吾安得忘言之人而與之言哉?"

『장자』「잡편」「우언」제27장

寓言十九, 重言十七, 巵言日出, 和以天倪. 寓言十九, 藉外論之. 親父不爲其子媒. 親父譽之, 不若非其父者也; 非吾罪也, 人之罪也. 與己同則應, 不與己同則反, 同於己爲是之, 異於己爲非之. 重言十七, 所以已言也, 是爲耆艾. 年先矣, 而無經緯本末以期年耆者, 是非先也. 人而無以先人, 無人道也; 人而無人道, 是之謂陳人. 巵言日出, 和以天倪, 因以曼衍, 所以窮年. 不言則齊, 齊與言不齊, 言與齊不齊也, 故曰無言. 言無言, 終身言, 未嘗言; 終身不言, 未嘗不言. 有自也而可, 有自也而不可; 有自也而然, 有自也而不然. 惡乎然? 然於然. 惡乎不然? 不然於不然. 惡乎可? 可於可. 惡乎不可? 不可於不可. 物固有所然, 物固有所可, 無物不然, 無物不可. 非巵言日出, 和以天倪, 孰得其久! 萬物皆種也, 以不同形相禪, 始卒若環, 莫得其倫, 是謂天均. 天均者, 天倪也.

莊子謂惠子曰: "孔子行年六十而六十化, 始時所是, 卒而非之, 未知今之所謂是之非五十九年非也." 惠子曰: "孔子勤志服知也." 莊子曰: "孔子謝之矣, 而其未之嘗言. 孔子云: '夫受才乎大本, 復靈以生.' 鳴而當律, 言而當法, 利義陳乎前, 而好惡是非直服人之口而已矣. 使人乃以心服而不敢蘁立, 定天下之定. 已乎已乎! 吾且不得及彼乎!"

曾子再仕而心再化, 曰: "吾及親仕, 三釜而心樂; 後仕, 三千鍾而不洎, 吾心悲." 弟子問於仲尼曰: "若參者, 可謂無所縣其罪乎?" 曰: "既已縣矣. 夫無所縣者, 可以有哀乎? 彼視三釜, 三千鍾, 如觀雀蚊虻相過乎前也."

顔成子游謂東郭子綦曰: 自吾聞子之言, 一年而野, 二年而從, 三年而通, 四年而物, 五年而來, 六年而鬼入, 七年而天成, 八年而不知死, 不知生, 九年而大妙. 生有爲, 死也. 勸公: 以其死也, 有自也; 而生陽也, 無自也. 而果然乎? 惡乎其所適? 惡乎其所不適? 天有曆數, 地有人據, 吾惡乎求之? 莫知其所終, 若之何其無命也? 莫知其所始, 若之何其有命也? 有以相應也, 若之何其無鬼邪? 無以相應也, 若之何其有鬼邪?"

衆罔兩問於景曰: "若向也俯而今也仰, 向也括而今被髮, 向也坐而今也起, 向也行而今也止, 何也?" 景曰: "搜搜也, 奚稍問也? 予有而不知其所以. 予, 蜩甲也, 蛇蛻也, 似之而非也. 火與日, 吾屯也; 陰與夜, 吾代也. 彼, 吾所以有待邪? 而況乎以有待者乎! 彼來則我與之來, 彼往則我與之往, 彼强陽則我與之强陽. 强陽者, 又何以有問乎!"

陽子居南之沛, 老聃西遊於秦, 邀於郊, 至於梁而遇老子. 老子中道仰天而歎曰: "始以汝爲可教, 今不可也." 陽子居不答. 至舍, 進盥漱巾櫛, 脫屨戶外, 膝行而前曰: "向者弟子欲請夫子, 夫子行不閒, 是以不敢. 今閒矣, 請問其過." 老子曰: "而睢睢盱盱, 而誰與居? 大白若辱, 盛德若不足." 陽子居蹴然變容曰: "敬聞命矣." 其往也, 舍者迎將其家, 公執席, 妻執巾櫛, 舍者避席, 煬者避竈. 其反也, 舍者與之爭席矣!

『장자』「잡편」「양왕」제28장

堯以天下讓許由, 許由不受. 又讓於子州支父, 子州支父曰: "以爲我天子, 猶之可也. 雖然, 我適有幽憂之病, 方且治之, 未暇治天下也." 夫天下至重也, 而不以害其生, 又況他物乎! 唯無以天下爲者, 可以託天下也. 舜讓天下於子州支伯, 子州支伯曰: "予適有幽憂之病, 方且治之, 未暇治天下也." 故天下大器也, 而不以易生, 此有道者之所以異乎俗者也. 舜以天下讓善卷, 善卷曰: "余立於宇宙之中, 冬日衣皮毛, 夏日衣葛絺; 春耕種, 形足以勞動; 秋收斂, 身足以休息; 日出而作, 日入而息, 逍遙於天地之間而心意自得. 吾何以天下爲哉? 悲夫! 子之不知余也!" 遂不受. 於是去而入深山, 莫知其處. 舜以天下讓其友石戶之農, 石戶之農曰: "捲捲乎后之爲人, 葆力之士也." 以舜之德爲未至也, 於是夫負妻戴, 攜子以入於海, 終身不反也.

大王亶父居邠, 狄人攻之. 事之以皮帛而不受, 事之以犬馬而不受, 事之以珠玉而不受, 狄人之所求者土地也. 大王亶父曰: "與人之兄居而殺其弟, 與人之父居而殺其子, 吾不忍也. 子皆勉居矣! 爲吾臣與爲狄人臣, 奚以異? 且吾聞之, 不以所用養害所養." 因杖筴而去之. 民相連而從之, 遂成國於岐山之下. 夫大王亶父可謂能尊生矣. 能尊生者, 雖貴富不以養傷身, 雖貧賤不以利累形. 今世之人, 居高官尊爵者, 皆重失之, 見利輕亡其身, 豈不惑哉!

越人三世弒其君, 王子搜患之, 逃乎丹穴. 而越國無君, 求王子搜不得, 從之丹穴. 王子搜不肯出, 越人薰之以艾, 乘以王輿. 王子搜援綏登車, 仰天而呼曰: "君乎君乎! 獨不可以舍我乎!" 王子搜非惡爲君也, 惡爲君之患. 若王子搜者, 可謂不以國傷生矣, 此固越人之所欲得爲君也.

韓, 魏相與爭侵地. 子華子見昭僖侯, 昭僖侯有憂色. 子華子曰: "今使天下書銘於君之前, 書之言曰: '左手攫之則右手廢, 右手攫之則左手廢, 然而攫之者必有天下.' 君能攫之乎?" 昭僖侯曰: "寡人不攫也." 子華子曰: "甚善! 自是觀之, 兩臂重於天下也, 身亦重於兩臂. 韓之輕於天下亦遠矣, 今之所爭者, 其輕於韓又遠. 君固愁身傷生以憂戚不得也!" 僖侯曰: "善哉! 教寡人者眾矣, 未嘗得聞此言也." 子華子可謂知輕重矣!

魯君聞顏闔得道之人也, 使人以幣先焉. 顏闔守陋閭, 苴布之衣而自飯牛. 魯君之使者至, 顏闔自對之. 使者曰: "此顏闔之家與?" 顏闔對曰: "此闔之家也." 使者致幣, 顏闔曰: "恐聽者謬而遺使者罪, 不若審之." 使者還, 反審之, 復來求之, 則不得已. 故若顏闔者, 真惡富貴也.

故曰: 道之真以治身, 其緒餘以為國家, 其土苴以治天下. 由此觀之, 帝王之功, 聖人之餘事也, 非所以完身養生也. 今世俗之君子, 多為身棄生以殉物, 豈不悲哉! 凡聖人之動作也, 必察其所以之, 與其所以為. 今且有人於此, 以隨侯之珠彈千仞之雀, 世必笑之. 是何也? 則其所用者重而所要者輕也. 夫生者, 豈特隨侯之重哉!

子列子窮, 容貌有飢色. 客有言之於鄭子陽者曰: "列御寇, 蓋有道之士也, 居君之國而窮, 君無乃為不好士乎?" 鄭子陽即令官遺之粟. 子列子見使者, 再拜而辭. 使者去, 子列子入, 其妻望之而拊心曰: "妾聞為有道者之妻子, 皆得佚樂, 今有飢色. 君過而遺先生食, 先生不受, 豈不命邪!" 子列子笑謂之曰: "君非自知我也. 以人之言而遺我粟, 至其罪我也, 又且以人之言. 此吾所以不受也." 其卒, 民果作難而殺子陽.

楚昭王失國, 屠羊說走而從於昭王. 昭王反國, 將賞從者, 及屠羊說. 屠羊說曰: "大王失國, 說失屠羊; 大王反國, 說亦反屠羊. 臣之爵祿已復矣, 又何賞之言?" 王曰: "強之!" 屠羊說曰: "大王失國, 非臣之罪, 故不敢伏其誅; 大王反國, 非臣之功, 故不敢當其賞." 王曰: "見之!" 屠羊說曰: "楚國之法, 必有重賞大功而後得見. 今臣之知不足以存國, 而勇不足以死寇. 吳軍入郢, 說畏難而避寇, 非故隨大王也. 今大王欲廢法毀約而見說, 此非臣之所以聞於天下也." 王謂司馬子綦曰: "屠羊說居處卑賤而陳義甚高, 子綦為我延之以三旌之位." 屠羊說曰: "夫三旌之位, 吾知其貴於屠羊之肆也; 萬鍾之祿, 吾知其富於屠羊之利也. 然豈可以食爵祿而使吾君有妄施之名乎! 說不敢當, 願復反吾屠羊之肆." 遂不受也.

原憲居魯, 環堵之室, 茨以生草, 蓬戶不完, 桑以為樞而甕牖, 二室, 褐以為塞, 上漏下溼, 匡坐而弦. 子貢乘大馬, 中紺而表素, 軒車不容巷, 往見原憲. 原憲華冠縰履, 杖藜而應門. 子貢曰: "嘻! 先生何病?" 原憲應之曰: "憲聞之: '無財謂之貧, 學而不能行謂之病.' 今憲, 貧也, 非病也." 子貢逡巡而有愧色. 原憲笑曰: "夫希世而行, 比周而友, 學以為人, 教以為己, 仁義之慝, 輿馬之飾, 憲不忍為也."

曾子居衛, 縕袍無表, 顏色腫噲, 手足胼胝. 三日不舉火, 十年不製衣, 正冠而纓絕, 捉衿而肘見, 納履而踵決. 曳縰而歌商頌, 聲滿天地, 若出金石. 天子不得臣, 諸侯不得友. 故養志者忘形, 養形者忘利, 致道者忘心矣.

孔子謂顏回曰: "回來! 家貧居卑, 胡不仕乎?" 顏回對曰: "不願仕. 回有郭外之田五十畝, 足以給饘粥; 郭內之田十畝, 足以為絲麻; 鼓琴足以自娛; 所學夫子之道者足以自樂也. 回不願仕." 孔子愀然變容曰: "善哉回之意! 丘聞之: '知足者不以利自累也, 審自得者失之而不懼, 行修於內者無位而不怍.' 丘誦之久矣, 今於回而後見之, 是丘之得也."

中山公子牟謂瞻子曰: "身在江海之上, 心居乎魏闕之下, 奈何?" 瞻子曰: "重生. 重生則利輕." 中山公子牟曰: "雖知之, 未能自勝也." 瞻子曰: "不能自勝則從, 神無惡乎? 不能自勝而強不從者, 此之謂重傷. 重傷之人, 無壽類矣." 魏牟, 萬乘之公子也, 其隱巖穴也, 難為於布衣之士, 雖未至乎道, 可謂有其意矣!

孔子窮於陳, 蔡之間, 七日不火食, 藜羹不糝, 顏色甚憊, 而弦歌於室. 顏回擇菜, 子路, 子貢相與言曰: "夫子再逐於魯, 削迹於衛, 伐樹於宋, 窮於商, 周, 圍於陳, 蔡, 殺夫子者無罪, 藉夫子者無禁. 弦歌鼓琴, 未嘗絕音, 君子之無恥也若此乎?" 顏回無以應, 入告孔子. 孔子推琴喟然而歎曰: "由與賜, 細人也. 召而來! 吾語之." 子路, 子貢入. 子路曰: "如此者可謂窮矣." 孔子曰: "是何言也! 君子通於道之謂通, 窮於道之謂窮. 今丘抱仁義之道, 以遭亂世之患, 其何窮之為? 故內省而不窮於道, 臨難而不失其德, 天寒既至, 霜露既降, 吾是以知松柏之茂也. 桓公得之莒, 文公得之曹, 越王得之會稽, 陳, 蔡之隘, 於丘其幸乎!" 孔子削然反琴而弦歌, 子路扢然執干而舞. 子貢曰: "吾不知天之高也, 地之下也." 古之得道者, 窮亦樂, 通亦樂. 所樂非窮通也, 道德於此, 則窮通為寒暑風雨之序矣. 故許由娛於潁陽, 而共伯得乎丘首.

舜以天下讓其友北人無擇, 北人無擇曰: "異哉! 后之為人也, 居於畎畝之中, 而遊堯之門. 不若是而已, 又欲以其辱行漫我. 吾羞見之." 因自投清泠之淵.

湯將伐桀, 因卞隨而謀, 卞隨曰: "非吾事也." 湯曰: "孰可?" 曰: "吾不知也." 湯又因瞀光而謀, 瞀光曰: "非吾事也." 湯曰: "孰可?" 曰: "吾不知也." 湯曰: "伊尹何如?" 曰: "強力忍垢, 吾不知其他也." 湯遂與伊尹謀伐桀, 剋之. 以讓卞隨, 卞隨辭曰: "后之伐桀也謀乎我, 必以我為賊; 勝桀而讓我, 必以我為貪. 吾生乎亂世, 而無道之人再來漫我以其辱行, 吾不忍數聞也!" 乃自投椆水而死. 湯又讓瞀光曰: "知者謀之, 武者遂之, 仁者居之, 古之道也. 吾子胡不立乎?" 瞀光辭曰: "廢上, 非義也; 殺民, 非仁也; 人犯其難, 我享其利, 非廉也. 吾聞之曰: '非其義者, 不受其祿; 無道之世, 不踐其土.' 況尊我乎! 吾不忍久見也." 乃負石而自沈於廬水.

昔周之興, 有士二人處於孤竹, 曰伯夷, 叔齊. 二人相謂曰: "吾聞西方有人, 似有道者, 試往觀焉." 至於岐陽, 武王聞之, 使叔旦往見之, 與盟曰: "加富二等, 就官一列." 血牲而埋之. 二人相視而笑曰: "嘻! 異哉! 此非吾所謂道也. 昔者神農之有天下也, 時祀盡敬而不祈喜; 其於人也, 忠信盡治而無求焉. 樂與政為政, 樂與治為治, 不以人之壞自成也, 不以人之卑自高也, 不以遭時自利也. 今周見殷之亂而遽爲政, 上謀而下行貨, 阻兵而保威, 割牲而盟以爲信, 揚行以說衆, 殺伐以要利, 是推亂以易暴也. 吾聞古之士遭治世不避其任, 遇亂世不爲苟存. 今天下闇, 周德衰, 其並乎周以塗吾身也, 不如避之以絜吾行." 二子北至於首陽之山, 遂餓而死焉. 若伯夷, 叔齊者, 其於富貴也, 苟可得已, 則必不賴. 高節戾行, 獨樂其志, 不事於世, 此二士之節也.

『장자』 「잡편」 「도척」 제29장

孔子與柳下季爲友. 柳下季之弟名曰盜跖. 盜跖從卒九千人, 橫行天下, 侵暴諸侯, 穴室樞戶, 驅人牛馬, 取人婦女, 貪得忘親, 不顧父母兄弟, 不祭先祖. 所過之邑, 大國守城, 小國入保, 萬民苦之. 孔子謂柳下季曰: "夫爲人父者, 必能詔其子; 爲人兄者, 必能教其弟. 若父不能詔其子, 兄不能教其弟, 則無貴父子兄弟之親矣. 今先生, 世之才士也, 弟爲盜跖, 爲天下害, 而弗能教也, 丘竊爲先生羞之. 丘請爲先生往說之." 柳下季曰: "先生言 '爲人父者必能詔其子, 爲人兄者必能教其弟', 若子不聽父之詔, 弟不受兄之教, 雖今先生之辯, 將奈之何哉? 且跖之爲人也, 心如涌泉, 意如飄風, 強足以距敵, 辯足以飾非, 順其心則喜, 逆其心則怒, 易辱人以言. 先生必無往." 孔子不聽, 顏回爲馭, 子貢爲右, 往見盜跖.

盜跖乃方休卒徒大山之陽, 膾人肝而餔之. 孔子下車而前, 見謁者曰: "魯人孔丘, 聞將軍高義, 敬再拜謁者." 謁者入通, 盜跖聞之大怒, 目如明星, 髮上指冠, 曰: "此夫魯國之巧僞人孔丘非邪? 爲我告之: '爾作言造語, 妄稱文, 武, 冠枝木之冠, 帶死牛之脅, 多辭謬說, 不耕而食, 不織而衣, 搖脣鼓舌, 擅生是非, 以迷天下之主, 使天下學士不反其本, 妄作孝悌而徼倖於封侯富貴者也. 子之罪大極重, 疾走歸! 不然, 我將以子肝益晝餔之膳.'"

孔子復通曰: "丘得幸於季, 願望履幕下." 謁者復通, 盜跖曰: "使來前!" 孔子趨而進, 避席反走, 再拜盜跖.

盜跖大怒, 兩展其足, 案劍瞋目, 聲如乳虎, 曰: "丘來前! 若所言, 順吾意則生, 逆吾心則死." 孔子曰: "丘聞之, 凡天下有三德: 生而長大, 美好無雙, 少長貴賤見而皆說之, 此上德也; 知維天地, 能辯諸物, 此中德也; 勇悍果敢, 聚衆率兵, 此下德也. 凡人有此一德者, 足以南面稱孤矣. 今將軍兼此三者, 身長八尺二寸, 面目有光, 脣如激丹, 齒如齊貝, 音中黃鐘, 而名曰盜跖, 丘竊爲將軍恥不取焉. 將軍有意聽臣, 臣請南使吳, 越, 北使齊, 魯, 東使宋, 衛, 西使晉, 楚, 使爲將軍造大城數百里, 立數十萬戶之邑, 尊將軍爲諸侯, 與天下更始, 罷兵休卒, 收養昆弟, 共祭先祖. 此聖人才士之行, 而天下之願也."

盗跖大怒曰:"丘來前! 夫可規以利而可諫以言者, 皆愚陋恒民之謂耳. 今長大美好, 人見而悅之者, 此吾父母之遺德也. 丘雖不吾譽, 吾獨不自知邪? 且吾聞之:'好面譽人者, 亦好背而毀之.' 今丘告我以大城衆民, 是欲規我以利而恒民畜我也, 安可久長也? 城之大者, 莫大乎天下矣. 堯, 舜有天下, 子孫無置錐之地, 湯, 武立爲天子而後世絕滅, 非以其利大故邪? 且吾聞之: 古者禽獸多而人少, 於是民皆巢居以避之, 晝拾橡栗, 暮栖木上, 故命之曰有巢氏之民. 古者民不知衣服, 夏多積薪, 冬則煬之, 故命之曰知生之民. 神農之世, 臥則居居, 起則于于, 民知其母, 不知其父, 與麋鹿共處, 耕而食, 織而衣, 無有相害之心, 此至德之隆也. 然而黃帝不能致德, 與蚩尤戰於涿鹿之野, 流血百里. 堯, 舜作, 立群臣, 湯放其主, 武王殺紂. 自是之後, 以強陵弱, 以衆暴寡. 湯, 武以來, 皆亂人之徒也. 子修文, 武之道, 掌天下之辯, 以教後世, 縫衣淺帶, 矯言偽行, 以迷惑天下之主, 而欲求富貴焉, 盜莫大於子. 天下何故不謂子爲盜丘而乃謂我爲盜跖? 子以甘辭說子路而使從之, 使子路去其危冠, 解其長劍, 而受教於子, 天下皆曰'孔丘能止暴禁非'. 其卒之也, 子路欲殺衛君而事不成, 身菹於衛東門之上, 是子教之不至也. 子自謂才士聖人邪! 則再逐於魯, 削跡於衛, 窮於齊, 圍於陳, 蔡, 不容身於天下. 子教子路菹此患, 上無以爲身, 下無以爲人, 子之道豈足貴邪? 世之所高, 莫若黃帝, 黃帝尚不能全德, 而戰涿鹿之野, 流血百里. 堯不慈, 舜不孝, 禹偏枯, 湯放其主, 武王伐紂, 文王拘羑里. 此六子者, 世之所高也, 孰論之, 皆以利惑其眞而強反其情性, 其行乃甚可羞也. 世之所謂賢士, 伯夷, 叔齊, 伯夷, 叔齊辭孤竹之君, 而餓死於首陽之山, 骨肉不葬. 鮑焦飾行非世, 抱木而死. 申徒狄諫而不聽, 負石自投於河, 爲魚鱉所食. 介子推至忠也, 自割其股以食文公, 文公後背之, 子推怒而去, 抱木而燔死. 尾生與女子期於梁下, 女子不來, 水至不去, 抱梁柱而死. 此六子者, 無異於磔犬, 流豕, 操瓢而乞者, 皆離名輕死, 不念本養壽命者也. 世之所謂忠臣者, 莫若王子比干, 伍子胥, 子胥沈江, 比干剖心. 此二子者, 世謂忠臣也, 然卒爲天下笑. 自上觀之, 至於子胥, 比干, 皆不足貴也. 丘之所以說我者, 若告我以鬼事, 則我不能知也; 若告我以人事者, 不過此矣, 皆吾所聞知也. 今吾告子以人之情: 目欲視色, 耳欲聽聲, 口欲察味, 志氣欲盈. 人上壽百歲, 中壽八十, 下壽六十, 除病瘦, 死喪, 憂患, 其中開口而笑者, 一月之中不過四五日而已矣. 天與地無窮, 人死者有時, 操有時之具而託於無窮之間, 忽然無異騏驥之馳過隙也. 不能說其志意, 養其壽命者, 皆非通道者也. 丘之所言, 皆吾之所棄也, 亟去走歸, 無復言之! 子之道, 狂狂汲汲, 詐巧虛偽事也, 非可以全眞也, 奚足論哉?"

孔子再拜趨走, 出門上車, 執轡三失, 目芒然無見, 色若死灰, 據軾低頭, 不能出氣.

歸到魯東門外, 適遇柳下季. 柳下季曰:"今者闕然數日不見, 車馬有行色, 得微往見跖邪?"孔子仰天而歎曰:"然."柳下季曰:"跖得無逆汝意若前乎?"孔子曰:"然. 丘所謂無病而自炙也, 疾走料虎頭, 編虎須, 幾不免虎口哉!"

子張問於滿苟得曰: "盍不爲行? 無行則不信, 不信則不任, 不任則不利. 故觀之名, 計之利, 而義眞是也. 若棄名利, 反之於心, 則夫士之爲行, 不可一日不爲乎?" 滿苟得曰: "無恥者富, 多信者顯. 夫名利之大者, 幾在無恥而信. 故觀之名, 計之利, 而信眞是也. 若棄名利, 反之於心, 則夫士之爲行, 抱其天乎!" 子張曰: "昔者桀, 紂貴爲天子, 富有天下, 今謂臧聚曰: '汝行如桀, 紂', 則有怍色, 有不服之心者, 小人所賤也. 仲尼, 墨翟, 窮爲匹夫, 今謂宰相曰: '子行如仲尼, 墨翟', 則變容易色稱不足者, 士誠貴也. 故勢爲天子, 未必貴也; 窮爲匹夫, 未必賤也. 貴賤之分, 在行之美惡." 滿苟得曰: "小盜者拘, 大盜者爲諸侯, 諸侯之門, 義士存焉. 昔者桓公小白殺兄入嫂而管仲爲臣, 田成子常殺君竊國而孔子受幣. 論則賤之, 行則下之, 則是言行之情悖戰於胸中也, 不亦拂乎! 故『書』曰: '孰惡孰美? 成者爲首, 不成者爲尾.'" 子張曰: "子不爲行, 即將疏戚無倫, 貴賤無義, 長幼無序, 五紀六位將何以爲別乎?" 滿苟得曰: "堯殺長子, 舜流母弟, 疏戚有倫乎? 湯放桀, 武王伐紂, 貴賤有義乎? 王季爲適, 周公殺兄, 長幼有序乎? 儒者僞辭, 墨者兼愛, 五紀六位將有別乎? 且子正爲名, 我正爲利. 名利之實, 不順於理, 不監於道. 吾日與子訟於無約, 曰: '小人殉財, 君子殉名. 其所以變其情, 易其性, 則異矣; 乃至於棄其所爲而殉其所不爲, 則一也.' 故曰: 無爲小人, 反殉而天; 無爲君子, 從天之理. 若枉若直, 相而天極, 面觀四方, 與時消息. 若是若非, 執而圓機, 獨成而意, 與道徘徊. 無轉而行, 無成而義, 將失而所爲. 無赴而富, 無殉而成, 將棄而天. 比干剖心, 子胥抉眼, 忠之禍也; 直躬證父, 尾生溺死, 信之患也; 鮑子立乾, 申子不自理, 廉之害也; 孔子不見母, 匡子不見父, 義之失也. 此上世之所傳, 下世之所語, 以爲士者正其言, 必其行, 故服其殃, 離其患也."

無足問於知和曰: "人卒未有不興名就利者. 彼富則人歸之, 歸則下之, 下則貴之. 夫見下貴者, 所以長生, 安體, 樂意之道也. 今子獨無意焉, 知不足邪? 意知而力不能行邪? 故推正不忘邪?" 知和曰: "今夫此人以爲與己同時而生, 同鄉而處者, 以爲夫絕俗過世之士焉, 是專無主正, 所以覽古今之時, 是非之分也, 與俗化世. 去至重, 棄至尊, 以爲其所爲也, 此其所以論長生, 安體, 樂意之道, 不亦遠乎! 慘怛之疾, 恬愉之安, 不監於體; 怵惕之恐, 欣懽之喜, 不監於心. 知爲爲而不知所以爲, 是以貴爲天子, 富有天下, 而不免於患也." 無足曰: "夫富之於人, 無所不利, 窮美究埶, 至人之所不得逮, 賢人之所不能及, 俠人之勇力而不爲威強, 秉人之知謀以爲明察, 因人之德以爲賢良, 非享國而嚴若君父. 且夫聲色, 滋味, 權勢之於人, 心不待學而樂之, 體不待象而安之. 夫欲惡避就, 固不待師, 此人之性也. 天下雖非我, 孰能辭之!" 知和曰: "知者之爲, 故動以百姓, 不違其度, 是以足而不爭, 無以爲故不求. 不足故求之, 爭四處而不自以爲貪; 有餘故辭之, 棄天下而不自以爲廉. 廉貪之實, 非以

迫外也. 反監之度. 勢爲天子而不以貴驕人, 富有天下而不以財戲人. 計其患, 慮其反, 以爲
害於性, 故辭而不受也, 非以要名譽也. 堯, 舜爲帝而雍, 非仁天下也, 不以美害生也; 善卷,
許由得帝而不受, 非虛辭讓也, 不以事害己. 此皆就其利, 辭其害, 而天下稱賢焉, 則可以有
之, 彼非以興名譽也." 無足曰: "必持其名, 苦體絕甘, 約養以持生, 則亦久病長阨而不死者
也." 知和曰: "平爲福, 有餘爲害者, 物莫不然, 而財其甚者也. 今富人耳營鐘鼓筦籥之聲,
口嗛於芻豢醪醴之味, 以感其意, 遺忘其業, 可謂亂矣; 侅溺於馮氣, 若負重行而上也, 可謂苦
矣; 貪財而取慰, 貪權而取竭, 靜居則溺, 體澤則馮, 可謂疾矣; 爲欲富就利, 故滿若堵耳而
不知避, 且馮而不舍, 可謂辱矣; 財積而無用, 服膺而不舍, 滿心戚醮, 求益而不止, 可謂憂
矣; 內則疑劫請之賊, 外則畏寇盜之害, 內周樓疏, 外不敢獨行, 可謂畏矣. 此六者, 天下之
至害也, 皆遺忘而不知察, 及其患至, 求盡性竭財, 單以反一日之無故而不可得也. 故觀之
名則不見, 求之利則不得, 繚意體而爭此, 不亦惑乎!"

『장자』「잡편」「설검」제30장

昔趙文王喜劍, 劍士夾門而客三千餘人, 日夜相擊於前, 死傷者歲百餘人, 好之不厭. 如
是三年, 國衰, 諸侯謀之. 太子悝患之, 募左右曰: "孰能說王之意止劍士者, 賜之千金." 左
右曰: "莊子當能. 莊子弗受, 與使者俱, 往見太子曰: "太子何以教周, 賜周千金?" 太子曰:
"聞夫子明聖, 謹奉千金以幣從者. 夫子弗受, 悝尙何敢言!" 莊子曰: "聞太子所欲用周者,
欲絕王之喜好也. 使臣上說大王, 而逆王意, 下不當太子, 則身刑而死, 周尙安所事金乎? 使
臣上說大王, 下當太子, 趙國何求而不得也!" 太子曰: "然, 吾王所見, 劍士也." 莊子曰: "諾.
周善爲劍." 太子曰: "然吾王所見劍士, 皆蓬頭突鬢垂冠, 曼胡之纓, 短後之衣, 瞋目而語難,
王乃說之. 今夫子必儒服而見王, 事必大逆." 莊子曰: "請治劍服." 治劍服三日, 乃見太子.
太子乃與見王, 王脫白刃待之. 莊子入殿門不趨, 見王不拜. 王曰: "子欲何以教寡人, 使太
子先焉?" 曰: "臣聞大王喜劍, 故以劍見王." 王曰: "子之劍何能禁制?" 曰: "臣之劍, 十步一
人, 千里不留行." 王大悅之, 曰: "天下無敵矣!" 莊子曰: "夫爲劍者, 示之以虛, 開之以利,
後之以發, 先之以至. 願得試之." 王曰: "夫子休就舍, 待命設戲請夫子." 王乃校劍士七日,
死傷者六十餘人, 得五六人, 使奉劍於殿下, 乃召莊子. 王曰: "今日試使士敦劍." 莊子曰:
"望之久矣." 王曰: "夫子所御杖, 長短何如?" 曰: "臣之所奉皆可. 然臣有三劍, 唯王所用,
請先言而後試." 王曰: "願聞三劍." 曰: "有天子之劍, 有諸侯之劍, 有庶人之劍." 王曰: "天
子之劍何如?" 曰: "天子之劍, 以燕谿石城爲鋒, 齊岱爲鍔, 晉衛爲脊, 周宋爲鐔, 韓魏爲夾.

包以四夷, 裏以四時, 繞以渤海, 帶以恒山. 制以五行, 論以刑德. 開以陰陽, 持以春夏, 行以秋冬. 此劍, 直之無前, 擧之無上, 案之無下, 運之無旁, 上決浮雲, 下絶地紀. 此劍一用, 匡諸侯, 天下服矣. 此天子之劍也." 文王芒然自失, 曰: "諸侯之劍何如?" 曰: "諸侯之劍, 以知勇士爲鋒, 以淸廉士爲鍔, 以賢良士爲脊, 以忠聖士爲鐔, 以豪桀士爲夾. 此劍, 直之亦無前, 擧之亦無上, 案之亦無下, 運之亦無旁. 上法圓天以順三光, 下法方地以順四時, 中和民意以安四鄕. 此劍一用, 如雷霆之震也, 四封之內, 無不賓服, 而聽從君命者矣. 此諸侯之劍也." 王曰: "庶人之劍何如?" 曰: "庶人之劍, 蓬頭突鬢垂冠, 曼胡之纓, 短後之衣, 瞋目而語難. 相擊於前, 上斬頸領, 下決肝肺. 此庶人之劍, 無異於鬪鷄, 一旦命已絶矣, 無所用於國事. 今大王有天子之位, 而好庶人之劍, 臣竊爲大王薄之." 王乃牽而上殿. 宰人上食, 王三環之. 莊子曰: "大王安坐定氣, 劍事已畢奏矣." 於是文王不出宮三月, 劍士皆服斃其處也.

『장자』「잡편」「어부」 제31장

孔子遊於緇帷之林, 休坐乎杏壇之上. 弟子讀書, 孔子絃歌鼓琴, 奏曲未半, 有漁父者, 下船而來, 須眉交白, 被髮揄袂, 行原以上, 距陸而止, 左手據膝, 右手持頤以聽. 曲終而招子貢子路, 二人俱對. 客指孔子曰: "彼何爲者也?" 子路對曰: "魯之君子也." 客問其族. 子路對曰: "族孔氏." 客曰: "孔氏者何治也?" 子路未應, 子貢對曰: "孔氏者, 性服忠信, 身行仁義, 飾禮樂, 選人倫, 上以忠於世主, 下以化於齊民, 將以利天下. 此孔氏之所治也." 又問曰: "有土之君與?" 子貢曰: "非也." "侯王之佐與?" 子貢曰: "非也." 客乃笑而還, 行言曰: "仁則仁矣, 恐不免其身. 苦心勞形, 以危其眞. 嗚呼, 遠哉其分於道也!"

子貢還, 報孔子. 孔子推琴而起曰: "其聖人與!" 乃下求之, 至於澤畔, 方將杖拏而引其船, 顧見孔子, 還鄕而立. 孔子反走, 再拜而進. 客曰: "子將何求?" 孔子曰: "曩者先生有緒言而去, 丘不肖, 知所謂, 竊待於下風, 幸聞咳唾之音, 以卒相丘也." 客曰: "嘻! 甚矣子之好學也!" 孔子再拜而起曰: "丘少而修學, 以至於今, 六十九歲矣, 無所得聞至敎, 敢不虛心!" 客曰: "同類相從, 同聲相應, 故天之理也. 吾請釋吾之所有, 而經子之所以. 子之所以者, 人事也. 天子諸侯大夫庶人, 此四者自正, 治之美也, 四者離位, 而亂莫大焉. 官治其職, 人處其事, 乃無所陵. 故田荒室露, 衣食不足, 徵賦不屬, 妻妾不和, 長少無序, 庶人之憂也. 能不勝任, 官事不治, 行不淸白, 群下荒怠, 功美不有, 爵祿不持, 大夫之憂也. 廷無忠臣, 國家昏亂, 工技不巧, 貢職不美, 春秋後倫, 不順天子, 諸侯之憂也. 陰陽不和, 寒暑不時, 以傷庶物, 諸侯暴亂, 擅相攘伐, 而殘民人, 禮樂不節, 財用窮匱, 人倫不飭, 百姓淫亂, 天子之憂也. 今子既上無君侯有司之勢, 而下無大臣職事之官, 而擅飾禮樂, 選人倫, 以化齊民, 不亦泰多事乎."且人有八疵, 事有四患, 不可不察也. 非其事而事之, 謂之摠. 莫之顧而進之, 謂之佞, 希意道言, 謂之諂. 不擇是非而言, 謂之諛. 好言人之惡, 謂之讒. 析交離親, 謂之賊. 稱譽詐偽以敗惡人, 謂之慝. 不擇善否兩容, 頗適偷拔其所欲, 謂之險. 此八疵者, 外以亂人, 內以傷身, 君子不友, 明君不臣. 所謂四患者. 好經大事, 變更易常, 以挂功名, 謂之叨. 專知擅事, 侵人自用, 謂之貪. 見過不更, 聞諫愈甚, 謂之很. 人同於己則可, 不同於己, 雖善不善, 謂之矜. 此四患也. 能去八疵, 無行四患, 而始可教已."

孔子愀然而歎, 再拜而起曰："丘再逐於魯, 削迹於衛, 伐樹於宋, 圍於陳蔡. 丘不知所失, 而離此四謗者何也?"客悽然變容曰："甚矣子之難悟也! 人有畏影惡迹, 而去之走者, 舉足愈數而迹愈多, 走愈疾而影不離身, 自以爲尚遲, 疾走不休, 絶力而死. 不知處陰以休影, 處靜以息迹, 愚亦甚矣! 子審仁義之間, 察同異之際, 觀動靜之變, 適受與之度, 理好惡之情, 和喜怒之節, 而幾於不免矣. 謹修而身, 愼守其眞, 還以物與人, 則無所累矣. 今不修之身, 而求之人, 不亦外乎!"

孔子愀然曰："請問何謂眞?"客曰："眞者, 精誠之至也. 不精不誠, 不能動人. 故强哭者雖悲不哀, 强怒者, 雖嚴不威, 强親者, 雖笑不和. 眞悲無聲而哀, 眞怒未發而威, 眞親未笑而和. 眞在內者, 神動於外, 是所以貴眞也. 其用於人理也, 事親則慈孝, 事君則忠貞, 飲酒則歡樂, 處喪則悲哀. 忠貞以功爲主, 飲酒以樂爲主, 處喪以哀爲主, 事親以適爲主, 功成之美, 無一其迹矣. 事親以適, 不論所以矣. 飲酒以樂, 不選其具矣. 處喪以哀, 無問其禮矣. 禮者, 世俗之所爲也. 眞者, 所以受於天也, 自然不可易也. 故聖人法天貴眞, 不拘於俗. 愚者反此. 不能法天而恤於人, 不知貴眞, 祿祿而受變於俗, 故不足. 惜哉, 子之蚤湛於人僞而晚聞大道也."

孔子又再拜而起曰："今者丘得遇也, 若天幸然. 先生不羞而比之服役, 而身教之. 敢問舍所在, 請因受業而卒學大道."客曰："吾聞之, 可與往者與之, 至於妙道. 不可與往者, 不知其道, 愼勿與之, 身乃無咎. 子勉之! 吾去子矣, 吾去子矣!"乃刺船而去, 延緣葦間.

顏淵還車, 子路授綏, 孔子不顧, 待水波定, 不聞拏音而後敢乘. 子路旁車而問曰："由得爲役久矣, 未嘗見夫子遇人如此其威也. 萬乘之主, 千乘之君, 見夫子未嘗不分庭伉禮, 夫子猶有倨傲之容. 今漁父杖拏逆立, 而夫子曲要磬折, 言拜而應, 得無太甚乎? 門人皆怪夫子矣, 漁人何以得此乎?"孔子伏軾而歎曰："甚矣由之難化也! 湛於禮義有間矣, 而樸鄙之心至今未去. 進, 吾語汝! 夫遇長不敬, 失禮也. 見賢不尊, 不仁也. 彼非至人, 不能下人, 下人不精, 不得其眞, 故長傷身. 惜哉! 不仁之於人也, 禍莫大焉, 而由獨擅之. 且道者, 萬物之所由也, 庶物失之者死, 得之者生, 爲事逆之則敗, 順之則成. 故道之所在, 聖人尊之. 今漁父之於道, 可謂有矣, 吾敢不敬乎!"

『장자』 「잡편」 「열어구」 제32장

列御寇之齊, 中道而反, 遇伯昏瞀人. 伯昏瞀人曰: "奚方而反?" 曰: "吾驚焉." 曰: "惡乎驚?" 曰: "吾嘗食於十漿, 而五漿先饋." 伯昏瞀人曰: "若是, 則汝何爲驚已?" 曰: "夫內誠不解, 形諜成光, 以外鎮人心, 使人輕乎貴老, 而韲其所患. 夫漿特爲食羹之貨, 多餘之贏, 其爲利也薄, 其爲權也輕, 而猶若是, 而況於萬乘之主乎! 身勞於國而知盡於事, 彼將任我以事而效我以功, 吾是以驚." 伯昏瞀人曰: "善哉觀乎! 汝處已, 人將保汝矣." 無幾何而往, 則戶外之屨滿矣. 伯昏瞀人北面而立, 敦杖蹙之乎頤, 立有間, 不言而出. 賓者以告列子, 列子提屨, 跣而走, 暨乎門, 曰: "先生既來, 曾不發藥乎?" 曰: "已矣! 吾固告汝曰: '人將保汝', 果保汝矣. 非汝能使人保汝, 而汝不能使人無保汝也, 而焉用之感豫出異也! 必且有感, 搖而本才, 又無謂也. 與汝遊者, 又莫汝告也, 彼所小言, 盡人毒也. 莫覺莫悟, 何相孰也! 巧者勞而知者憂, 無能者無所求, 飽食而敖遊, 汎若不繫之舟, 虛而敖遊者也!"

鄭人緩也呻吟裘氏之地. 祇三年而緩爲儒, 潤河九里, 澤及三族, 使其弟墨. 儒, 墨相與辯, 其父助翟. 十年而緩自殺. 其父夢之, 曰: "使而子爲墨者, 予也. 闔胡嘗視其良, 既爲秋柏之實矣!" 夫造物者之報人也, 不報其人而報其人之天. 彼故使彼. 夫人以己爲有以異於人, 以賤其親, 齊人之井, 飲者相捽也. 故曰: "今之世皆緩也." 自是, 有德者以不知也, 而況有道者乎! 古者謂之遁天之刑. 聖人安其所安, 不安其所不安; 衆人安其所不安, 不安其所安.

莊子曰: "知道易, 勿言難. 知而不言, 所以之天也; 知而言之, 所以之人也. 古之人, 天而不人." 朱泙漫學屠龍於支離益, 單千金之家, 三年技成, 而無所用其巧. 聖人以必不必, 故無兵; 衆人以不必必之, 故多兵. 順於兵, 故行有求. 兵, 恃之則亡. 小夫之知, 不離苞苴竿牘, 敝精神乎蹇淺, 而欲兼濟道物, 太一形虛. 若是者, 迷惑於宇宙, 形累不知太初. 彼至人者, 歸精神乎無始, 而甘冥乎無何有之鄉. 水流乎無形, 發泄乎太淸. 悲哉乎! 汝爲知在毫毛, 而不知大寧.

宋人有曹商者, 爲宋王使秦. 其往也, 得車數乘; 王說之, 益車百乘. 反於宋, 見莊子曰: "夫處窮閭阨巷, 困窘織屨, 槁項黃馘者, 商之所短也; 一悟萬乘之主, 而從車百乘者, 商之所長也." 莊子曰: "秦王有病召醫, 破癰潰痤者得車一乘, 舐痔者得車五乘, 所治愈下, 得車愈多. 子豈治其痔邪? 何得車之多也? 子行矣!"

魯哀公問於顏闔曰：“吾以仲尼爲貞幹，國其有瘳乎？”曰：“殆哉圾乎！仲尼方且飾羽而畫，從事華辭，以支爲旨，忍性以視民而不知不信，受乎心，宰乎神，夫何足以上民！彼宜女與？予頤與？誤而可矣．今使民離實學僞，非所以視民也．爲後世慮，不若休之，難治也．”施於人而不忘，非天布也．商賈不齒，雖以事齒之，神者勿齒．爲外刑者，金與木也；爲內刑者，動與過也．宵人之離外刑者，金木訊之；離內刑者，陰陽食之．夫免乎外內之刑者，唯眞人能之．

孔子曰：“凡人心險於山川，難於知天．天猶有春秋冬夏旦暮之期，人者厚貌深情．故有貌愿而益，有長若不肖，有順懁而達，有堅而縵，有緩而釬．故其就義若渴者，其去義若熱．故君子遠使之而觀其忠，近使之而觀其敬，煩使之而觀其能，卒然問焉而觀其知，急與之期而觀其信，委之以財而觀其仁，告之以危而觀其節，醉之以酒而觀其側，雜之以處而觀其色．九徵至，不肖人得矣．

正考父一命而傴，再命而僂，三命而俯，循牆而走，孰敢不軌！如而夫者，一命而呂鉅，再命而於車上舞，三命而名諸父，孰協唐、許！賊莫大乎德有心而心有睫，及其有眼也而內視，內視而敗矣．凶德有五，中德爲首．何謂中德？中德也者，有以自好也而吡其所不爲者也．窮有八極，達有三必，形有六府．美、髯、長、大、壯、麗、勇、敢，八者俱過人也，因以是窮．緣循、偃佒、困畏不若人，三者俱通達．知慧外通，勇動多怨，仁義多責．達生之情者傀，達於知者肖；達大命者隨，達小命者遭．

人有見宋王者，錫車十乘，以其十乘驕稚莊子．莊子曰：“河上有家貧恃緯蕭而食者，其子沒於淵，得千金之珠．其父謂其子曰：‘取石來鍛之！夫千金之珠，必在九重之淵而驪龍頷下，子能得珠者，必遭其睡也．使驪龍而寤，子尚奚微之有哉！’今宋國之深，非直九重之淵也；宋王之猛，非直驪龍也．子能得車者，必遭其睡也．使宋王而寤，子爲齏粉夫！”

或聘於莊子，莊子應其使曰：“子見夫犧牛乎？衣以文繡，食以芻叔，及其牽而入於太廟，雖欲爲孤犢，其可得乎！”

莊子將死，弟子欲厚葬之．莊子曰：“吾以天地爲棺槨，以日月爲連璧，星辰爲珠璣，萬物爲齏送．吾葬具豈不備邪？何以加此！”弟子曰：“吾恐烏鳶之食夫子也．”莊子曰：“在上爲烏鳶食，在下爲螻蟻食，奪彼與此，何其偏也！”以不平平，其平也不平；以不徵徵，其徵也不徵．明者唯爲之使，神者徵之．夫明之不勝神也久矣，而愚者恃其所見入於人，其功外也，不亦悲乎！

『장자』「잡편」「천하」 제33장

天下之治方術者多矣, 皆以其有爲不可加矣. 古之所謂道術者, 果惡乎在? 曰: "無乎不在." 曰: "神何由降? 明何由出?" "聖有所生, 王有所成, 皆原於一." 不離於宗, 謂之天人. 不離於精, 謂之神人. 不離於眞, 謂之至人. 以天爲宗, 以德爲本, 以道爲門, 兆於變化, 謂之聖人. 以仁爲恩, 以義爲理, 以禮爲行, 以樂爲和, 薰然慈仁, 謂之君子. 以法爲分, 以名爲表, 以參爲驗, 以稽爲決, 其數一二三四是也. 百官以此相齒, 以事爲常, 以衣食爲主, 蕃息畜藏, 老弱孤寡爲意, 皆有以養, 民之理也. 古之人其備乎! 配神明, 醇天地, 育萬物, 和天下, 澤及百姓, 明於本數, 係於末度, 六通四辟, 小大精粗, 其運無乎不在. 其明而在數度者, 舊法世傳之史尚多有之. 其在於『詩』,『書』,『禮』,『樂』者, 鄒, 魯之士, 搢紳先生多能明之.『詩』以道志,『書』以道事,『禮』以道行,『樂』以道和,『易』以道陰陽,『春秋』以道名分. 其數散於天下而設於中國者, 百家之學時或稱而道之.

天下大亂, 賢聖不明, 道德不一, 天下多得一察焉以自好. 譬如耳目鼻口, 皆有所明, 不能相通. 猶百家衆技也, 皆有所長, 時有所用. 雖然, 不該不遍, 一曲之士也. 判天地之美, 析萬物之理, 察古人之全, 寡能備於天地之美, 稱神明之容. 是故內聖外王之道, 闇而不明, 鬱而不發, 天下之人各爲其所欲焉以自爲方. 悲夫! 百家往而不反, 必不合矣. 後世之學者, 不幸不見天地之純, 古人之大體, 道術將爲天下裂.

不侈於後世, 不靡於萬物, 不暉於數度, 以繩墨自矯, 而備世之急, 古之道術有在於是者. 墨翟, 禽滑釐聞其風而說之. 爲之大過, 己之大循. 作爲『非樂』, 命之曰『節用』, 生不歌, 死無服. 墨子汎愛兼利而非鬥, 其道不怒; 又好學而博, 不異, 不與先王同, 毀古之禮樂. 黃帝有『咸池』, 堯有『大章』, 舜有『大韶』, 禹有『大夏』, 湯有『大濩』, 文王有辟雍之樂, 武王, 周公作『武』. 古之喪禮, 貴賤有儀, 上下有等, 天子棺槨七重, 諸侯五重, 大夫三重, 士再重. 今墨子獨生不歌, 死不服, 桐棺三寸而無槨, 以爲法式. 以此敎人, 恐不愛人; 以此自行, 固不愛己. 未敗墨子道, 雖然, 歌而非歌, 哭而非哭, 樂而非樂, 是果類乎? 其生也勤, 其死也薄, 其道大觳, 使人憂, 使人悲, 其行難爲也, 恐其不可以爲聖人之道, 反天下之心, 天下不堪. 墨子雖能獨任, 奈天下何! 離於天下, 其去王也遠矣. 墨子稱道曰: "昔者禹之湮洪水, 決江河而通四夷九州也, 名山三百, 支川三千, 小者無數. 禹親自操橐耜而九雜天下之川, 腓無胈, 脛無毛, 沐甚雨, 櫛疾風, 置萬國. 禹, 大聖也, 而形勞天下也如此." 使後世之墨者多以裘褐爲衣, 以跂蹻爲服, 日夜不休, 以自苦爲極, 曰: "不能如此, 非禹之道也, 不足謂墨." 相里勤之弟子五侯之徒, 南方之墨者苦獲, 已齒, 鄧陵子之屬, 俱誦『墨經』, 而倍譎不同, 相謂別墨, 以堅白, 同異之辯相訾, 以觭偶不仵之辭相應, 以巨子爲聖人, 皆願爲之尸, 冀得爲其後世, 至今不決. 墨翟, 禽滑釐之意則是, 其行則非也. 將使後世之墨者 必自苦以腓無胈, 脛無毛, 相進而已矣. 亂之上也, 治之下也. 雖然, 墨子眞天下之好也, 將求之不得也, 雖枯槁不舍也, 才士也!

夫不累於俗, 不飾於物, 不苟於人, 不忮於衆, 願天下之安寧以活民命, 人我之養畢足而止, 以此白心, 古之道術有在於是者. 宋鈃, 尹文聞其風而悅之. 作爲華山之冠以自表, 接萬物以別宥爲始. 語心之容, 命之曰心之行, 以聏合驩, 以調海內, 請欲置之以爲主. 見侮不辱, 救民之鬥; 禁攻寢兵, 救世之戰. 以此周行天下, 上說下教, 雖天下不取, 強聒而不舍者也. 故曰: "上下見厭而強見也." 雖然, 其爲人太多, 其自爲太少, 曰: "請欲固置五升之飯足矣, 先生恐不得飽, 弟子雖飢, 不忘天下." 日夜不休, 曰: "我必得活哉!" 圖傲乎救世之士哉! 曰: "君子不爲苛察, 不以身假物." 以爲無益於天下者, 明之不如已也. 以禁攻寢兵爲外, 以情欲寡淺爲內, 其小大精粗, 其行適至是而止.

公而不當, 易而無私, 決然無主, 趣物而不兩, 不顧於慮, 不謀於知, 於物無擇, 與之俱往, 古之道術有在於是者. 彭蒙, 田駢, 愼到聞其風而說之. 齊萬物以爲首, 曰: "天能覆之而不能載之, 地能載之而不能覆之, 大道能包之而不能辯之." 知萬物皆有所可, 有所不可, 故曰: "選則不遍, 教則不至, 道則無遺者矣." 是故愼到, 棄知去己, 而緣不得已, 泠汰於物以爲道理, 曰: "知不知, 將薄知而後鄰傷之者也." 謑髁無任而笑天下之尚賢也, 縱脫無行而非天下之大聖, 椎拍輐斷, 與物宛轉, 舍是與非, 苟可以免, 不師知慮, 不知前後, 魏然而已矣. 推而後行, 曳而後往, 若飄風之還, 若羽之旋, 若磨石之隧, 全而無非, 動靜無過, 未嘗有罪. 是何故? 夫無知之物, 無建己之患, 無用知之累, 動靜不離於理, 是以終身無譽. 故曰: "至於若無知之物而已, 無用賢聖, 夫塊不失道." 豪桀相與笑之曰: "愼到之道, 非生人之行而至死人之理, 適得怪焉." 田駢亦然, 學於彭蒙, 得不教焉. 彭蒙之師曰: "古之道人, 至於莫之是, 莫之非而已矣. 其風窢然, 惡可而言?" 常反人, 不見觀, 而不免於魭斷. 其所謂道非道, 而所言之韙不免於非. 彭蒙, 田駢, 愼到不知道. 雖然, 概乎皆嘗有聞者也.

以本爲精, 以物爲粗, 以有積爲不足, 澹然獨與神明居, 古之道術有在於是者. 關尹, 老聃聞其風而悅之. 建之以常無有, 主之以太一, 以濡弱謙下爲表, 以空虛不毀萬物爲實. 關尹曰: "在己無居, 形物自著. 其動若水, 其靜若鏡, 其應若響. 芴乎若亡, 寂乎若清, 同焉者和, 得焉者失. 未嘗先人而常隨人." 老聃曰: "知其雄, 守其雌, 爲天下谿; 知其白, 守其辱, 爲天下谷." 人皆取先, 己獨取後, 曰: "受天下之垢." 人皆取實, 己獨取虛, 無藏也故有餘, 巋然而有餘. 其行身也, 徐而不費, 無爲也而笑巧. 人皆求福, 己獨曲全, 曰: "苟免於咎." 以深爲根, 以約爲紀, 曰: "堅則毀矣, 銳則挫矣." 常寬容於物, 不削於人, 可謂至極. 關尹, 老聃乎! 古之博大眞人哉!

寂漠無形, 變化無常, 死與生與! 天地並與! 神明往與! 芒乎何之? 忽乎何適? 萬物畢羅, 莫足以歸, 古之道術有在於是者. 莊周聞其風而悅之. 以謬悠之說, 荒唐之言, 無端崖之辭, 時恣縱而不儻, 不以觭見之也. 以天下爲沈濁, 不可與莊語; 以卮言爲曼衍, 以重言爲眞, 以寓言爲廣. 獨與天地精神往來, 而不敖倪於萬物, 不譴是非, 以與世俗處. 其書雖瑰瑋而連犿無傷也, 其辭雖參差而諔詭可觀. 彼其充實不可以已, 上與造物者遊, 而下與外死生, 無終始者爲友. 其於本也, 宏大而辟, 深閎而肆; 其於宗也, 可謂稠適而上遂矣. 雖然, 其應於化而解於物也, 其理不竭, 其來不蛻, 芒乎昧乎, 未之盡者.

惠施多方, 其書五車, 其道舛駁, 其言也不中. 歷物之意, 曰: "至大無外, 謂之大一; 至小無內, 謂之小一. 無厚不可積也, 其大千里. 天與地卑, 山與澤平. 日方中方睨, 物方生方死. 大同而與小同異, 此之謂小同異; 萬物畢同畢異, 此之謂大同異. 南方無窮而有窮, 今日適越而昔來. 連環可解也. 我知天下之中央, 燕之北, 越之南是也. 氾愛萬物, 天地一體也." 惠施以此爲大, 觀於天下而曉辯者, 天下之辯者相與樂之. 卵有毛, 雞三足. 郢有天下, 犬可以爲羊. 馬有卵. 丁子有尾. 火不熱. 山出口. 輪不蹍地. 目不見. 指不至, 至不絕. 龜長於蛇. 矩不方, 規不可以爲圓. 鑿不圍枘. 飛鳥之景未嘗動也. 鏃矢之疾, 而有不行不止之時. 狗非犬. 黃馬驪牛三. 白狗黑. 孤駒未嘗有母. 一尺之捶, 日取其半, 萬世不竭. 辯者以此與惠施相應, 終身無窮. 桓團, 公孫龍辯者之徒, 飾人之心, 易人之意, 能勝人之口, 不能服人之心, 辯者之囿也. 惠施日以其知與之辯, 特與天下之辯者爲怪, 此其柢也. 然惠施之口談, 自以爲最賢, 曰: "天地其壯乎, 施存雄而無術." 南方有倚人焉, 曰黃繚, 問天地所以不墜不陷, 風雨雷霆之故. 惠施不辭而應, 不慮而對, 遍爲萬物說; 說而不休, 多而無已, 猶以爲寡, 益之以怪. 以反人爲實, 而欲以勝人爲名, 是以與衆不適也. 弱於德, 強於物, 其塗隩矣. 由天地之道觀惠施之能, 其猶一蚉一虻之勞者也, 其於物也何庸! 夫充一尚可, 曰愈貴, 道幾矣! 惠施不能以此自寧, 散於萬物而不厭, 卒以善辯爲名. 惜乎! 惠施之才, 駘蕩而不得, 逐萬物而不反, 是窮響以聲, 形與影競走也. 悲夫!